MARIANNE BEUCHERT

DIE GÄRTEN CHINAS

Mit Tuschzeichnungen von
Prof. He Zhengqiang (Kunsthochschule Peking)
und Farbfotos der Autorin

EUGEN DIEDERICHS VERLAG

CIP-Titelaufnahme der Deutschen Bibliothek
Beuchert, Marianne:
Die Gärten Chinas / Marianne Beuchert. Mit Tuschzeichn. von
He Zhengqiang u. Farbfotos d. Autorin. – 2. Aufl., Neuausg. –
München: Diederichs, 1988
ISBN 3-424-00941-5

Neuausgabe 1988
© 1983 by Eugen Diederichs Verlag, München
Alle Rechte vorbehalten
Umschlaggestaltung: Marion Nickig, Essen
Produktion: Tillmann Roeder, Buchendorf
Satz: Fotosatz Böhm, Köln
Druck und Bindung: Passavia Druckerei GmbH Passau
ISBN 3-424-00941-5
Printed in Germany

献给

中国园林工作者

INHALT

Der Weg 8

Neue Gärten in China 12
Peking · Shanghai · Hangzhou

Elemente der Gartengestaltung 24
Geomantie · Grundformen · Mauern, Tore, Fenster · Brücken und Wege · Wasserflächen · Steine

Die Pflanzen und ihre Symbolik 40
Heilige der Blumen · Symbolsprache · Trauerweiden · Artemisia · Kiefer · Winterkirsche · Pfirsich · Pflaume · Bäume des Mondes · Ginkgo · Maulbeerbaum, Catalpa und Paulownia · Magnolien · Zitrus medica · Sophora und Oleander · Ailanthus und Rhus · Malus · Glycinie · Kamelien · Lagerstroemia indica · Rosen · Azaleen · Lattich und Zwiebel · Bambus · Quecke · Chrysanthemen · Orchideen · Pflanzen des Langen Lebens · Lingzhi-Pilz · Ginseng · Kürbis · Taglilien · Lilien · Lotos · Narzissen · Jasmin · Paeonien

Tao 78

Geschichte der Gärten Chinas 82
Die Gärten der frühen Kaiser · Die Gärten der Han · Die Gärten des Mittelalters · Die Gärten der Mandarins · Die Gärten der Yuan-Zeit · Die Gärten der Ming-Zeit · Die Gärten des letzten Kaiserreiches · Die Gärten der Regentin Cixi · Die Gärten nach 1949

Alte Gärten in Wuxi, Hangzhou und Suzhou 162
Kirschhügelgarten am Taihu-See · Schildkrötenkopf-Eiland bei Wuxi · Li-Garten in Wuxi · Garten der Ergötzung in Wuxi · Die alten Gärten am Westsee · Kleine Paradiesinsel · Tal der Verborgenen Seele bei Hangzhou · Quelle des laufenden Tigers bei Hangzhou · Suzhou und seine Gärten · Das Löwenwäldchen · Der Garten des törichten Politikers · Der Pavillon der dunkelgrünen Welle · Garten des Meisters der Netze

Kaiserliche Gärten in einer Volksrepublik 196
Pekings Verbotene Stadt · Sun-Yatsen-Park mit dem Altar von Ackerkrume und Hirse · Kohlehügel · Beihai-Park · Himmelstempel · Sommerpalast · Chengde in der Provinz Jehol

Theorie der chinesischen Gartenkunst 228

Die Beeinflussung Europas 238
Chinoiserien · Pflanzenjagd · Chinas Pflanzen in unseren Gärten

Literaturverzeichnis 248

Namen- und Sachregister 250

Dank 254

Die Rechnung der Baumschule war hoch. Erschreckend hoch, viel höher, als ich gedacht hatte. Wieder die alte Gartenleidenschaft! Tagelang plagte mich ein schlechtes Gewissen. Dann kam eine Regenperiode, gut für die neuen Pflanzen. Ich stöberte in meiner Bibliothek, nahm ein Buch über China zur Hand, ein Land, von dem ich wenig wußte. Eine Frau hatte die Zügel der Regierung in den letzten sechzig Jahren der Kaiserzeit geführt. Sie hatte ihre Gärten geliebt und sie mehrmals neu anlegen müssen. Dann las ich etwas, einen kleinen Absatz, der ein Beginn war, daß Neugier bei mir erwachte auf diese Frau, dieses Land, zunächst nichts als Neugier: sie hatte weit mehr Geld für ihre Gärten ausgegeben als sie eigentlich besaß, und mit nicht mehr erklärbaren Tricks das Vermögen der kaiserlichen Marine verbraucht: statt Kriegsschiffe zu bauen, erneuerte sie die Gärten, riesige Gärten, die aber doch nur einen minimalen Teil der Fläche füllten, die sie vor 1860 eingenommen, ehe ihre Pracht von europäischen Soldaten geplündert und verbrannt wurde.

Was war das für ein Land, für eine Kultur, die solche großartigen Gärten schuf? Waren diese ganz vergangen, erblühten sie neu? Was ich zur Zeit der ausklingenden Kulturrevolution in Buchhandlungen fand, gab mir keine oder nur vage Antworten auf solche Fragen. In Pakistan traf ich eine vierzigköpfige chinesische Regierungsdelegation, wohnte zwei Wochen mit ihr in gleichen Hotels. Ich versuchte im Aufzug vorsichtig Gespräche über das Thema, das mich mittlerweile brennend interessierte, doch ohne Ergebnis. Die Delegation habe keine Gärtner bei sich, sie sei an Gartenbaukunst nicht interessiert. Schweigen.

Der Grad meines Interesses hatte aber bereits jene gefährliche Schwelle überschritten, an der es durch Schwierigkeiten nur noch zu steigern ist, wo das Verschlossensein den Reiz des Öffnens nur noch erhöhen kann.

Etwa um diese Zeit war es, daß ich Anzeichen an meiner Umgebung bemerkte, die mich leicht erschreckten: Wenn ich spätestens im dritten Satz das Wort »China« sagte, kam ein mitleidiges Lächeln in die Gesichtszüge meiner Freunde. Der Buchhändler schüttelte nur den Kopf, wenn ich seine Ladentür öffnete, »Nichts Neues über China« — meinem Magen bekamen plötzlich keine Speisen besser als die chinesischen. Es gab kaum noch Zweifel für mich, wenn ich nüchtern nachdachte, so mußte ich mir gestehen: hatte ich als Kind die Englische Krankheit gehabt, so hatte mich jetzt das Gelbe Fieber erfaßt. Bis heute hat es sich als eine bei mir unheilbare Krankheit der Seele erwiesen, als tiefe Sehnsucht nach den fernen, so lange Verbotenen Gärten.

Marie Luise Gothein hatte 1913 in ihrer großartigen Geschichte der Gartenkunst geschrieben, daß alle Landschaftsgärten der Erde, auch der japanische Garten, ihre geistige Heimat in China hätten — stimmte das — warum zum Teufel hatten wir diese Tatsache aus unserem Denken und Wissen gestrichen? Wie viele Pflanzen aus China, manche auf dem Umweg über Japan, nach dem Westen gekommen waren, konnte man in jedem besseren Gartenkatalog finden, wenn man sich die Mühe machte. Aber war auch die Kunst der nachgestalteten Landschaft aus China zu uns gelangt?

Ich bestürmte in ständigen Wiederholungen die Botschaft Chinas um ein Einzelvisum. Freundlich und ebenso zäh wies man mich ab. Bekannte nahmen mich mit nach Kanton zur Messe. Nachdem ich Gärten in Korea und Taiwan betrachtet hatte, sah ich hier die ersten Gärten im Reich der Mitte. Als der Taxifahrer mich vor dem Orchideengarten absetzte

DER WEG

und ich zum ersten Mal vor einem Mondtor stand, weinte ich.

Damals wußte ich noch wenig über die verschiedenen Gartenstile des Riesenreiches, aber erahnte sie schon. Der Westgarten war zu dieser Zeit gerade im Umbau, enthielt allerdings schon eine Fülle Bonsais, die die Chinesen »Penjing« nennen. In dem Liuhua Yuan Garten sah ich die ersten ziegelgedeckten Wandelgänge am See, mochte sie aber nicht photographieren, da ich Sorge hatte, man würde sie in Europa für Badeanstalten halten.

Am Hotelneubau fand ich moderne Gartenpartien und war fasziniert über die Kühnheit, mit der man hier mit Felsen und Bäumen arbeitete. Jahre später saß ich durch Zufall in Baden-Baden mit dem Schöpfer der Anlage an einem Tisch — als es mir im Gespräch langsam klar wurde, um wen es sich handelte, stand ich auf und verneigte mich tief.

Damals in Kanton müssen die Beamten des staatlichen Reisebüros meine Begeisterung gespürt haben, denn zur Überraschung der übrigen Hotelgäste bekam ich ein Taxi und durfte ganz allein in die etwa 40 km entfernte Industriestadt Fushan fahren, in der es einen alten taoistischen Tempelgarten gibt.

Dieser erste Blick in die geheimnisumwobene Welt konnte mir nicht genügen — heimgekehrt bat ich deutsche Behörden, sich bei der chinesischen Botschaft für mich zu verwenden. Ein Zufall half, und am 24. Dezember 1978 fand sich als letzter Brief in der Weihnachtspost die Mitteilung, daß ich für den kommenden Frühling eine Einladung durch die Chinesische Gartenbauverwaltung in Peking bekäme und Wünsche äußern könne, was ich sehen wolle.

Mit der Landung vier Monate später, noch auf dem alten, stadtnahen Flughafen Pekings, mit dem Blick in die lustigen braunen Augen einer Frau, die auf mich zukam und sagte: »Frau Mariana Böchert? Ich bin Ihnen für die Dauer Ihres Aufenthalts als Dolmetscherin zugeteilt, mein Name ist Guan...«, begann eine Euphorie, die drei Wochen anhielt und das Gelbe Fieber noch verstärkte. Nach einer Woche schrieb ich nach Deutschland: »Man verwöhnt mich wie eine Braut, man füttert mich wie ein Schwein und man macht mich lachen wie ein junges Mädchen.«

In diesem Frühling 1979 war das ganze Land in Aufbruchsstimmung. Ich fand die Menschen freudig erregt und voller Erwartung auf die Zukunft. China öffnete sich zum erstenmal in seiner Geschichte der Welt des Westens. Die Neugier, immer schon ein chinesischer Wesenszug, verstärkte sich in diesen Monaten zur Leidenschaft. Hatte die Neugier zuvor nur den Nachbarn in der Straße, in der Kommune gegolten, so richtete sie sich jetzt auf die zahlreichen Fremden, die ins Land kamen.

Als ich damals Peking besuchte, war es erst wenige Monate her, seit Deng Xiaoping aus der Verbannung in die Regierung zurückgekehrt war, und man erzählte mir auf dem Tian'anmen Platz die Geschichte, wie das Volk diese Rückkehr gefordert hatte: Eines Morgens hingen in den höchsten Baumwipfeln rund um den Tian'anmen Platz Hunderte kleiner Flaschen, die mit roter Tinte gefüllt waren. In der Art chinesischer Bilderrätsel, wie ich sie später oft in den Gärten verschlüsselt fand, bedeutete dies: »Kleine Flasche mit rotem Inhalt an höchster Stelle«. Flasche oder Vase heißt ping, was im Chinesischen auch den Frieden bedeuten kann; xiao heißt klein. Die rote Farbe war eine entscheidende Bekräftigung, denn die berüchtigte Viererbande — die »Vierbändel«, wie die Dolmetscherin fröhlich übersetzte — hatte ja Dengs kommunistische Überzeugung stark angezweifelt. Daß man mit Gedichten und Blumen Regierungsmitglieder stürzen kann, erfuhr ich erst in dieser Stadt.

Von dem Pragmatiker Deng Xiaoping erhofften sich alle einen raschen und grundlegenden Wandel. Das Volk und auch die Kader (so heißen heute die Beamten) faßten Mut zu offenen Gesprächen selbst mit Nichtchinesen. Die Gartenbauverwaltungen, welche in der Kulturrevolution ebenso wie viele Gärten und ihre Pflanzen zerstört worden waren, wurden gerade wieder neu gebildet und ihre Mitarbeiter rehabilitiert. Von den Gärtnern war erst seit kurzem der seelische Druck genommen, daß alles, was sie gelernt und gearbeitet hatten, falsch, bürgerlich und revisionistisch-antirevolutionär gewesen sei.

Das war in der Zeit meiner Ankunft die Situation der Berufskollegen, die mich empfingen, und für die meisten war ich der erste Ausländer, mit dem sie in Kontakt kamen. Daß ich eine Frau war und um die halbe Welt fuhr, um ihre Arbeit, ihre Pflanzen, ihre Gärten zu sehen, schien ihre Neugier zu verdoppeln. Als sie dann merkten, daß ich von Blumen einiges verstand, verloren sie fast jegliche Scheu, und es kam zu schönen, für beide Seiten fruchtbaren Gesprächen.

Es gelang mir, die Leiter der Chinesischen Gartenverwaltung zu überreden, mit einer kleinen Delegation auf Gegenbesuch nach Deutschland zu kommen, damit sie unseren Gartenstil kennenlernen und sehen konnten, wie viele chinesische Pflanzen bei uns heimisch geworden sind. Schon sechs Monate später holte ich am Frankfurter Flughafen vier chinesische Kollegen mitsamt einem tüchtigen Dolmetscher ab; wir besuchten gemeinsam die Bundesgartenschau in Bonn, zahlreiche Gartenbauschulen und Hochschulen, sahen die ersten Vorbereitungen zur Internationalen Gartenschau in München (IGA 83). Bei dieser Reise wurde die Grundlage dafür geschaffen, daß der erste chinesische Garten außerhalb des Reichs der Mitte gebaut werden konnte; daß über 60 Tonnen Pflanzen, Steine und andere Gartenelemente in Kanton verschifft wurden und acht hochqualifizierte Gartenbau-Ingenieure aus Peking und Kanton heranreisten, um diesen Garten in München aufzubauen.

Unwillkürlich muß ich jetzt bei der Niederschrift an den Abschied von den chinesischen Kollegen, 1979 an einem nebligen Novembertag in Frankfurt, zurückdenken, denn er ließ mich auch deutsche Kultur in neuem Licht sehen: Wie konnte denn Goethe, fragte mich ein Delegierter, jenes Buch schreiben, in dem ein »Gelehrter« dem Teufel verfällt? Solche Fragen lernte ich zu verstehen, seit mir die Menschen und die Tradition dieses Landes vertrauter sind.

Meiner großen Reise im Frühling 1979 folgte im Herbst 1980 eine dritte, die mich nicht weniger beeindruckt hat. In der Mandschurei bewunderte ich Gärten der nördlichen Provinzen, denen der Frost nur eine kurze Vegetationszeit läßt; ich sah alte und neue Gärten in Zentralchina. In den berühmten Gartenstädten südlich des Yangtse begrüßten mich Gärtner mit der gleichen Herzlichkeit wie in der Stadt Kunming, dem »Platz des Ewigen Frühlings«, nicht weit von der burmesischen Grenze. Wenn ich nach Kanton komme oder nach Peking, scheint mir das wie eine Heimkehr. Schon an jenem ersten Tag, als wir die Pekinger Außenstadt durchfuhren mußte ich an das Wort eines schwedischen Freundes denken: »Glück ist, wenn der Vorhang sich öffnet...« Ist China deshalb ein so andauerndes Glück für mich, weil in allem Öffnen immer noch genug Verschlossenes bleibt?

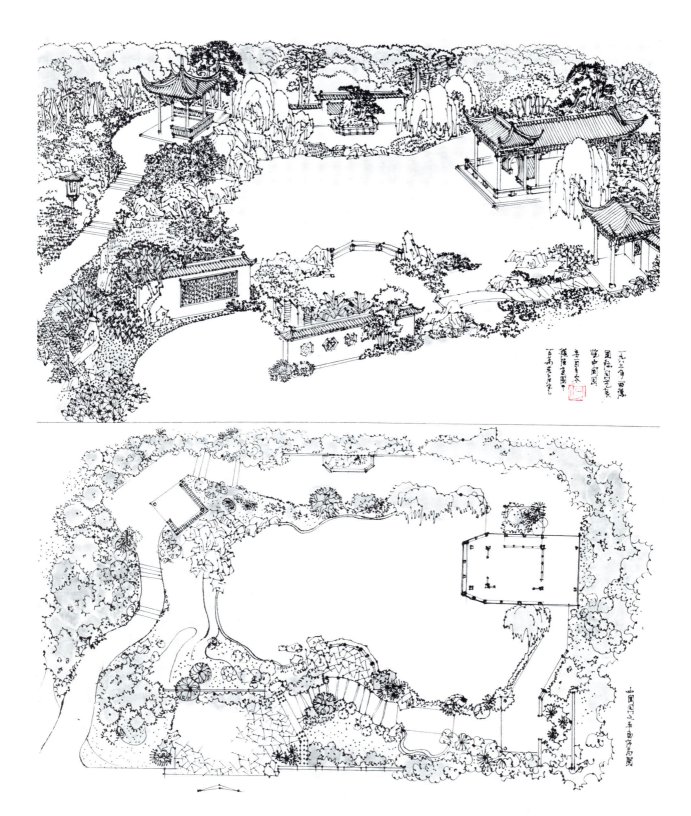

Plan des chinesischen Gartens auf der IGA '83, München

Der Augenblick der Ankunft in dem fernen Land, der die Erfüllung so lang geträumter Träume bringen soll, ist von fast unerträglicher Spannung. Plötzlich riecht die Welt anders, das Licht hat sich verändert, auch der Himmel scheint ein anderer. Der Wind ist neu und die trockene Luft ungewohnt. Die Farben scheinen in einer nie gesehenen Harmonie zueinander zu stehen.

Der erste Eindruck Pekings ist der einer Stadt in Beige-Grau und Grün. Beige-grau die Lehmfarbe der Häuser und vieler Seitenstraßen, und doch sind auch kleinste Straßen Alleen. Selbst sehr schmale Straßen besitzen zwei Baumreihen; die großzügig breiten Avenuen der Innenstadt bis zu acht Reihen. Ich bestaunte die im Wechsel gepflanzten Laubabwerfenden- und Nadelgehölze, die so dicht stehen, daß im Zentrum der Großstadt eine Waldillusion entsteht.

Sind die ersten Wohnstätten, an denen wir vorbeifahren, sehr asiatisch, sehr fremd, abweisend hinter Mauern verborgen, so wird das Stadtbild, je mehr der Wagen zur Innenstadt kommt, je mehr die Radfahrer sich zu Kolonnen formieren, immer europäischer, genauer: russischer. Diesen Eindruck vermittelt in sehr vielen Details auch das pompöse Hotel, in dem ich wohnen darf. Wirklich »in China« fühle ich mich erst, als ich in ein Privathaus geladen werde, das in einer der engen Gassen der Verbotenen Stadt steht und dessen zierlichen Wohnhof wohl einst eine Dienerfamilie der Kaiser nutzte. Das Haus ist zur Straße hin von einem dunkelroten Tor mit Messingbeschlägen völlig verschlossen, ganz abweisend. Kommt man jedoch durch einen kurzen, schmalen, gedeckten Gang in den Wohnhof, findet man ihn von einem hohen Nußbaum beschattet, mit vielen Topfpflanzen bestanden und mit seinem großen Familientisch eine so friedlich heitere Atmosphäre verströmend, daß sich fast nur das deutsche Wort »gemütlich« eignet, ihn zu beschreiben. Rund um diesen Hof sind drei Zimmer und Küche so angeordnet, daß das Wohnzimmer seine verglaste Fensterfront voll nach Süden öffnet.

Dieses Haus steigerte nur noch meine Neugier auf die berühmten Gärten des Südens. Sie war von dem ersten kurzen Blick in die großen innerstädtischen Parks der Stadt Peking nicht voll befriedigt, vielleicht, weil ich die Stilelemente in ihrer vielfältigen Bedeutung und Zuordnung damals noch nicht gut genug verstand. Dank der Stadtplanung und der früheren imperialen Nutzung hat Peking das Glück ausgedehnter Grünflächen im innerstädtischen Bereich; es ist eigentlich eine grüne Großstadt, aber diese Anlagen entbehren vieles, was einem Europäer als unverzichtbarer Teil eines Parks erscheint, vor allem Rasenflächen. Auch andere bodendeckende Pflanzen finden nur wenig Verwendung, obwohl es besonders in den Zeiten der Staubstürme im Frühling von größter Wichtigkeit wäre. Die ausgedehnten Blumenrabatten europäischer Parks sieht man bis jetzt erst wenig. Meist hat man große Gruppen blühender Topfpflanzen zu den verschiedensten Mustern zusammengestellt.

Doch welche Bäume, welche Steine, welche wohlproportionierten Wasserflächen. Welch zierliche Gebäude und Brücken, welche Anmut in der Malerei der gedeckten Wandelgänge. Was ich da in den allerersten Tagen in Peking zu sehen bekam, war eine fremde Gartenwelt, ganz anders als die unsrige, doch schon nach kurzer Zeit erschien sie mir nicht weniger schön.

In den letzten Jahren hat man erkannt, daß Blumen nicht nur eine gute Balance geben zu den die Parks bevölkernden Menschen, sondern daß sie begeistert

NEUE GÄRTEN IN CHINA

von der Menge akzeptiert werden. Vor vielen Rabatten bilden sich Menschenschlangen, die Blumen betrachten und sich davor photographieren. Maler aller Altersklassen, männliche und weibliche, sitzen vor den Beeten. Meist werden die Blumen in dem gerade modernen realistischen Stil abgebildet, aber die ganz Jungen malen traditionell und für unsere Augen absolut stilsicher.

Als ich meinen Gastgebern gegenüber mein Erstaunen über die üppig begrünte Stadt äußerte, erfuhr ich, daß 22 Prozent des Wohngebietes Pekings von Grünflächen bedeckt sind. Fast 10 000 Menschen arbeiten bei der Gartenverwaltung, die im Unterschied zu europäischen Gartenämtern aber auch als Produktionsgenossenschaft auftritt. Nicht nur Obst und Blumen, auch Fische aus den Seen werden verkauft, und die Stadtgartenverwaltung erhält immer nur prozentual zur Eigenerzeugung ihren Etat. Das mag Vorteile gegenüber unserem Verwaltungssystem haben, hat ohne Zweifel, je nach der Handhabung, aber auch Nachteile.

Kurz nach Übernahme der Regierung 1949 hatte Mao ein Gesetz erlassen, wonach zu jedem Haus mindestens ein Baum zu pflanzen sei. Alle Straßen, alle Bäche mußten mit Bäumen gesäumt werden. Seit dieser Zeit sind viele rasch wachsende Arten gepflanzt worden, breitwachsende Pappeln, meist *Populus tomentosa*, Platanen, Paulownien, *Sophora japonica*, der Schnurbaum, der in warmen Sommern auch bei uns üppig in zartem Gelbgrün blühen kann. Als Nadelgehölze finden vor allem Kiefern Verwendung, aber auch *Ginkgo biloba* und Lebensbäume — *Thuja orientalis*. Doch auch in China sucht man ständig nach neuen Arten, die sich im Straßenverkehr und bei der Luftverschmutzung auf die Dauer bewähren. Die Sorgen der Gärtner klingen in vielem verwandt mit denen in Europa.

So ist auch in China die Auswahl der Straßenbäume durch die Umweltbedingungen eingeschränkt. Von den etwa hundert Arten, die in den städtischen Baumschulen Pekings angezogen werden, haben sich als direkte Straßenbäume nur etwa zwanzig Arten bewährt. Wie in Europa gehören Platanen im nördlichen bis mittleren China zu den am häufigsten gepflanzten Straßenbäumen.

Mein erster Eindruck war, daß nur sehr gut vorbereitete Pflanzen gesetzt werden, und zwar in überraschend engem Abstand. Sie sind bereits 6—8 m hoch, mit einem Stammdurchmesser von ungefähr 15 cm. Die Gärtnerkollegen sagten mir, daß alle diese Exemplare schon drei- bis fünfmal verpflanzt sind. Ich war begeistert von der guten Ballierung und der Sorgfalt, mit der die Arbeiter mit den Bäumen umgingen. Die Ballentücher waren alle nochmals mit Kokosstricken gehalten, die so fein und akkurat geschlungen waren, wie man in Europa nur die kostbarsten Skulpturen verpacken würde. Auch Lehmwickel und Drei-Pfosten-Verankerung wurden mit großer Umsicht gegeben. In Peking müssen im Frühling und Herbst die Neupflanzungen regelmäßig gegossen werden.

Man sagt, »die Technik hat den Bäumen zu gehorchen«, und die Obrigkeit achtet streng darauf, daß dies eingehalten wird und keine Leitungen oder Kanäle die Bäume behindern.

Im Frühling 1979 wurden zwischen Mitte März und Mitte April im unmittelbaren Stadtgebiet Pekings etwa 500 000 neue Bäume gepflanzt. Im Außenbereich der Stadt war die Planzahl für 1979, 16 000 ha mit 10 Millionen Bäumen zu bepflanzen. Besondere Aufmerksamkeit wird dem Windschutzgürtel im Nordwesten der Stadt gegeben. Andere Städte werden ähnlich in ihren Grünflächen gefördert und verwaltet. Selbst in den kleinsten Dörfern wurde das

Ziel Maos, »jedem Haus einen Baum«, erreicht. Der Grundsatz ist eigentlich viel älter. Das chinesische Schriftzeichen für »Wohnung« setzt sich in der ältesten chinesischen Schrift aus den beiden Zeichen für »Dach« und »Baum« zusammen.

SHANGHAI

Shanghai war im Gebiet der Ausländersiedlung schon immer eine grüne Stadt. Hier findet man zahlreiche Villen im europäischen Stil der Gründerjahre, in großen Gärten gelegen; sie können ihren englischen oder französischen Ursprung nicht verbergen. Die Leiterin des Gartenamtes, eine prächtige, selbstbewußte und energische Frau, die diese Position seit dreißig Jahren innehat, wies mit deutlich spürbarem Stolz darauf hin, daß sich in ihrer Amtszeit die öffentlichen Grünflächen der Stadt von zwei ha auf über zweihundert ha ausgedehnt haben. Außerdem besitzen 3,2 Einwohner gemeinsam einen Straßenbaum.

Der Botanische Garten Shanghai hat seine Wurzeln in einer Baumschule, die 1954 angelegt wurde, um die für eine urbane Gestaltung benötigten Bäume heranzuziehen. Dafür hielt man die beträchtliche Größe von 65 ha für erforderlich. Als die Grundlage der Stadtbepflanzung gelegt war, erkannte man, daß über die Begrünung der Straßen und Häuser hinaus mehr öffentliche Parkfläche für Shanghai notwendig wurde, um die Stadt für ihre Bewohner angenehmer zu machen. So beschloß man, auf der Fläche der Baumschule einen Botanischen Garten anzulegen. Wie alles Werdende, ist er von großem Reiz für Gärtneraugen. Bisher fertiggestellt ist ein Rosengarten, dann der Labortrakt und der Zwergbaum-Garten, der allein vier ha groß ist und 20 Mitarbeiter beschäftigt. Insgesamt wurde die Mitarbeiterzahl für den Botanischen Garten mit 400 Personen angegeben. Dieser Garten wurde zur Zeit meines Besuches von einer Frau geleitet, und die gesamte Mannschaft machte einen gärtnerisch sehr erfahrenen Eindruck. Ich sah bei den chinesischen Gärtnern in viele kluge Gesichter voll menschlicher Wärme und Weisheit.

Die fertiggestellten Teile des Bonsai-, oder genauer Penjing-Gartens bestehen aus luftigen Pavillons, die auf angenehme Weise die Mitte halten zwischen dem traditionellen chinesischen Pavillon und dem nüchternen Baustil unserer Zeit. Dieser Garten ist in drei Teile gegliedert: Baum-Penjing, Mini-Penjing (bis zu 3 cm klein) und Stein-Landschaften. Vor allem die letzteren sind bei uns fast völlig unbekannt.

Das Bild aller chinesischen Gärten wird in entscheidendem Maße durch Steine geprägt. Immer wollen die Steine in dem Betrachter das Gefühl hervorrufen, im Gebirge zu sein. Daß auch eine 20 cm lange weiße flache Schale mit drei unterschiedlich großen grauen Steinen auf meinem Schreibtisch in Deutschland in der Lage wäre, mich nach China zu versetzen, hätte ich zuvor nie geglaubt. Diese Stein-Landschaften werden aus den verschiedensten Steinen, Konglomeraten oder auch Korallen geformt. Meist ist die Schale, in der sie stehen, mit Wasser gefüllt.

Während für Gärten die Taihu-See-Steine die begehrtesten sind, bevorzugt man für die kleinen Stein-Landschaften deren zierlichere Ausgabe, die in dem chinesischen Mondsee, der nahe der Grenze zu Nordkorea gelegen ist, gefunden werden. Mit einem stillen Lächeln berichtet meine Dolmetscherin, daß in diesem See täglich sieben Feen baden und die Steine dort deshalb so schön sind. Fast immer erreichen die Chinesen mit ihrem natürlichen Gefühl für Proportionen eine vollkommene Ausgewogenheit dieser Kleinlandschaften.

In den privaten Penjing-Clubs — einer dieser Clubs zeigte gerade eine Ausstellung zur Zeit meines

Mimosen-Land im Garten der schwimmenden Blumen, Kanton

Shanghai-Besuchs — sind die Pflanzen vielleicht noch vielfältigerer Art als im Botanischen Garten.
In der Pflanzenabteilung im Shanghaier Botanischen Garten sind besonders prächtige Exemplare der Kiefer *Pinus tabuliformis*, wahrscheinlich in der Varietät *densiflora*. Während bei uns die Vorstellung herrscht, ein Bonsai dürfe etwa bis 80 cm groß sein, um noch als solcher gelten zu können, hat man dort bis 3,50 m lange, fein behauene Marmorkästen im Freien aufgestellt. In einer solchen, etwa 70 cm hohen Steinrabatte sind neben interessanten Felsen eine etwa 1,70 m hohe, aufrecht wachsende Kiefer und ein zweites, völlig waagerechtes Exemplar eingepflanzt. Das Alter der Kiefern wird mit etwa 150 Jahren angegeben, eine Zahl, die für Pflanzen etwas zu häufig genannt wird, um immer glaubhaft zu sein. In diesem Fall dürfte sie zutreffen.

In jeder Penjing-Ausstellung bemerkte ich kleine Schalen mit einem etwa 5 cm hohen, ziemlich dickblättrigen Gras, *Ophiopogon japonicus*, dem Schlangenbart, einer *Liliaceae*. Man sagte mir, daß dieses Gras im alten China auf keinem Schreibtisch eines Gelehrten fehlte, damit seine Augen auf dem Grün ausruhen konnten. Viele dieser Intellektuellen hätten zu »ihrem« Gras eine so starke Beziehung gehabt, daß sie an der Stellung seiner Blätter das kommende Wetter, Regen, Gewitter, aber auch noch größere Bedrohungen, wie Erdbeben z. B., hätten ablesen können.

In einem Seitenraum sind in Vitrinen geeignete Gefäße zur Topfpflanzen-Kultur ausgestellt. Es finden sich dort sowohl jetzt entstandene Gefäße als auch kostbare alte Schalen und Vasen aus der Ming- und Song-Zeit. All dies weist deutlich darauf hin, wie sehr man jetzt nach der Kulturrevolution bemüht ist, die Laienbewegung der Penjing-Kultur zu fördern. China hat in seinen verschiedenen Provinzen zahlreiche Stile und Techniken für die Formierung der Penjing entwickelt. Die Tradition dieser Kleinlandschaften reicht weit zurück. Im Grab eines Prinzen der Tang-Zeit (etwa 700 n.Chr.) fand sich ein Fresko, auf dem Diener eine mit Kiefern bepflanzte Stein-Landschaft und eine Vase mit Blumen tragen: Symbole des Lebens.

Das Gebiet von Shanghai ist sehr flach; darum will man in den Außenanlagen des neuen Botanischen Gartens einen künstlichen Berg und einen See schaffen. Da die Planungen hierfür noch nicht vollständig fertig sind, hat man zunächst Gründüngung eingesät. Im übrigen erfolgt die Düngung des Botanischen

*Für China
typische Gestaltung
einer Topf-Landschaft
(Penjing)
in einer japanischen
Darstellung*

Gartens Shanghais ausschließlich mit Abfällen aus der Gewinnung von Soja-Öl. Man nennt das Bohnenkuchen.

Die Veränderung der Landschaft zu einer neuen, durch die Hand und aus dem Geist des Menschen, ist nirgends so früh praktiziert worden wie in China. Nur hat man jetzt andere Ziele. Galten sie früher den streng abgeschlossenen Gärten der Herrschenden und Reichen, so plant und baut man heute für große Besucherströme.

Getreu dem chinesischen Lebensprinzip der »Durchdringung«, des »Einswerdens mit dem Objekt der Betrachtung«, hat man auch theoretisch die Gestaltungsprobleme der neuen Gärten im Neuen China sehr genau durchdacht. In einer 1962 veröffentlichten Studie schreibt der Pekinger Garten- und Landschaftsarchitekt Li Jiale:

»Die Umwandlung von Form und Inhalt der Gärten ist nicht nur von der Umwandlung der ökonomischen Basis der Gesellschaft bestimmt. In einem Garten zeigen sich nicht nur die ästhetischen Anschauungen seines Entwerfers, sondern auch dessen Platz im Rahmen seiner Zeit. Er ist abhängig von dem wissenschaftlich-technischen Niveau dieser Zeit und der Produktionskraft der Gesellschaft, für die er Gärten plant.«

HANGZHOU

Die vielleicht großzügigsten und interessantesten Beispiele neuer Parkanlagen sind in Hangzhou. Diese Stadt liegt fünf Expreßzug-Stunden südsüdwestlich von Shanghai. Am Ufer des Westsees findet man den neuen Huagang Guanyu-Park. Man übersetzte es mit »Blumenhafen-Fischeschau«. Ein Teil des 232 ha großen neuen Botanischen Gartens heißt »Die Pflanzen genießen« und ist in vorbildlicher Weise als Park für die Bevölkerung angelegt.

Der Blumenhafen war 1949 ganze 0,2 ha groß, vermutlich ein Privatgarten. Er liegt vom Stadtzentrum etwa drei km entfernt und ist bequem sowohl über Land als auch über den See zu erreichen. Im Jahr 1952 begann man, diesen kleinen Garten durch Aufschüttung zum See hin zu vergrößern. Innerhalb von drei Jahren hatte man eine Fläche von über 100 ha für ihn geschaffen. Die Erdarbeiten wurden ohne Hilfe von Maschinen, nur durch Menschenkraft ausgeführt. Zur Auffüllung wurde im wesentlichen Seegrund verwendet. Der See drohte zu verlanden und hatte stellenweise nur noch eine Tiefe von 55 cm. Jetzt hat man seine Sohle wieder auf 1,80 m abgesenkt, eine Arbeit, die alle 200 bis 300 Jahre ausgeführt werden muß. Die »Reinigung« des Sees war 1958 beendet, aber da wuchsen bereits die ersten Bäume in dem neuen großen Park.

Meine Dolmetscherin erzählte mir eine alte Geschichte über die Entstehung des Westsees: Am Himmel, in einer Höhle östlich der Milchstraße lebte ein schimmernd weißer Jadedrachen. Westlich der Milchstraße, in dem großen, dunklen Wald, hatte ein goldener Phönix sein Nest. Seine prächtigen bunten Schwanzfedern hingen herab und in dem tiefen Wald leuchtete sein Gefieder wie ein Licht. Drache und Phönix sahen sich häufig, wenn der eine am Himmel flog und der andere sich in dem großen Strom der Milchstraße badete. Einmal trafen sie sich auf einer einsamen Insel im Milchstraßenfluß und fast im gleichen Moment entdeckten beide einen wunderschönen großen Jadestein. Sie betrachteten ihn lange. »Phönix«, sagte auf einmal der Drache, »wollen wir nicht versuchen, eine Perle daraus zu machen?« Der goldene Phönix fand diesen Gedanken gut, und so trafen sie sich von diesem Tag an regelmäßig und polierten und polierten gemeinsam den Stein — von morgens bis abends arbeiteten sie unermüdlich. Woche um Woche, Jahr um Jahr vergingen, und der Stein wurde immer schöner und strahlender. Je mehr sie daran arbeiteten, desto mehr wuchs ihre Liebe zu dem Stein — aber auch füreinander. Eines Tages war er so schimmernd und strahlend zugleich, daß er ihnen schöner erschien als die schönste Perle, die sie je gesehen hatten. Um ihr Werk vollkommen zu machen, holte der Phönix Tau aus den Tälern seines Waldes und der Drache reinstes Quellwasser aus seiner Grotte. Sie besprengten und wuschen und badeten die neue Perle darin, und ihr Glanz war nun durch nichts mehr zu überbieten. Da beschlossen sie, für immer beieinander zu bleiben und ihren Schatz zu bewundern und zu bewachen. Sie waren glücklich, daß ihnen gemeinsam ein so schönes Werk gelungen war. Doch die Königinmutter des Westens, die unsterbliche Xi Wangmu (Hsi-wang-mu), wurde in ihrem Paradiesgarten aufmerksam auf das Leuchten, das aus einer fernen Weltgegend kam. Auf ihrem Kranich flog sie auf das Licht zu und sah Phönix und Drache mit ihrer Perle. Sie war fast geblendet von dem Glanz und wußte sofort, daß diese Perle köstlicher war als der köstlichste Schatz in ihrem Garten. Sie glaubte, ihre Unsterblichkeit zu verlieren, wenn sie diese Perle nicht besäße. In der folgenden Nacht, als Drache und Phönix schliefen, schickte sie die himmlischen Soldaten, die ihr die Perle stehlen mußten. Drache und Phönix waren zutiefst erschrocken, als sie beim Erwachen den Verlust bemerkten. Verzweifelt flogen sie nach allen Teilen der Erde und des Himmels — doch nirgends konnten sie ihre Perle finden. Xi Wangmu, die alljährlich zu ihrer Geburtstagsfeier die Unsterblichen einlädt zu einem köstlichen Mahl mit Pfirsichen, konnte am Höhepunkt des Festes der Versuchung nicht widerstehen, mit ihrem neuen Schatz zu prahlen. Mit neun verschiedenen Schlüsseln schloß sie die neun schweren eisernen Türen ihrer Schatzkammer auf, und kaum war die letzte Tür geöffnet, da überstrahlte der Glanz der Perle allen anderen Glanz des Palastes. Auf einem goldenen Tablett trug Xi Wangmu die Perle hinaus — gerade in dem Moment, in dem Phönix und Drache auf ihrer Suche das westliche Paradies durchflogen. Sie erschraken sehr, als sie sahen, daß Xi Wangmu der Dieb war — wütend forderten sie ihre Perle und warfen aus Ärger die Stühle und Tische um. Es gab einen gewaltigen Lärm und ein großes Durcheinander. Vor Schreck hielt Xi Wangmu das Tablett schief — die Perle rollte herab und fiel und fiel und fiel. Phönix und Drache flogen sofort ihrer Perle nach, umtanzten sie und hinderten sie mit ihren Körpern vor zu hartem Fall; doch in dem Moment, in dem die Perle die Erde in der Provinz Zhejiang berührte, wurde daraus der Westsee bei Hangzhou — noch heute eines der schönsten Schmuckstücke Chinas. —

Und die Bevölkerung versucht, es Phönix und Drache gleichzutun und poliert pausenlos an diesem Juwel.

Als man den Blumenhafen-Fischeschau-Garten schuf, war es, als setze man neben die Perle des Sees einen kleinen Brillanten ein. Dieser Garten hat breite und großzügige Wege, er hat ausgedehnte Blumenrabatten, Stauden, die sich ins Unterholz der Sträucher vortasten. Er hat weite Rasenflächen, die für unsere Augen »sehr englisch« aussehen. Und er hat wundervolle Durchblicke durch die Bepflanzung, welche die umliegenden Hügel mit einbeziehen in das Bild dieser Parklandschaft. In China nennt man das »die Landschaft leihen«. An einer Stelle schaut man auf zwei Berge, die Jadedrachenberg und Phönixberg heißen. Sie bewachen noch immer ihren Schatz.

Die Bepflanzung dieses Parks ist sehr subtil durchge-

*Sieben-Sterne-See in Zhaoqing,
ein Beispiel der Durchdringung der Landschaft mit Gärten*

führt, Farben und Formen sind in einer fast idealen Weise wohlabgewogen nebeneinander gestellt. Kann das verwundern bei einem Volk, in dem die Beschäftigung mit Malerei nicht Sache einer kleinen elitären Gruppe ist, sondern eine Bewegung, von der viele erfaßt sind?

Bereits in der Song-Dynastie, an der Schwelle der Jahrtausendwende, erfand man für die Darstellung von Blumen und Pflanzen die »knochenlose Malerei«. Ohne daß eine Kontur gegeben wurde, setzte man die farbigen Tuschen hauchzart auf das Papier oder die Seide. Mit der gleichen Noblesse und Empfindsamkeit »malt« man heute mit den Farbtönen der Gehölzblätter ein Bild des Gartens der Träume. Sagt man von den alten Gärten, daß sie nach den Vorbildern der chinesischen Landschaftsmalerei gestaltet seien, so kann man von einigen neuen Gärten behaupten, daß sie ganz eigenständige Gemälde sind. Versuchte man früher die Übersetzung eines berühmten Landschaftsbildes in einen Garten, so malt man jetzt mit den Farben des Laubes und der Blüten Bilder, die jedes Malerauge beglücken. Die chinesischen Gärtner sind von der Kopie zum Original gekommen.

Es sind fast nur grüne Bilder, die so entstehen. Bilder, auf denen das Auge ruht und vor denen der Körper des Menschen sich entspannt. Die langnadligen, weich fallenden *Cedrus deodara* aus dem tibetischen Teil des Himalaya sind hier viel gepflanzt; Kiefern, die in großer Vielfalt in China heimisch sind, geben die tiefen, dunkelgrünen Töne. *Ginkgo biloba* wird vor allem in den schlank aufstrebenden Typen verwandt, die fast säulenförmig im Wuchs sind. Die moosgrünen bis roten Töne von *Acer japonicum* sind nur sparsam und sehr geschickt eingestreut, oft benachbart zu den im Frühling mit übergroßen weißen, dicht hochgewölbten Trugdolden blühenden Schneeballsträuchern *Viburnum japonicum,* die einen so starken, süßherben Duft verbreiten, daß man häufig ihren Wohlgeruch schon eher empfindet als man sie sieht. Die Chinesen sagen, daß dieser Strauch bei ihnen heimisch sei, der Literatur nach stammt er aber ausschließlich aus Japan.

Doch die zwei Hauptthemen dieses Gartens sind Goldfische und *Paeonien*. Immer wieder kommt man an kleinen oder großen Teichen vorüber, in denen Goldfische schwimmen. Man ist hier ebenso begeistert von den 60 bis 80 cm langen Riesenexemplaren wie von seltsamen schwarzweiß oder weißrot gezeichneten, etwa 15 cm großen Fischen, die von langen Schleiern umweht sind und mit müden, riesigen Glotzaugen den Blick der Betrachter erwidern. Hier bekommt man die Geschichte erzählt, die die Chinesen sehr lieben und die einem fast in jeder Stadt berichtet wird: Der Philosoph Mong Dse (im Westen auch unter seinem latinisierten Namen Mencius bekannt) fuhr mit seinem Freund Kahn. »Wie fröhlich die Fische sind«, sagte er. Sein Freund antwortete: »Aber Herr Mong Dse, Sie sind kein Fisch, woher wollen Sie wissen, daß die Fische fröhlich sind?« »Aber mein Herr, Sie sind nicht ich, woher wollen Sie wissen, daß ich nicht weiß, daß die Fische fröhlich sind?«

Die Südufer der Gartenteiche fand ich von hohen Bäumen überdeckt, so daß man geruhsam im Schatten der Kiefern und Wacholder sitzen und die Fische beobachten kann. Die Nordufer sind felsig gestaltet, aber man hat viele Blumen daran gepflanzt, damit sie sich im Wasser spiegeln. Diese Blumen wünschte sich ein europäisches Gärtnerauge etwas anders ausgewählt, aber der Gärtnerin zum Trost wechseln sie mit den Jahreszeiten.

Ein kleiner Hügel ist aufgeschüttet und deutet mit seinen Steinen, die ihm zugleich Halt geben, ein

Gebirge an, an dessen höchstem Punkt ein traditionell gebauter Pavillon steht. Dieser Hügel ist vorwiegend mit Paeonien bepflanzt, und zwar sowohl *Paeonia suffruticosa,* der Strauchpfingstrose, als auch *Paeonia lactiflora,* der Staude. Bei *Paeonia lactiflora* fand ich einige Typen, die ungewöhnlich früh blühen und sich dazu noch durch edle, halbgefüllte Blüten und einen intensiven und angenehmen Duft auszeichneten.

Auf halber Höhe dieses Hügels ist die »Kirschschatten-Terrasse«. Dieser etwa 12 qm kleine Platz ist überwachsen von einem Winterkirschbaum, *Prunus mume.* Schattenhaft spiegelt er sich in den Linien der Terrasse wider, die in zwei unterschiedlichen Grautönen mit Kieselsteinen gepflastert ist. Diese Pflasterung wirkt bei erster Betrachtung abstrakt und war mir logisch nicht begreifbar. Erst die Erklärung meiner Begleiter eröffnete mir den Zugang, der einem in chinesischer Weltanschauung Geübten bestimmt leichter möglich ist.

Drei Wege führen auf diese Kirschschatten-Terrasse und von jedem Weg, mit dem man den Hügel betritt, hat man einen guten Anblick des Musters, was bei gegenständlichen Motiven nicht der Fall wäre. Auf eine geometrische Musterung wollte man aus künstlerischen Gründen an dieser Stelle verzichten. Die Schwierigkeit, die ich für diese Form der schattenspiegelnden Gestaltung sehe, ist, den *Prunus* immer in der seinem Bild entsprechenden Größe zu halten.

Der Botanische Garten in Hangzhou ist mit 232 ha eine sehr ausgedehnte Anlage. Er wurde im Jahr 1956 auf Anweisung von Mao begonnen, der forderte: »Wir müssen unser Vaterland grün machen.« Es ist die gleiche Zeit, in der auch das Gesetz zur Begrünung der Städte und Dörfer erlassen wurde. Dieser Botanische Garten ist nicht, wie Gärten dieses Namens im Westen, eine Sammlung von Pflanzen verschiedener Erdteile, sondern er ist — und das waren alle Botanischen Gärten, die ich in China sah — vor allem eine Forschungsstätte über die einheimische Pflanzenwelt und ihre Verwendbarkeit für den Menschen unserer Tage.

Der Botanische Garten in Hangzhou hat eine Abteilung zur Züchtung neuer Obstsorten, eine zweite zur Beobachtung der besten Schnitt- und Pflegemaßnahmen für Obstgehölze; drittens forscht man über Forstgehölze, außerdem über Nutzgehölze: hier sind über 800 verschiedene Arten aufgepflanzt, z. B. zur Lack-, Gummi- und Fasergewinnung. Dann findet man einen Bambus-Lehrgarten, der in zwei künstlich angelegten Tälern sicher hundert oder mehr Bambusarten zeigt. Ein besonders schöner Teil ist derjenige, der sich an eine im Jahre 479 erbaute buddhistische Tempelanlage anlehnt, die nach 1949 vollkommen restauriert wurde. Dieser Teil heißt heute »Die Pflanzen genießen«. Von dem alten Kloster ist original nur der rechteckige Fischteich erhalten geblieben, in dem bis zu 60 Pfund schwere Goldfische schwimmen. Die Gebäude hat man stilistisch den Bauernhäusern dieser Gegend angeglichen. Es sind eingeschossige, durch Höfe gegliederte Pavillons. In die Wand des gedeckten, etwa 80 m langen Wandelgangs sind Vitrinen eingelassen, in die Steinlandschaften und Penjings hineingesetzt sind. Diese Vitrinen sind nach oben offen, so daß Regen und Luft ungehindert Zutritt haben. Zusätzliche Bewässerung benötigen diese Pflanzkästen selten, denn die Niederschlagsmenge beträgt in Hangzhou jährlich 1500 mm. Diese Vitrinen erinnern entfernt an die Ausstellungskästen mit »Lebenden Bildern« der europäischen Naturkundemuseen der dreißiger Jahre.

Die Bepflanzung der Insel und Uferpartien des

Aus gutem Eisen
sollte man Pflugscharen machen und keine Schwerter
aus einem geraden jungen Mann
einen Bauern oder Gärtner, aber keinen Soldaten.
Chinesisches Sprichwort

Hauptsees mit gelber *Iris pseudacorus* und zartblauer *Iris tectorum* als leichte Farben und aus dem Wasser aufstrebende Formen im Kontrast zu schwer waagerecht sich lagernden rotlaubigen *Acer japonicum*, deren zartes Laubwerk großes Gewicht durch ihre fast purpurrote Farbe erhalten, ist hier auf wahrlich meisterhafte Weise gelöst. Eine subtilere Bepflanzung ist kaum vorstellbar. Die Kunst, auf das Feinste mit Blattfarben und Pflanzenhabitus zu malen, versteht man im Botanischen Garten von Hangzhou fast noch besser als im Blumenhafen. Trotz strömenden Regens war der große Park von vielen Menschen besucht, die der Aufforderung, »die Pflanzen zu genießen«, mit Freude und Intensität nachkamen.

So sehr sich der Gartenstil von Hangzhou in alter Zeit von dem anderer Städte unterschied, so ist es den Gärtnern hier in den letzten 30 Jahren gelungen, einen für China neuen Gartenstil zu finden und zu verwirklichen.

Doch neben der gärtnerischen Leistung sollte auch die forstwirtschaftliche Tüchtigkeit bemerkt werden. Liest man in einem amtlichen Reiseführer, daß seit 1949 in dem etwa 4000 ha großen Gebiet um den Westsee 30 Millionen Bäume und Sträucher gepflanzt wurden, so ist das eine Zahl, die ich meiner Dolmetscherin nicht so leicht abgenommen und für einen Übersetzungsfehler gehalten hätte, denn es bedeutet knapp 1,5 qm Lebensraum für jeden Baum oder Strauch. Vermutlich sind die ausgedehnten Teeanlagen von Hangzhou, die den besten Tee Chinas liefern, in diese Berechnungen einbezogen. Der Platzbedarf eines Teestrauchs ist etwa $1/3$ qm. Aber selbst wenn diese Anbauzahl etwas hoch sein sollte, das Land bei Hangzhou ist ein grünes Land, in dem der silberne Spiegel des Westsees ruht, von Drachen- und Phönixberg bewacht.

So frisch und kühn die meisten der neuen Gartenanlagen sind, so häufig ich Spuren europäischer Gartengestaltung darin begegnete, enthalten sie doch immer wiederkehrend traditionelle Formen alter Gärten. Je mehr ich davon sah, desto deutlicher wurde mir, daß ich einen Zugang zu dieser fremden Welt nur finden könnte, wenn ich den Versuch unternähme, die Elemente dieser Gestaltung von ihrem Sinn her, aus ihrer Geschichte und chinesischem Denken heraus zu verstehen.

Garten »Löwenwäldchen« in Suzhou

Osvald Siren sagt in seinem Buch »Chinese Gardens«: »Die chinesische Sicht der Natur war durchweg symbolisch; das öffnet eine ganz andere Möglichkeit für die künstlerische Interpretation und nutzt solchen Naturgegenständen mehr, als ein objektiver oder wissenschaftlicher Weg des Sehens, wie andere es getan haben.«

Der Chinese stellt die Frage nach dem Sinn des Lebens viel seltener als der westliche Mensch. Ihm genügt es, zu »sein«, voll und ganz, an diesem Tag, in diesem Augenblick, selbst wenn er ihn melancholisch reflektiert. Nicht kühne Eroberungszüge sind die geheimen Sehnsüchte. Er will weder die Welt verändern, noch erhofft er sein Glück in einer jenseitigen Welt. Wichtig war und bleibt diesem Volk eine möglichst hohe Vollkommenheit des Alltags. Man übt sich in der schweren Kunst, auch in komplizierten Lagen zufrieden und glücklich zu sein.

So ging es den Gestaltern der alten Gärten immer um die Darstellung ihrer Weltanschauung. In den verschiedensten Symbolen wird diese Weltanschauung, diese Lebensphilosophie verschlüsselt übermittelt. Es war nicht vorrangig, mit welchen Blumen, Bäumen oder Steinen sie ihre Gärten ausstatteten, sondern was sie mit diesen aussagen konnten. Der chinesische Garten bildet nicht eine vorhandene Stimmung ab, sondern möchte sie beim Betrachter erzeugen; daß dem Menschen durch das Erleben eines Gartens Dinge bewußt werden, die weder rein intellektuell, noch durch ausschließlich künstlerische Betrachtung begreifbar sind. Die Gartenarchitekten wollten dazu hinführen, im Garten zu einer Einheit aller Aufnahmemöglichkeiten zu gelangen, die die Grundlage für das Wissen um Einheit und Harmonie des Universums ist. Die Verschmelzung, die völlige Einswerdung mit der Natur war eine wesentliche Voraussetzung, das Tao zu verwirklichen, Sinn des Werdens und Vergehens zu erfahren. Im Stillewerden des menschlichen Geistes vor der Natur, im Lauschen auf die Vogelstimmen, den Gesang des Windes, beim Einatmen des Duftes der Blumen, kann es zu jener spontanen Freude kommen, die den Wert jeden Lebens erkennt. Eine ihrer Hauptaufgaben sahen die Gartenkünstler darin, das Gefühl für die Jahreszeiten zu verstärken, um Wandel und Wiederkehr in allen Lebensvorgängen deutlich zu machen: die Heiterkeit des Frühlings, die Glut des Sommers, die Melancholie des Herbstes und die Kälte des Winters. Ein in chinesischer Gartenliteratur oft gebrauchtes Wort ist Yue Ye, Gefühle erzeugen. Oder man sagt: »Die Gärten sind zur Nahrung des Herzens gemacht.«

Bereits am Eingangstor findet man in einer kunstvollen Kalligraphie den Namen des Gartens. In diesem Namen drückt sich häufig die Lebenshaltung seines Besitzers aus: »Garten der Milde«, »Ein Windhauch tönt im Bambus«, »Schlichte Einfachheit«, »Garten des törichten Politikers«, »Büchergarten«, »Garten der gesammelten Düfte«, »Park der Augenweide«, »Duftendes Rot und nephritenes Grün«.

Die chinesische Literatur, vor allem die Poesie, hat es immer geliebt, in hauchzarten Andeutungen zu sprechen; der eigentliche Sinn lag stets jenseits der Worte. Lin Yutang sagt: »Sie lesen Gedichte, in den Schnee geschrieben.«

In einem Land, in dessen Sprache, Schrift und Kunst alles mehrere Bedeutungen haben kann, verschieden voneinander und doch in Beziehung zueinander, in der diese nur den Eingeweihten verständlichen Symbolgehalte sich durch alle Formen der Kunst schlingen, kann der Garten keine Ausnahme sein. Wie schwierig es gelegentlich in diesem Spiel mit doppeltem Boden ist, kann man in Chinas berühm-

ELEMENTE DER GARTENGESTALTUNG

testen Roman »Traum der roten Kammer« finden. Dort wird beschrieben, wie man über die Benennung wichtiger Gartenteile diskutiert. »Jaspiswasserfall« wird vorgeschlagen, doch Baoyu, der jugendliche Held des Romans, gibt zu bedenken, daß das Schriftzeichen für Wasserfall zugleich auch Durchfall bedeutet und so zu Mißdeutungen bei den Betrachtern Anlaß geben könnte.

Der chinesische Garten gibt dem Besucher die Möglichkeit, mit allen seinen Sinnen zu genießen. Die Unterscheidung scheint mir wichtig, daß der aus dem chinesischen gewachsene japanische Garten durch seine perfekte Reduzierung nur noch mit Augen und Verstand erfaßbar ist — anders als seine Mutter, der chinesische Garten. Auch Chinas Gärten sind mit höchstem Raffinement ausgedacht, aber es ist ein Raffinement der Sinnenfreude. Man sagte mir, es wäre für einen Chinesen der alten Zeit unmöglich gewesen, in einem Garten nur die Beglückung des Sehens und Erkennens zu erfahren. Im gleichen Maße, in dem seine Augen sich begeisterten, sollten auch die Geräusche seine Ohren verwöhnen, Düfte seine Nase umschmeicheln, die Temperatur seinem Körper ein Wohlgefühl verleihen — und die Zunge kommt in China selten zu kurz. Aber da auf die Dauer Genießen leicht zum Überdruß führe und oft eine der anstrengendsten Tätigkeiten überhaupt sei, mußte das Interesse der Gartenbesucher durch ständig wechselnde Szenerien und Gartenereignisse immer wieder regeneriert werden.

Mir schien es, daß es in jedem Fall Gärten waren, die lustvoll betrachtet werden wollten, auch wenn es eine meditative Betrachtung war; denn für viele Chinesen schließen Meditation und sinnlicher Genuß einander nicht aus, ja sie steigern sich gegenseitig.

Nicht nur, daß viele Gärten nach berühmten Landschaftsgemälden gestaltet wurden, die ursprüngliche Landschaft also eine zweimalige Überhöhung in der Kunst erfuhr, es wurden auch ungezählte Bilder mit Gartenszenen gemalt. Das chinesische Ideal der gegenseitigen Durchdringung erfüllte sich hier auf das Schönste. Die Gartenschilderungen sind meist zugleich auch Schilderungen von Gastlichkeiten. Wer einmal das wohlige Gefühl des Aufgehobenseins im Kreis chinesischer Freunde erlebt hat, wird es niemals mehr vergessen können, weil es etwas Vergleichbares in Europa nicht gibt.

In gleicher Weise, wie er Platz für die Freunde ist, hat der chinesische Garten seine Aufgabe als Freiraum der Familie. Vom Frühling bis in den späten Herbst wird fast das ganze Leben nach draußen verlegt. Viele Gartenhistoriker glauben, daß das räumlich kleine Format der Hofgärten aus der Zeit stammt, als es für die Frauen zum guten Ton gehörte, die Füße von Kindheit an einzubinden. Damals war der Garten der wesentlichste, fast der einzige Ort, Natur zu erleben. Ein Wandern oder Spazierengehen im europäischen Sinn war diesen Frauen mit ihrem humpelnden Gang nicht möglich.

Die Größe eines Gartens ist traditionell auch ein Teil des chinesischen Ordnungsprinzips der Welt, dem alle Übertreibungen, weil schädlich, zu verurteilen waren. Lü Buwei schreibt im 3. Jahrhundert v. Chr.: »Ist eine Halle zu groß, so ist sie zu schattig, ist eine Terrasse zu hoch, so ist sie zu sonnig. Hat man zu viel Schatten, bekommt man Rheumatismus, hat man zu viel Sonne, so wird man gelähmt. Das sind die Übel, die daher kommen, wenn Schatten und Sonne nicht das rechte Maß geben.«

GEOMANTIE

Der Grundzug des chinesischen Denkens, sich in Einklang, in Harmonie mit dem Kosmos zu setzen, hat vor langer Zeit die Geomantie entstehen lassen. Der chinesische Ausdruck dafür ist Feng-shui, »Wind und Wasser«, denn diese Elemente werden einander zugeordnet, um die Einflüsse der Natur wie des Kosmos möglichst günstig zu gestalten. Die Wahl eines Bauplatzes, die Anlegung eines Gartens erfolgt nie ohne die Hilfe eines Geomanten. Das Gefühl, der Natur ausgesetzt zu sein, das die leichte chinesische Bauweise, Papierfenster, dünne Zimmerwände, immer nur mildern, nicht verdrängen konnte, führte zu diesem für uns fremden Beruf. Man bildete Fachleute heran, die für den Wohnungsbau günstigsten Plätze auszusuchen; sie waren für alle Wohnungen zuständig, für die der Lebenden wie für die der Toten, deswegen sind Geomanten oft lange Wochen beschäftigt, die »richtige« Lage einer Grabstätte herauszufinden. In ihrer Praxis stützen sie sich in erster Linie auf die Lehre der fünf Elemente und das ausgewogene System des Yin-Yang, die natürliche Harmonie des Himmels und der Erde.

In dieses komplizierte Kräfteverhältnis galt es eine menschliche Wohnstätte hineinzuplanen, ohne die Kräfte von Himmel und Erde zu stören, mit den besten Voraussetzungen für das Glück der Bewohner. So dürfen die Adern der Erde (Dimai) nicht verletzt werden. Als günstigste Himmelsrichtung gilt ein Berg im Norden des Hauses und ein Ausblick von der südlichen Terrasse auf einen Fluß oder See. Ist kein Berg vorhanden, der die schädlichen nördlichen Einflüsse abwehrt, so schafft man sich einen künstlichen: Felsen oder schnell wachsende Bäume werden dorthin gruppiert.

Die Erdadern wurden als starke, in gewissen Konstellationen auch gefährliche Kraftlinien empfunden. Europäische Missionare interpretierten sie als »Glückslinien« und machten sich über die Chinesen, die diese Dimai nicht überbaut oder gestört sehen wollten, lustig. Als eine europäische Allianz gar auf Eisenbahntrassen drängte, welche die Dimai und auch Grabstätten zerstörten, kam es zu militärischen Auseinandersetzungen.

Westliche Denkart beginnt sich zu wandeln. Heute erhalten die Einwohner von San Francisco auf Wunsch Kataster-Erdbebenkarten, auf denen minutiös, Grundstück für Grundstück, die Linien der Erdkräfte eingetragen sind. Die Versicherungen gegen Erdbebenschäden orientieren die Höhe ihrer Policen an den »Dimai« — Geomanten der westlichen Welt!

In China ist dieser Beruf in erster Linie ethisch bestimmt. Menschliche Gebilde sollten denen der Natur entsprechen, mit ihr in Einklang gebracht werden. So haben die Geomanten bewirkt, daß in dem oft zu feuchten oder zu kalten Klima die Häuser so angelegt sind, daß sie die Gesundheit der Bewohner fördern. Da die Geomanten auch Wert auf Pagoden legten, deren Anlage einen schützenden Einfluß auf die Bevölkerung im Umkreis haben sollte, kommt ihnen ein Verdienst an der nicht nur zweckmäßigen, sondern auch harmonisch schönen Architektur des Landes zu.

GRUNDFORMEN

Nicht zu viel und stets das rechte Maß, ist die Empfehlung des Lü Buwei, und keiner der zeitgenössischen griechischen Philosophen hätte das besser formuliert. Wie zurückhaltend sind die alten Gärten in ihren Farben; trotz aller Bewegtheit wirken sie schlicht. Es schien mir Ziel der Gestaltung zu sein, durch noble Schlichtheit eine ganz persönliche Aussage fühlbar zu machen. Auch von den Gefahren der Wildnis, von denen der Mensch umgeben war, sollten diese Gärten eine Ahnung geben. Die alten taoistischen Gärten waren der immer wiederholte Ver-

Dringet ein in das geheime Wesen der Natur, studiert das Gute und das Böse. Ihr werdet erfüllt werden von der Natur selbst und trotz des Umfanges des Weltalls und der Entfernungen, welche die sozialen Zustände voneinander trennen, werdet ihr euch des Prinzips der Gleichheit aller Wesen bewußt werden.
Konfuzius

such, Menschen zum Bewußtsein ihrer eigenen Harmonie mit dem Kosmos zu bringen und sie damit zur Gelassenheit gegenüber allen Wechselfällen des Lebens zu erziehen.

Um feinste Reize auf die Sinne der Besucher auszuüben, waren die Sitzbänke so berechnet, daß ihre Lehnen sich weit über die Wasserfläche beugten, die kühle Luft des Sees den Verweilenden zu geben. Diese mir zunächst sehr fremde Haltung erlaubt aber zugleich einen freien Blick zu den Fischen wie zum Himmel. Die Beobachtung der Naturvorgänge ist nach allen Richtungen von einer solchen Bank aus bequem möglich.

Der gedeckte Wandelgang, der Schatten gibt und vor Regen und kalten Winden schützt, ist ein unverzichtbarer Teil jedes alten Gartens. Da Chinesen ihre Gärten bei jedem Wetter besuchen und benutzen, hat er eine wichtige Bedeutung in Landesteilen, deren Niederschlagsmenge etwa dreimal so hoch ist wie im mittleren Westdeutschland. Die Funktion dieser Gänge ist sowohl trennend wie verbindend. Sie scheiden die verschiedenen Gartenteile voneinander und verbinden die Gebäude miteinander. Gleich den Wegen sind diese Wandelgänge selten gerade. Sie legen sich um Ecken und überwinden künstliche Hügel in einem sanften Auf und Ab, meist ohne Stufen. Häufig ist eine Seite als Wand ausgebildet, die mit Fenstern durchbrochen und mit Kalligraphien geziert ist.

Die Bergschluchten und Grotten wurden so konstruiert, daß sie auch in heißen Sommern relativ kühl blieben und man im Schatten angenehm ruhen konnte. Sie wechseln im Garten mit besonnten, blumenbestandenen Höfen, so daß ganz unterschiedliche Temperaturen auf den Körper des Besuchers einwirken und grundverschiedene Empfindungen hervorrufen, die sich in ihrer Intensität gegenseitig steigern.

Die Verhältnisse zwischen Mauern, Felsen und Pflanzen waren sehr genau überlegt, um eine höchstmögliche Harmonie der Formen und Farben zu erreichen. Die Pflanzen waren so ausgesucht, daß sie mit ihren Wohlgerüchen die Nase erfreuen sollten, möglichst sogar zu unterschiedlichen Tageszeiten mit verschiedenen Düften. Auf dieser Duftskala der Blumen zu spielen, hat der chinesische Gärtner bis heute nicht verlernt. Chinesische Kollegen, die in den Westen kommen, sind ganz erschrocken über die Duftlosigkeit unserer Blumen, zum Beispiel bei einer Bundesgartenschau. Zwar sind sie wie geblendet von der Größe, Farbigkeit und Vielfalt unserer Blüten, aber all das wiegt in ihren Augen das Fehlen des Duftes nicht auf. Ein echter Pflanzenfreund geht in China beim Sonnenaufgang in den Garten, den Duft der sich eben öffnenden Paeonienblüte »zu schmekken«. Er genießt das Mondlicht, »das die Blumen duften läßt«.

Ich erlebte, daß auch die Geräusche eines Gartens in die planerischen Überlegungen einbezogen wurden. In Wuxi gibt es ein »Bächlein der acht Töne« im Garten der Ergötzung. Man bedachte ebenso, wie unterschiedlich es klingt, wenn der Regen auf Bananenstauden trommelt oder auf Weiden fällt. Das Quaken der Frösche signalisiert den Frühling, das Singen der Zikaden den Sommer. Chinesen sagen, man könne am Rauschen des Regens auf Lotosblättern die Jahreszeit bestimmen. Sein Trommeln im Herbst (wenn die Blätter fest sind) kündige den nahen Winter an.

»Laßt die welken Lotosblätter, wie sie stehn,
sie machen uns des Regens Klagelied verstehn«

heißt es im Roman »Der Traum der roten Kammer«. Doch nicht nur die Geräusche, auch die Stille war in

ELEMENTE DER GARTENGESTALTUNG

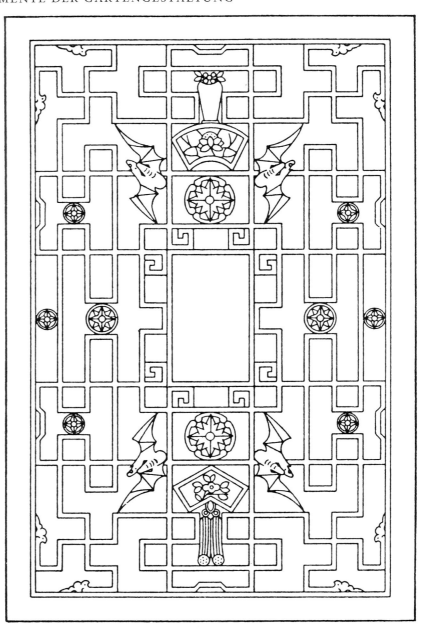

Lattendekore in symbolischer Gestaltung, wie sie häufig in den Gärten auftauchen: Berstendes Eis mit Blüten der Winterkirsche und Bambus: ein Frühlingssymbol. Erdquadrat im Himmelskreis meint Harmonie des Kosmos. Im rechten Teil gelochte Geldstücke für Reichtum, Fächer mit Lotos für Rechtschaffenheit, Fledermäuse als Glückszeichen, sie heißen Fu, Fu heißt auch Glück.

ELEMENTE DER GARTENGESTALTUNG

 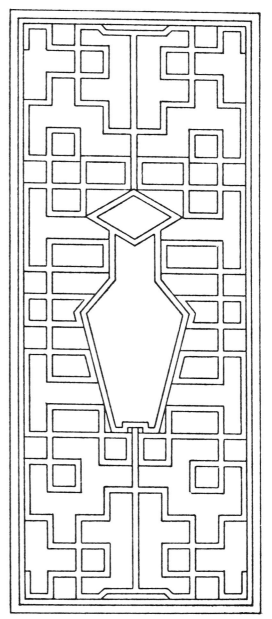

*Ein Endlosband, das eine Vase trägt, bedeutet
langes Leben und Frieden.
Die zarten Einzüge der linken Tür
signalisieren Wolken.*

ihrer Wirkung berechnet. Wie ruhig muß die Welt sein, daß man den Windhauch hört, der im Bambus tönt. Im »Garten des törichten Politikers« in Suzhou steht ein Gedicht:

»Der Gesang der Vögel macht die Berge noch stiller, das Zirpen der Zikaden läßt den Wald schweigen.«

MAUERN, TORE, FENSTER

Nachdem ich mich einige Tage in China eingelebt hatte, notierte ich: »Es genügt nicht zu sagen, im chinesischen Garten hat jeder Stein, hat alles seine Bedeutung. Es genügt auch nicht, diese Bedeutung einfach zu benennen, es lohnt sich zu erforschen, was diese Bedeutung auszusagen hat, welche Lebensregeln und Lebenshilfen sie zu vermitteln wünscht.«

Mauern werden in den Gärten offenbar in erster Linie gebaut, um Transparenz zu ermöglichen, überraschende Durchblicke und Durchlässe zu schaffen, in Form von Fenstern, Toren und Wanddurchbrüchen. Für europäische Augen, die durch die letzten 50 Jahre ausschließlich an das Ideal der Zweckform gewöhnt sind, sind diese Durchlässe äußerst bemerkenswert ausgebildet. Im »Traum der roten Kammer« heißt es: »Tore und Fenster haben im Garten eine ungewöhnliche Umhüllung für eine schöne Füllung zu sein.«

Die Symbolik der Tore reicht weit zurück. Lao Tse sagt in bezug auf den Beginn der Welt, die große Schöpfungskraft, das Ur-Eine: »Mutter alles dessen, was unter dem Himmel ist«, dann »Tor«, »das Dunkle«, »das dunkle Tor des Weibes«.

Das kreisrunde Mondtor fehlt in kaum einem chinesischen Garten. Meist ist es die Eingangstür. Als ich in Kanton zum erstenmal vor einem solchen Tor stand, da glaubte ich dem Himmelssymbol, dem Kreis zu begegnen. Die alte chinesische Kultur dachte sich die Erde als ein Quadrat und den Himmel wie eine rundgewölbte Reisschale darübergestülpt. Zweimal fand ich Kalligraphien über Mondtore, die sinngemäß übersetzt lauten: »Wenn du dieses Tor durchschreitest, so hast du einen anderen Himmel über dir und eine andere Erde unter deinen Füßen.« In zweiter Ebene ist das Durchschreiten eines Tores immer einer Einweihung, einer Initiation gleichzusetzen.

Die heutigen Gartenplaner wollen diese Erd-Himmels-Symbolik, obwohl sie die Formen benutzen, nicht in ihrem Sinngehalt akzeptieren. Ihr Argument ist, die früheren Gestalter seien aus pragmatischen Gründen auf diese Form gekommen, da immer nur eine Person nach der anderen das Mondtor durchschreiten könne. Eine solche Art, ein Grundstück zu betreten, wäre dem alten Zeremoniell entgegengekommen und habe überdies das Sicherheitsbedürfnis der Besitzer befriedigt.

Da man im Augenblick in China noch immer ein gespaltenes Verhältnis zur althergebrachten Symbolik und Religion hat (obwohl dem Reisenden zahlreiche Klöster, Mönche und Äbte als eine touristische Attraktion gezeigt werden), versucht man alle Fragen danach in eine andere Richtung zu drängen. Zu der Entstehung des Mondtores erzählte mir Prof. Sun Xiaoxiang die Geschichte eines Kaisers der nördlichen Dynastien. Dieser Kaiser kannte genau die chinesische Sage, nach der ein *Osmanthus*-Palast im Mond steht, in dem die weiß gewandete Fee Chang'e lebt und ein weißer Hase aus verschiedenen Ingredienzien das Elixier der Unsterblichkeit erzeugt (Mond, *Osmanthus* und Hase sind Symbole der Weiblichkeit). Dieser Kaiser liebte eine seiner Konkubinen ganz besonders. Er sah in ihr die Idealgestalt einer guten Fee. Das erste Mondtor, von dem

ELEMENTE DER GARTENGESTALTUNG

Neunzacken-Brücke und Pavillon des Seezentrums Stadtgott-Tempel, Shanghai

man weiß, ließ er in seinem Palastgarten bauen und mit hellschimmernden Kristallen umrahmen. In einiger Entfernung dahinter stand eine weiße Mauer, vor die ein *Osmanthus*-Baum gepflanzt wurde. Keine anderen Pflanzen durften in diesem Hofgarten Wohnung finden, wohl aber ein weißer Hase. Die Konkubine mußte ihre Haare im Stil der »Wolkenfrisur« ordnen, wie es chinesische Feen zu tun pflegen und gleich ihnen durfte sie nur weiße Seidenkleider tragen. Ihre Schuhe glichen genau den Feenschuhen, mit denen diese mit dem Wind über die Wolken eilen konnten. Der Kaiser nannte die Geliebte zärtlich »Fröhlicher Mund«.

Häufig fand ich Tore in Form einer Blumenvase — die Vase ist ein Gefäß, das aufnimmt und behütet. Sie ist Yin, Weiblichkeit. Auf Chinesisch heißt sie ping, und ping heißt auch Frieden. Tritt ein in den Frieden dieses Gartens! »Der Friede sei mit dir.« Das Geschenk einer kostbaren Vase heißt bao ping, Erhaltung des Friedens.

Tore und Fenster in der Silhouette eines Artemisiablattes waren mir zunächst völlig unverständlich, bis man es mir als buddhistisches Einweihungszeichen erklärte.

Bestimmt kann man nicht alle diese Formen symbolisch bewerten. Einige sind reine Allegorien, oder es werden mit der überwuchernden Phantasie der Chinesen Geschichten erzählt. In diesen Gärten chinesischer Gelehrter waren viele Andeutungen zur Mythologie und Literatur des Landes versteckt, kaum noch den jungen Chinesen heute verständlich, geschweige denn einem Fremden.

In der Gestaltung der Fensterdurchblicke läßt sich die größte Unterschiedlichkeit innerhalb der einzelnen Landesteile feststellen. Immer aber werden ästhetische Lösungen gefunden, die meistens einen symbolischen Hintergrund haben und die auf den westlichen Besucher wie Bilderrätsel wirken. Den größten Ideenreichtum, die ausgeprägteste künstlerische Gestaltung schien mir hierin das Gebiet von Hangzhou zu haben. Zwar kommen die fröhlichen Löwen, die trabenden Elefanten unter Palmen dem Herzen des Volkes bestimmt sehr nahe, als Fo-Hunde (Wächter Buddhas) wollten meine Augen sie in dieser Gestalt nicht mehr akzeptieren. Immer wieder erscheinen Mandarinenten, als Zeichen der glücklichen Ehe, in der die Frau treu dem Mann folgt; die Wünsche für langes Leben: der Lingzhi-Pilz, die Kiefer und der Kranich, Reichtumssymbole wie Hirschkuh, Paeonie und Fische. Selbstverständlich fehlt der Granatapfel nicht als weltweites Fruchtbarkeitsversprechen. Im Norden, schon in Suzhou, sind diese Fensterformen abstrakter, auch wenn man wie im Sommerpalast Blumen auf die Glasscheiben malt. Die Laibungen der Fenster sind gerade dort in vielfältigen Symbolformen gestaltet. Immer kehren Kreis und Quadrat für Himmel und Erde wieder, auch Fächer sah ich häufig, sie heißen auf Chinesisch »shan«, was zugleich auch »Zufriedenheit« bedeutet. Pfirsichblütenformen stehen für Treue und langes Leben, eine vierblättrige Blüte meint die Begonie — »die Apfelblüte des Herbstes«, kann also die Beziehung eines alten Mannes zu einer jungen Frau signalisieren. Geldstücke waren in China dämonenabwehrende Amulette, zum einen, weil Geld doch gegen manches Unangenehme helfen kann, zum anderen wegen der Öffnung in der Münze, dem »Auge«. Das Augensymbol des Geldstücks hat die gleiche Schutzfunktion wie alle Augensymbole der Welt. Als Fenster in eine Mauer gesetzt, verstärkt es sich durch die Verdoppelung: Fenster in Form eines gelochten Geldstücks. In all ihren Kunstformen lieben es die Chinesen, durch »Verdoppelung« die Aussage zu verstärken.

Berstendes Eis, vor allem in der Lattung der Fenster und in der Pflasterung der Wege zu finden, ist ein Frühlingssymbol. Wird dieses Dekor des berstenden Eises mit den fünfblättrigen Blütenformen der Winterkirsche geziert, so meint es das Eis, das im Frühling die großen, aus Nordwesten kommenden Ströme herunterschwimmt und auf das der Blütenschnee der Winterkirschen niederschwebt. Der Glücksknoten, der in der buddhistischen Lehre eine so große Rolle spielt, schlingt sich in sich selbst zurück und bleibt ohne Ende. Er ist in der chinesischen Architektur, auch der der Fenster, ein immer wiederkehrendes Motiv.

Ich fragte mich, ob die entscheidende Funktion der Mauern und ihrer Durchbrüche neben der räumlichen Gliederung des Gartens nicht die Aussage war, daß jenseits der geschlossenen Mauer auch eine akzeptable Welt sei und daß Durchblicke möglich sind. Die Überzeugung der Kontaktmöglichkeit zur jenseitigen Welt ist eine wichtige Basis des Ahnenkults.

Eine andere typisch chinesische Gartenmauer steht unmittelbar, etwa im Abstand von 1—1,5 m hinter dem Hofeingang, der meist zur Straße hin offen ist. Dies ist die Geistermauer. Man sagt in China, Geister können nur geradeaus, niemals um die Ecke fliegen. So können sie nicht in den Hof eindringen, da sie — durch das Tor gelangt — gegen die Mauer rennen würden.

BRÜCKEN UND WEGE

Die Kreisform findet sich überraschend häufig bei Brücken. Das aus Stein gebaute Gewölbe bildet einen Halbkreis, der durch die Spiegelung im Wasser zum vollen Kreis wird. Die Magie dieser Bauform ist in ihrer ganzen Bedeutung erst dann zu begreifen, wenn man die Leidenschaft der Chinesen für Kahnfahrten kennt. Das stille Dahingleiten auf einer Seefläche, die Fische beobachtend, schön gestaltete Ufer an sich vorüberziehen zu sehen, dem Widerspiel der Wolken und des sich brechenden Lichtes auf der Wasserfläche hingegeben, das ist chinesischer Lebensgenuß. Für die, die die Signaturen kennen, ist dann das Durchfahren einer Mondbrücke noch eine besondere Überhöhung, denn es kommt für sie dem Eintauchen in den Himmel gleich, wobei eine unterschwellige erotische Bedeutung ohne Zweifel mitschwingt. Wenn ein chinesischer Mann eine Frau begehrt, so sagt er: »Ich wünsche mir den Himmel« und meint damit »das Spiel von Wolken und Regen«, das schon immer den Fortbestand der Menschheit garantiert hat.

Eine andere Charakteristik, die in kaum einem Garten fehlt, ist die zickzackförmig über dem Wasser laufende Brücke. Man ist gezwungen, sehr langsam auf ihr zu gehen, ganz bewußt. Die Chinesen sagen, sie solle es ermöglichen, die verschiedenen Gartenpartien von der Brücke aus intensiv und aus unterschiedlichen Blickwinkeln zu betrachten. Da die klassische Zickzackbrücke ohne jedes Geländer ist, muß die Aufmerksamkeit — vor allem des ungeübten Europäers — erst einmal darauf gerichtet sein, dem Weg der Brücke zu folgen, um nicht ins Wasser zu fallen. So wichtig der chinesischen Lebensart die Intensität der Betrachtung auch ist, die taoistische Hinlenkung des Blickes »auf den Weg, der niemals gerade, niemals direkt ist«, scheint der größere Teil der Wahrheit. In dem neu erbauten Messegelände in Kanton überzieht eine solche Zickzackbrücke eine flache, rechteckige Wasserfläche, die einen Innenhof füllt. Von dieser Brücke aus ist keine Landschaft, kein Garten zu betrachten, sie ist dekorative Verbindung zwischen zwei Gebäudeteilen — sinnentleerte Symbolik in einer gewandelten Welt, oder doch

Ich zeige eine Ecke
und wer die drei anderen nicht findet,
dem wiederhole ich mich nicht.
Konfuzius, Lun Yu 7—8

etwas anderes? Blieb das Motiv erhalten, obwohl die Motivierung verloren ging?
Das Direkte, die Gerade als kürzeste Verbindung zwischen zwei Punkten, ist in China in geschäftlicher wie in zwischenmenschlicher Beziehung nicht üblich. Für einen Chinesen kann das Direkte niemals das Ganze oder das größtmögliche Ganze ausdrücken. In Maos kleinem roten Buch steht:
»Wir sollen uns wie die Kröte im Brunnen vor dem Glauben hüten, daß der Himmel nicht größer als die Brunnenöffnung sei. Wärme des Herzens, Verantwortungsgefühl und moralische Integrität sind die größten aller Eigenschaften. Verabscheue Einseitigkeit und betrachte alles von verschiedenen Seiten.«
Auch aus einem anderen Grund sind die Gartenwege in China im Zick-Zack-Kurs oder in Schlangenlinien angelegt: die bösen Geister finden nicht hindurch, sie sind keine krummen Wege gewohnt. Niemals verlaufen die Wege im Garten geradlinig, es sei denn, sie werden durch mehrere, hintereinander liegende Torgebäude in den eigentlichen, den inneren Garten geführt. In diesem inneren Gartenteil weiß man die Wege geschickt um künstliche Hindernisse zu winden. In einem verhältnismäßig schmal gestreckten, gepflasterten Hof, im »Garten der Ergötzung«, dem Jichang Yuan in Wuxi, wurden auf das durchgehende Hofpflaster Felsbrocken gesetzt, die den gewundenen Weg zu beiden Seiten säumen. Es hat für europäische Augen im ersten Moment etwas sehr Künstliches und wirkte zunächst wenig anziehend auf mich. Erst als ich versuchte, die Hieroglyphe zu lesen, mich dem Sinn hinter der Oberfläche zu nähern, wurde es mir verständlich.
Der für das chinesische Denken so entscheidende Begriff »Tao« heißt in einer der möglichen wörtlichen Übersetzungen »Weg«. Mir wurde immer deutlicher, daß die Chinesen in der Form der Gartenwege und Brücken dieses Denken zum Ausdruck bringen.
So zielstrebig die Wegführung in den geometrischen Gärten zum Zentralpunkt des Gebäudes des Herrschers hinführt und Ausdruck einer Lebenshaltung ist, so ist in China der gewundene Weg geschaffen, dem Blick die verschiedensten Perspektiven zu bieten. Er läßt — wie die Zickzackbrücke — kaum eine Möglichkeit, von der betretenen Bahn abzuweichen. Immer wieder öffnen sich bei den Wegen neue, unerwartete Ausblicke von großem Charme; die Überraschung bestimmt das Erlebnis.
Yuan Ye, das Buch der Gartenarchitektur der Ming-Zeit, empfiehlt, »die Wege zu winden wie die Wege spielender Katzen«.

WASSERFLÄCHEN

Absolut unverzichtbar für einen chinesischen Gartengestalter ist die Wasserfläche, als Spiegel des Himmels, als ein sichtbar gewordenes Herniedersteigen des Himmels zu den Menschen. In dem Spiegel des Sees sind der Himmel mit seinen Bewohnern, der Sonne, dem Mond, den Sternen und den Wolken die gleichen — und doch andere. Wasserwege durch Gärten wurden so geplant, daß man ihr Ende nicht sieht: so wie auch der Himmel unermeßlich groß ist. Shuijing, Wasserspiegel, ist auch die Bezeichnung für eine mondhelle Nacht und für Männer mit klarem Unterscheidungsvermögen. Der taoistische Philosoph Chuang Tse sagt im 13. Abschnitt seines Buches vom Südlichen Blütenland: »Ist das Innere des Weisen in Ruhe, dann ist es wie ein Spiegel des Himmels und der Erde.«
Ein wesentlicher Teil des Seebildes im chinesischen Garten ist das Ufer. Ich empfand es — mit einigen Ausnahmen — als steil und schroff. Die Ufer steigen

fast senkrecht bis zu einem Meter und mehr hoch aus der Wasserfläche und sind mit unbehauenen Felsen befestigt. Diese Ufer sind ganz bewußt zur Spiegelung im Wasser angelegt, die ihre Kraft verdoppelt. Die Felsen werden nur sehr sparsam von Pflanzen bekleidet, der Stein dominiert. Das ist genau entgegen dem Stil europäischer Gartengestaltung, aber auch fast aller natürlich in das Gelände eingebetteter Seen. Es kann sich hier nur um eine bewußte Betonung des Gegensatzpaares Senkrechte/Waagerechte handeln, als Hinweis auf die Yin- und Yang-Kräfte. Senkrechter Felsen ist immer Yang, immer Stärke, immer männlich. Wasser ist Yin, ist waagerecht, weich, weiblich und anpassungsfähig.

Sind die Ufer flach, wie im Garten des törichten Politikers in Suzhou, so wird die Senkrechte durch Sträucher, die den See einschließen, gebildet. Lediglich in der riesigen ehemals kaiserlichen Parkanlage von Chengde (früher Jehol) fand ich die große Wasserfläche in sanften Ufern, dafür aber in den zahlreichen kleinen »Gärten im Garten« die typische Felsverarbeitung.

Sich anschmiegend an das umgebende Gelände, symbolisiert das Wasser auch eine der nobelsten Tugenden des Tao — Anpassungsfähigkeit an vorgefundene Verhältnisse. »Wasser« ist eines der am häufigsten gebrauchten Worte in der Symbolsprache und in den Sprichwörtern. Man sagt, »der weise Mann schickt sich in die Umstände, wie das Wasser die Form seines Gefäßes annimmt, und doch das gleiche bleibt.«

Wasser ist dem Chinesen das erste der fünf Elemente. Es zerstört Feuer, Holz und Stein. Die Medizin setzt es vor alle anderen Pharmaka. Als Lebenselixier heißt Wasser auch »Jade-Essenz«. Es ist der Nektar der Götter, das heilige Wasser der Unsterblichkeit, das der Himmel über die Erde ausgießt.

Der Chinese sieht das Leben als die »Reise zum westlichen Paradies«. Sein Lebenslauf folgt dem Sonnenlauf. So fließen alle Bäche oder Wasserfälle, die den Gartensee speisen, von Osten kommend in ihn ein. Sonne und Wasser folgen einander in ihrem Lauf und verbinden sich zur Harmonie der Gegensätze. Dieser Wasserlauf widerspricht der Hauptrichtung aller chinesischen Flüsse, die von Westen kommend in das östliche Meer münden.

Häufig wird die Gestalt natürlicher Seen im Garten nachgeformt. Ein besonders beliebtes Motiv ist der Westsee von Hangzhou. Der Kaiser Qianlong (Chenglung) ließ ihn fast in Originalgröße für den Sommerpalast kopieren; unzählige Male ziert sein verkleinertes Abbild chinesische Gärten. Aber auch Japaner ließen es sich nicht nehmen, diesen See, den sie »Seiko« nennen, in ihren Gärten nachzubilden. Ist es nur Zufall oder war es ausschließlich von militärischen Erwägungen abhängig, daß Hangzhou, diese poetische Landschaft, im japanisch-chinesischen Krieg sehr rasch von den Japanern erobert wurde und bis 1945 von ihnen besetzt blieb?

Wie der Westsee, der durch seine künstlichen Dämme stark gegliedert ist, werden auch die Seen der Gärten durch Brücken und Verengungen in mehrere kleine Wasserflächen unterteilt. Oft schwebt auf schlanken Stelzfüßen über solch einer Einschnürung ein graziöser Pavillon. Gelegentlich trägt der Sockel gleich einem Gürtel eine schmal gezogene Kletterpflanze, die anmutig ein paar Ranken dem Wasser entgegenschwingt, so wie aus dem Haar eines Mädchens sich manchmal eine Strähne löst. An den für mich eindrucksvollsten Plätzen war hierfür wilder Wein und *Euonymus fortunei*, das rankende Pfaffenhütchen, verwendet worden.

Die Fontäne, seit Jahrhunderten Teil jeder großen Parkanlage in Europa, ist in China erst seit dem

18. Jahrhundert bekannt. Das bewegte Wasser beschränkt sich auf kleine Bäche und wasserfallartig geführte Zu- und Abflüsse; diese sind möglichst fadenförmig gestaltet. Denn das Wasser, das ja das sanfte, alles durchdringende Yin verkörpert, kann in China vor allem im Gebiet der großen Ströme schnell zur unentrinnbaren tödlichen Bedrohung werden. Die Dämme, deren Baukunst China schon in seiner vorgeschichtlichen Zeit beherrschte, können brechen oder in Kriegen zerstört werden. Vielleicht ist in dieser Urangst vor den Kräften, die dem bewegten Wasser innewohnen, das Wasser im Garten in seiner stillsten, friedvollsten Form vertreten, eingefangen in die fast einen Meter hohen Steinwände.

STEINE

Was bisher zu den Gestaltungselementen im chinesischen Garten gesagt wurde, kann zu einem gewissen Verständnis der chinesischen Geisteshaltung führen — der Schlüssel zu den Gärten ist jedoch das Begreifen der liebenden Verehrung der Gebirge, die sich in jedem Stein manifestiert.

Für jene Nachbildung der Gebirge, die sich im europäischen Garten als Alpinum oder auch als Steingarten darstellen (gelegentlich sehen sie bei uns aus wie ein gespickter Hase), genügt dem Chinesen oft ein einziger Felsen. Aber es gibt auch andere Beispiele, in denen Steine fast alle anderen Gartenelemente verdrängt haben und die Szene voll beherrschen.

Paul Claudel fand: »... ein Gewirr von Felsen, ein Chaos, ein Gemenge von herabgestürzten Blöcken, aufgehäuft wie von einem tobenden Meer, die Schau einer Zornesorgie ... inmitten dieses Muschelwerks erhob sich eine schwarze gekrümmte Fichte. Taxus und Thuja belebten mit ihrem kräftigen Schwarz die Unordnung. Von Staunen ergriffen, betrachtete ich diese Stätte der Melancholie. Und inmitten der Umfriedung erhob sich ein großer Fels wie ein Ungeheuer im tiefen Schatten der Dämmerung, traumhaft und rätselvoll ...«

Das Interesse am Gebirge, die sorgfältige Beobachtung seiner Formation, ist in China uralt. Die frühen Zhou-Bronzen tragen Symbole für wolkenumzogene Berge. Es fanden sich in den Gräbern dieser Zeit Weihrauchgefäße in Bergform, dergestalt, daß der Weihrauch wie Nebel um die Bronzegipfel zieht.

Bei der Ausbildung der taoistischen Religionsphilosophie spielte die Betrachtung der kraftvollen, unnahbaren Majestät der Berge eine entscheidende Rolle. Immer gingen die Taoisten zum Meditieren in die Gebirgseinsamkeit, wo nach ihrer Meinung in höchster Höhe die Unsterblichen wohnen. Noch wichtiger als die Schönheit der Gipfel war ihnen deren magische Kraftausstrahlung, aber es war auch ein heiliger Ort und ein Ort, an dem man leben konnte, ohne Kompromisse mit den Herrschenden dieser Welt schließen zu müssen.

Vielleicht ist die Verehrung der Berge das Grundmotiv der chinesischen Naturbeziehung. Der Wunsch, sich dem Wohnsitz der Götter in seinem Abbild zu nähern, stand fast hinter der gesamten chinesischen Landschaftsmalerei und ebenso hinter deren Widerspiegelung in der Gartengestaltung. Landschaft und Landschaftsmalerei wurden mit dem Begriff Shan Shui, Berge und Wasser, bezeichnet. Die turmförmigen Felsen können den Malern gar nicht schroff und steil genug sein, doch der wichtigste Punkt eines solchen Bildes ist der höchste Gipfel. Kenner chinesischer Malerei betrachten eine Berglandschaft immer von oben nach unten. Die malerische Qualität der Bergspitzen entscheidet über die Qualität des Bildes. Nur wenn sie sich im Nebeldunst — oft nur noch ahnbar — als Wohnung der Götter glaubhaft darstellen, wird das Bild akzeptiert.

Diese stark zerklüfteten Bergformationen sind im Garten wie in der Malerei Abbild der schöpferischen Naturgewalt an sich, Urbild der Weltenschöpfung. Dem polaren Denken des Yin-Yang waren Hügel und Berge als männlich, Schluchten und Täler als weiblich vertraut. Die fünf heiligen Berge des Landes, allen voran der Tai Shan in Shandong, galten als Lebensspender und Richter über die Toten, Wohnstätte der Götter. Der Besuch auf einem der fünf heiligen Berge entsprach etwa einer Pilgerfahrt nach Mekka.

Diese himmelstürmenden Majestäten sollten im Garten nachempfindbar sein, ihr Abbild im Garten dem Original entsprechen, damit die Götter, Feen und guten Geister sie als Angebot betrachten konnten, Wohnung bei der Familie zu nehmen.

Die überhängenden Felsen, »wie ein Elefantenrüssel geformt«, von denen die Gartenberichte seit der Song-Zeit sprechen und deren Darstellung auf Kupferstichen des 18. Jahrhunderts und ihre Beschreibung durch Reisende die Phantasie europäischer Gartenarchitekten beflügelte, fand ich nicht mehr in den Gärten, nur noch im freien Gebirge. Die konkrete Aufforderung, Gefahr zu akzeptieren, war wohl auf Dauer, vor allem in Gärten, die von Menschenmassen besucht werden, zu gefährlich.

In diesem Zusammenhang ist auch die Proportion des Menschen auf dem chinesischen Landschaftsbild interessant. Die Figuren sind fast immer im unteren Drittel des Bildes und außerordentlich klein. Sie ordnen sich den mächtigen Bergen, Flüssen und Bäumen vollkommen unter. Es gab im alten China keinen Herrschaftsanspruch des Menschen über die Natur — der Begriff »Macht euch die Erde untertan« war unbekannt. Das Tao sah die Erde wie einen lebenden Organismus, aus den gleichen Elementen geformt wie die Menschen. Die Berge bildeten das Skelett, die Flüsse Venen und Arterien. Man sagte, daß Granitadern, mit denen Felsen oft durchzogen sind, magische Kraftfelder seien und maß ihnen eine ganz besondere Bedeutung in ihrer Ausstrahlung auf den Menschen zu.

Die Gartenarchitekten waren sich immer bewußt, wie ungeheuer schwierig es ist, eine Gebirgsatmosphäre im Garten nachzugestalten. Es gab Spezialisten dafür aus dem Gelehrtenstand, aber auch Amateure. Ihnen waren die Steine mehr als ein Stück Kalk oder Konglomerat, sie waren ihnen lebendige, beseelte Wesen, deren besondere Eigenschaften sie durch geschickte Aufstellung deutlich machen wollten. Diese Gartenarchitekten fühlten sich als Medien, »den Geist der Steine zu erwecken«. Mehrere Wochen beschäftigten sie sich oft mit einem einzigen Stein, der dann nur selten breit gelagert, meist steil aufragend gesetzt wurde. Diese Gartenarchitekten standen unter der Aufsicht höchster Regierungsbeamter, »da ihre Fehler hundert Jahre oder länger sichtbar und ein allgemeines Ärgernis blieben.« In der Yuan-Periode (1271—1368) sagt der Maler Rao Ziran: »Vermeide Berge ohne Qi, male keine Steine oder Felsen ohne Gesicht und Charakter.« Der Begriff des Qi steht in China an der zentralen Stelle des Lebensatems, der Beseelung, und entspricht dem Atma im Sanskrit.

Wenn man nach dem heutigen Grund der Steinverehrung fragt, so heißt es: »Der Stein zieht viele Blicke auf sich, aber seine innere Festigkeit ändert sich darunter nicht.« Insgesamt sind die Steine Sinnbild der Kraft, des Yang in all seinen positiven Aspekten. Überall in China findet man auf großen Felsen alte Inschriften, immer sind es literarische Texte, von berühmten Kalligraphen, oft von Herrschern, geschrieben.

Die Chinesen suchen bei Steinen als erstes den Aus-

Wenn das Herz stark ist, ist das Auftreten gelassen.
Da Xiao

druck des Wilden, des Phantastischen, des Zerklüfteten. Dabei ist es ohne Bedeutung, ob sie die Felsen auf Seide oder Papier malen, oder ob sie sie im Garten vor eine weiß geputzte Wand stellen. Das Land ist voll wunderbarer Mineralien. Für jede Art hat man spezifische Formen der Aufstellung gefunden. Zwei davon sind für europäische Augen besonders verblüffend: die aus Konglomerat gewonnenen »Bambussprossenspitzen«, die bis über zwei Meter hoch aufragen bei einem Durchmesser von knapp 30 cm, und die stark von Erosionen zerfurchten und durchlochten Kalkknollen von weißer bis schwarzer Farbe, deren berühmteste aus dem Gebiet des Taihu See kommen. Sie sind dann am wertvollsten, wenn sie stark durchlöchert, also weitgehend durchsichtig sind. Das absolut Feste des Steins öffnet sich zu einer größtmöglichen Transparenz — die beiden äußersten Gegensätze vereinen sich im Fels zu einem dynamischen Symbol. Die Bambussprossenspitzen können auf anderen Ebenen der Betrachtung vermutlich auch als phallisches Zeichen gesehen werden. Eine dritte Betrachtungsweise sieht darin himmelstürmende, alle Schwere verlierende Denkmäler, wie sie sich der europäische Mensch vergleichsweise in der Gotik geschaffen hat.

Doch die Chinesen gestalten nicht nur Berggipfel in ihren Gärten — von besonderer Wichtigkeit war ihnen auch die Berghöhle. Über den angenehm schattigen Aufenthalt ging dieses Gartenelement hinaus. Zwar waren die Grotten, die oft eine Quelle enthielten oder an einem kleinen See oder schiffbaren Gartenkanal lagen, meistens vorzüglich mit Sitzbänken und Tischen ausgestattet, doch ihre Bedeutung war eine viel wesentlichere. Zum kraftvollen Yang des Berges gaben sie das Element des Yin — weibliche Höhle im Mutterschoß, Wohnung der Erdgötter und Nymphen. Immer liegen die Grotten in mystisches Halbdunkel gehüllt. Sanft gefiltert durch überhängendes Laubwerk, dringt das helle Sonnenlicht nie bis zur Tiefe vor. Gelegentlich wird es durch Licht ergänzt, das durch Felsspalten eindringt, die so raffiniert angelegt sind, daß zum Beispiel das Mittagslicht genau auf den vornehmsten Sitzplatz fällt. Eine andere Version im Garten der Bibliothek von Chengde (Jehol) läßt durch eine geschickt gebaute Felsspalte der Grotte auf die angrenzende Wasserfläche einen schmalen, hellen Halbmond fallen, so daß zur Mittagsstunde im Spiegelbild des Sees die Illusion besteht, »Sonne und Mond stehen gemeinsam am Himmel«. Dieser Spruch, der höchste Harmonie signalisiert, steht, als Motto von Kaiser Kangxi kalligraphiert, über dem dreiteiligen Haupttor der Ferienresidenz.

Die zarte Vergänglichkeit der Pflanzenwelt, die doch in der Lage ist, mit ihren Wurzeln Steine zu sprengen, und die scheinbar unzerstörbare Kraft der Steine, die in Jahrmillionen wachsen und sich auch wieder auflösen, um zum pflanzennährenden Erdreich zu werden, sind im chinesischen Denken eine nicht zu trennende Einheit.

DIE PFLANZEN UND IHRE SYMBOLIK

Betrachtet man die Bäume, Sträucher und Blumen, die in den heutigen Gärten Chinas wachsen, so muß man fast annehmen, daß ihre Auswahl bereits in sehr früher Zeit festgelegt wurde und später nur ganz wenige neue Arten diese Selektion bereicherten; ja oft erscheint es dem Betrachter, als seien damals die Blumen nicht in die Gärten gewandert, sondern als Dekoration auf Chinas berühmtes Kunsthandwerk. Weiß man, wie sehr das Gartenbild der westlichen Welt durch die Einführung von Pflanzen aus China im 19. Jahrhundert erweitert wurde, so machen die Gärten Chinas fast einen monochromen Eindruck. Ohne Zweifel wächst in unseren heutigen Gärten eine größere Vielzahl chinesischer Flora als in den Gärten des Reiches der Mitte.

Die wenigen Pflanzen, für die die Chinesen sich entscheiden, haben sie allerdings mit ihrem Bewußtsein und ihrer Liebe völlig durchdrungen. Sie beherrschen die Kultur der Pflanzen, kennen ihre möglichen Krankheiten und beugen ihnen vor. Sie können sie zu den unterschiedlichsten Jahreszeiten zur Blüte bringen und haben sie in ihre Legenden und Märchen eingeflochten. Pflanzen sind ein Teil ihres Lebens. Als Mao das berühmte Wort sagte, »laßt hundert Blumen blühen«, freuten sich die Gärtner natürlich über die offizielle Aufwertung ihres Berufsstandes. Aus Dankbarkeit beschlossen sie, dem Vorsitzenden zum Nationalfeiertag am 1. Oktober hundert verschiedene blühende Blumen zu überreichen. Voll Stolz berichten sie, daß sie es sogar auf 251 verschiedene Arten brachten. So blühten zum 1. Oktober auch Kirschen. Es gelang ihnen, indem sie am 1. August alle Blätter mit einer Schere abschnitten, ein Zelt um den Baum bauten, darin mit Reisspelzen räucherten (was einer CO_2-Begasung entsprechen könnte) und rund um die Pflanze starke Gaben von Flüssigdünger in die Erde brachten. Pünktlich acht Wochen später am 1. Oktober blühte der ganze Baum.

HEILIGE DER BLUMEN

Im ersten Jahrtausend nach der Zeitwende entstanden in China aus der Verschmelzung des magischen Denkens, der Lebenslust und dem Wunsch nach Objekten der Verehrung die verschiedenen Blumengötter. Die überschwengliche Phantasie der Chinesen stattete sie mit einem seltsamen irdischen Lebenswandel aus, bevor sie »Unsterbliche« wurden. Sie schenkte ihnen auch im göttlichen Leben genug Unterhaltungs- und Erlebnismöglichkeit, so daß es zu keiner Langeweile kommen konnte.

Ein höchst skurriler Geselle ist Lan Caihe (Lan Ts'aiho), der Patron der Gärtner und Blumenzüchter. Er trägt einen mit Blumen gefüllten Korb bei sich, doch erst seitdem er unsterblich ist. Warum er sich diese Unsterblichkeit verdiente, weshalb gerade er zum Beschützer der Floristen avancierte, ist rätselhaft. Er gehört zu der Gruppe der acht wichtigsten taoistischen Unsterblichen, die eine recht muntere Gesellschaft sind, ein echtes Gegenbild zu dem in Disziplin und mit strengen Anstandsregeln erzogenen Volk. Zum Teil sind sie historische Personen, zum Teil erfundene Gestalten. Alle aber »geboren mit der Gabe des Lachens und der Erkenntnis, daß die Welt verrückt ist«. Unter dieser närrischen Vereinigung von Unsterblichen gibt es einen Schutzheiligen der Barbiere, einen sanften Soldatenheiligen, der dem Betrachter Pfirsiche des Langen Lebens anbietet, einen Bettler, der der Patron der Apotheker und Geisterbeschwörer ist. Ein anderer sitzt immer falsch herum auf seinem Maultier, das er nach Gebrauch wie ein Taschentuch zusammenzulegen pflegt, und spendet auf Anfrage Söhne. Dann gibt es unter diesen etwas rauh aussehenden Gesellen auch einen zarten, edlen Jüngling, von dem man eigentlich annehmen sollte, er hätte größte Chancen gehabt, zu einem floristischen Heiligen zu werden, denn er wurde am Hof seines Onkels, eines hohen Staatsbeamten, »in Liebe zu Blumen« erzogen. Unter seinen Händen wuchsen noch auf Erden völlig neue Pflanzenarten, die auf ihren Blättern in Goldschrift geschriebene Gedichte trugen (möglicherweise einer der drei in China einheimischen *Croton*-Arten). Dieser etwas schmächtig aussehende junge Mann trägt auf Bildern gelegentlich einen Blumenkorb. Tatsächlich aber haben ihn die Musiker zu ihrem Schutzheiligen auserkoren. Dann gibt es einen Vertreter der Beamtenschaft, der es trotz eines etwas seltsamen Lebenswandels dank guter Beziehungen schaffte, in diesen illustren Kreis aufgenommen zu werden, und eine einzige Dame. Sie ist in Kanton geboren und nach glaubhafter Aussage der anderen sieben Unsterblichen noch immer Jungfrau, gewiß eine echte Leistung in der Gesellschaft, in der sie ihr himmlisches Leben verbringt. Sie trägt eine Lotosblüte in den Händen, das Symbol der Reinheit in dem Schmutz der Welt, oder sie spielt auf einer Schilforgel Musik für die Herren.

Doch jener Lan Caihe, der uns hier am meisten interessiert, ist der Verrückteste der verrückten Acht. Er verdiente sich durch Straßengesang seinen Unterhalt. Es waren kuriose Lieder über das flüchtige Leben mit all seinen Illusionen, seinen trügerischen Freuden, die er sang. Sich selbst nannte er »einen Mann und doch keinen Mann«, und in manchen Teilen seines Wesens scheint das Hermaphroditische stark ausgeprägt gewesen zu sein. Stets trug er einen alten blauen Kittel, den einen Fuß ohne Schuh und Strumpf, den anderen mit einem zerfetzten Pantoffel bekleidet. Im Winter legte er sich nackt in den Schnee »und sein Atem erhob sich in einer funkelnden Wolke, wie Dampf aus einem Kessel«. Hatte er Geld, so zog er es scheppernd an einem Strick hinter sich her, und sein Abschied von dieser Welt geschah mit einer großen Geste — auf einer Wolke von Weindunst erhob er sich in den Himmel, nach und nach all seinen kargen Besitz zur Erde zurückwerfend. Und als er schon völlig entkleidet war, trennte er sich in einem lässigen Wurf als letztes von seinem einzigen Pantoffel.

Nirgends in seinem Leben ist zu ersehen, weshalb ausgerechnet er die Fähigkeit haben sollte, ein Heiliger der Blumenzüchter zu werden. Wahrscheinlich liegt diese Ernennung weniger in seiner Persönlichkeit als in der Neigung der Floristen zum Absonderlichen begründet, oder lehrt sie ihr Beruf Originale lieben?

Xi Wangmu ist die Göttin, die sich intensiv mit Gärten befaßt, ja, sie ist direkt eine Spezialistin im Obstbau und genießt sehr große Verehrung in China. Die Zuneigung zu ihr als Mutter des westlichen Himmels oder ganz einfach Mutter des Himmels ist tief im Herzen des chinesischen Volkes verankert. Auch die Jungen von heute kennen noch ihre Lebensgeschichte, und ihr Bild findet sich auf Kalenderblättern für das Jahr 1980, die in Peking gedruckt wurden.

An der Schilderung ihres Wohnsitzes haben sich immer wieder die Phantasien chinesischer Architekten und Bauherren entzündet. Er liegt auf dem Berg des westlichen Paradieses Kunlun. Vermutet wird die Lage dieses mythischen Berges im westlichen Turkestan oder im Hindukusch, vielleicht ist er mit dem indischen Urberg Sumeru geistig verwandt. Für die Chinesen ist er Weltpfeiler, Erdgipfel und Erdhöhle und vereinigt so die beiden Prinzipien Yin und Yang. Besonders den Taoisten war dieser Berg mit seinen Bewohnern wichtig, ist er doch ein irdisches Paradies, das in jedem chinesischen Garten nachgeschaffen werden sollte. Xi Wangmus Wohnsitz hat Mauern aus Gold im Umfang von 300 Meilen, die zwölf Wachtürme sind aus Jade gebaut, aus Edelsteinen die neunstöckigen kleinen Verteidigungsfestungen. In den Gärten murmeln Zauberquellen, aus denen Jaspissteine hervorsprudeln, herrlich geformte Felsen sind entlang den Wegen aufgestellt. Doch ihr wichtigster Besitz ist der Pfirsichgarten am Jadesee. Diese Bäume blühen nur alle 3000 Jahre einmal, und es dauert weitere 3000 Jahre, bis die Früchte reifen, pünktlich zum Geburtstag der Xi Wangmu. Dann kommen alle Unsterblichen zusammen und es gibt ein großes Fest. Xi Wangmu als ewig schöne jungfräuliche Gestalt erscheint wie eine chinesische Prinzessin gekleidet. Sie fliegt auf einem Kranich herbei, dem Zeichen des Langen Lebens, dem klassischen »Beförderungsmittel« der Unsterblichen. Zwei Begleiterinnen sind ihr zur Seite, von denen eine die Pfirsichschale trägt. Ihre fünf wichtigsten Dienerinnen heißen die Mädchenknospen. Sie sind in den fünf Hauptfarben gekleidet und symbolisieren die fünf Himmelsrichtungen (Ost-Süd-West-Nord und die Mitte). Zu dem großen Festmahl, das die bunte Schar an runden Tischen im großen Garten einnimmt, hört man sanfte Sphärenmusik und speist so seltene Dinge wie Drachenleber, knusprig gebratene Affenlippen mit Phönixmark und Bärentatzen. Erst am Nachmittag werden die Pfirsiche gereicht, mit denen alle Anwesenden ihre Unsterblichkeit erneuern. Auf diese Weise braucht die Gastgeberin mit keinerlei Absagen oder verfrühtem Aufbruch zu rechnen. Einer ihrer wichtigsten Gäste ist der ganz in gelbe Atlasseide gekleidete Gott der Langlebigkeit. Man erkennt ihn sofort an seiner überhohen Denkerstirn. Meist kommt er auf einer weißen gefleckten Hirschkuh (dem Überfluß) angeritten und nimmt dann auf einem pfirsichförmigen Schalensessel Platz. Da die Pfirsichfrucht immer Weiblichkeitssymbol ist, scheint auch dies zu sagen, daß erst die Vereinigung der beiden gegensätzlichen Kräfte das erwünschte lange Leben bringt.

Nur die acht taoistischen Heiligen haben freien Eintritt zu dieser Veranstaltung. Alle anderen Unsterblichen müssen sich die Einladung, die die Erneuerung ihrer Unsterblichkeit bedeutet, mit großen Geschenken erkaufen. Zweimal soll es Kaisern gelungen sein, eine Audienz bei der Göttin zu erhalten. 985 v.Chr. erreichte Prinz Mu Wang mit seinen acht Lieblingspferden den Palast, und Charme und Anziehungskraft des mächtigen Han-Kaisers Wudi (140—86 v.Chr.) muß so groß gewesen sein, daß Xi Wangmu ihn persönlich in seinem Palast in Chang'an besuchte — am 7. Tag des 7. Monats —, um ihm vier ihrer Pfirsiche zu bringen. Keine dieser beiden geheimen Zusammentreffen durfte jedoch von anderen Augen gesehen werden. So muß man sich auf die Glaubwürdigkeit kaiserlicher Aussagen verlassen. Da sie seitdem im Garten der Unsterblichen leben, dürfte keinerlei Zweifel am Platz sein.

Wohl die seltsamste gärtnerische Heiligengestalt ist ein Schwein. Es thront gleich dem Affenkönig Sun Wukong im chinesischen Götterhimmel, aber beide sind im Grunde literarische Figuren. »Die Pilgerfahrt nach dem Westen« heißt ein berühmter phantastischer Roman des Wu Cheng'en, 1592 veröffentlicht, aber dem Stoff nach auf die »Aufzeichnungen über die Westlande aus der Zeit der großen Tang-Dynastie« zurückgreifend; die wiederum hatte der Mönch Xuanzang, der 629 bis 645 Tibet, Afghanistan und Indien bereist hatte, im Jahr 648 niedergeschrieben. Der Dichter Wu Cheng'en benutzte den Kunstgriff, die Gestalt des Mönches in verschiedene Persönlichkeitsaspekte zu zerlegen. Der Affe steht für den

Intellekt. Dessen erfinderische Phantasie und Unbezähmbarkeit bringen ihn immer wieder in Gefahr, und er wird seiner Umgebung zum ständigen Ärgernis, obwohl alle, auch die Götter, seine Kraft bewundern. Ein Mönch und ein Soldat, Religiosität und Wachsamkeit darstellend, begleiten ihn — doch die Romangestalt, die von allen Chinesen am meisten geliebt wird, ist das Schwein. Es symbolisiert den Instinkt, in ihm sind alle irdischen Komponenten vereint. Dieses Schwein schwärmt für schöne Frauen. Es trägt stets einen Gärtnerrechen, besitzt kräftigen Humor und einen unbezwingbaren Lebensmut. Vor allem Chinas Kinder lieben dieses Schwein. In allen erdenklichen Formen des Kunsthandwerks wird es dargestellt; es ziert Briefmarken ebenso wie Drachen, die man im Frühling steigen läßt. Seine Popularität ist ungeheuer. Gemeinsam mit den drei anderen Weggenossen wird es am Schluß der »Pilgerfahrt«, nach zahlreichen aufregenden Abenteuern, und nachdem der Affe die Buddhaschaft erlangt hat, auch in den Himmel aufgenommen.

Wir müssen es diesen Unsterblichen verzeihen, daß sie die Blumen so üppig verstreuen, daß nur ein kleiner Teil in Chinas Gärten fiel — ein größerer Teil sich in der chinesischen Kunst manifestierte, in Lyrik, Malerei und Kunsthandwerk.

SYMBOLSPRACHE

Ohne Geschenke war im alten China fast nichts möglich. Man gab und man nahm reichlich. Um diese freundschaftlichen Gaben jedoch nicht so hart als Korruption erscheinen zu lassen (das Direkte war immer verachtet), schmückte man diese Geschenke oder zumindest die gestickten Seidentücher, in die sie geschlagen wurden, mit symbolischen Wunschzeichen. Diese »Schrift« der Pflanzen und die der begleitenden Tiere ist jedem älteren Chinesen auch heute noch geläufig. Sie entstand zum einen aus der exakten Beobachtung der Natur, zum anderen durch die geschickte Benutzung der Vieldeutigkeit der chinesischen Einsilben-Sprache, bei denen die benutzte Tonhöhe den Sinn des Wortes ergibt, d. h. die gleiche Silbe zwei- oder mehrfach verschiedenen Sinn hat. So sind manche Kombinationen von Pflanzen oder Pflanzen und Tieren in der chinesischen Kunst wie ein reines Bilderrätsel zu lösen.

Selbst wenn man einiges über China weiß, sollte man als Europäer doch vorsichtig in der Anwendung seiner scheinbaren Kenntnisse sein, man könnte sonst so schreckliche Blamagen erleben wie ich. Über vieles wird im heutigen China nicht gesprochen, tabuisiert sind vor allem Sexualität, Krankheit und Tod.

TRAUERWEIDEN

Die Trauerweide, *Salix babylonica,* die wegen ihres Namens in Deutschland etwas gering geachtet wird, gehört zu den beliebtesten Bäumen im Reich der Mitte. Keine gestaltete Landschaft, kein Teich, kaum ein größerer Garten ist ohne sie denkbar. In China stellte man sie mir als Symbol des Frühlings vor. Mit dem feuerrot blühenden, gefüllten Pfirsich, *Prunus persica var. magnifica,* wetteifern die Weiden, die schönsten zu sein.

Man sagte mir, die sanft hin und her wehenden Zweige seien ein Zeichen der hin und her gehenden Gedanken der Freunde. Das schien mir gut, und ich streute das Wort »willow« in viele meiner Briefe ein, machte kleine Gedichte damit und war sehr stolz auf mich, wunderte mich nur, daß niemand darauf reagierte. Es waren korrekte Briefe, die zurückkamen, aber ich spürte, daß etwas unausgesprochen blieb. Dann fand ich des Rätsels Lösung in dem 1932 zunächst in Shanghai erschienenen Buch »Outlines of Chinese Symbolism and Art Motifs« von

Wie verliebt ist der Frühlingswind!
Halb geöffnet hat er mir mein seidenes Gewand.
anonymes Gedicht der Tang Zeit

C. A. S. Williams. Weiden pflanzte man im alten China nicht in die Hinterhöfe, in denen die Frauen lebten, denn die hin und her wehenden Zweige erzeugen in ihnen wollüstige und unkeusche Gedanken und die darf im neuen China eine Frau noch weniger haben als früher. Besonders die Weidenkätzchen sind Symbole der Frivolität, der mangelnden Standhaftigkeit und der moralischen Schwäche. »Blumen suchen und Weiden kaufen« meinte früher den Besuch in einem Freudenhaus.

Die Rolle dieses Baumes in Liebesgeschichten ist immer delikat und vielfältig. Auch in Europa ist ja die früh blühende Kätzchenweide ein Fruchtbarkeitssymbol — im buddhistischen Ritus versprengten die Priester im Frühling mit Weidenzweigen das Wasser als Reinigungszeremonie und Regenzauber. Juliet Bredon berichtet, noch Ende der zwanziger Jahre dieses Jahrhunderts solchen Zeremonien beigewohnt zu haben.

Doch wie bei vielen besonders beliebten Symbolen ist der Gehalt nicht eindeutig, sondern höchst vielfältig, ja sogar gegensätzlich, hell und dunkel zugleich. Zunächst bedeutet die Weide »wohltun«, denn sie spendet Schatten (obwohl gerade die Bedeutung »wohltun« auch mit der scheinbar negativen Deutung im Zusammenhang stehen kann), doch war sie den Buddhisten Sinnbild der Sanftmut, den Tang-Lyrikern Symbol weiblicher Grazie, aber auch der moralischen Schwäche. Die schlanken, biegsamen Taillen junger Mädchen werden oft mit Weidenzweigen verglichen. Schenkt man Weiden ohne Kätzchen, mit jungen, hellgrünen Blättern, so gilt das als zarte Anspielung darauf, daß die erste Blüte des Frühlings vorüber und die Jugend schon vergangen ist.

Aber die Gegenpole treffen sich nicht nur in der Erotik. Dieser Baum, der auf der einen Seite Sanftmut, aber auch Wollust repräsentiert, verleiht auf der anderen Seite sogar Kraft über Dämonen. Bei den großen Beschwörungsritualen, in denen versucht wurde, mit den Bewohnern der geistigen Welt in Kontakt zu kommen, mußten die magischen Figuren aus Weidenholz geschnitzt sein. Für kleine Schwertamulette zum Schutz der Kinder benutzte man Pfirsich- und Weidenholz. Zur Abwehr des Bösen genügte oft schon ein Bündel Weidenblätter über die Tür gehängt. Dies mußte allerdings am 5. Tag des 5. Monats des chinesischen Mondkalenders geschehen — der chinesischen Mittsommernacht. Und hier ist auch wieder eine interessante Doppelbedeutung — denn die Mittsommernacht ist in Europa die Nacht der weiblichen Hexen und auf der ganzen nördlichen Halbkugel ein Fest des magischen Liebeszaubers. In China sagt man allerdings — und das sagte man schon vor 1949 —, daß dieser Brauch auf den Rebellen Huang Chao zurückgeht, der seinen Anhängern die Weidenzweige empfohlen hatte und tatsächlich alle Bewohner, die keine Weidenzweige vor der Tür hatten, umgebracht haben soll.

Auf den frühesten chinesischen schriftlichen Aufzeichnungen, den Orakelknochen der Shang-Dynastie im 16.—11. Jahrhundert v.Chr., gibt es Schriftzeichen für den Weidenbaum, und man nennt ihn in China Qi. Das gleiche Wort bezeichnet den Lebensatem.

ARTEMISIA

Andere Pflanzen, die in der Mittsommernacht über die Tür gehängt werden, sind überraschenderweise die gleichen, stark duftenden *Artemisia vulgaris*, die auch in nordeuropäischen Ländern zur Abwehr der Hexen in dieser Nacht benutzt wurden. Zu den »acht kostbaren Dingen« der Buddhisten Chinas gehört ein Artemisia-Blatt. Es wird wie eine Zigarette gedreht und entzündet dazu benutzt, den buddhistischen Mönchen bei ihrer Einweihungszeremonie neun Brandmale auf die Haut des Hinterkopfes zu geben. So ist Artemisia auch ein Zeichen des Eingeweihtseins.

KIEFER

Die Kiefer verkörpert das männliche Prinzip unter den Bäumen. In keinem chinesischen Garten fehlt sie, selbst im kleinsten Hofgarten erscheinen Kiefern, zumindest als dekorativ gewachsener Penjing (Bonsai).

Es gibt nach der »Flora Chinas«, Ausgabe 1972, 14 heimische Kiefernarten. Mein Eindruck war aber der einer viel größeren Variationsbreite. Am beliebtesten und verbreitetsten sind *Pinus tabuliformis* und *Pinus bungeana*. Beide sind häufig in der Nähe von Palästen und Tempeln aufgepflanzt. Diese Exemplare sind meist von hohem Alter, großer Majestät und Würde. Sie strahlen eine solche Kraft aus, daß man begreifen kann, daß Kiefern den Chinesen »das Bild des Baumes an sich« darstellen. Der tafelförmige Wuchscharakter von *Pinus tabuliformis* wird durch geschickte Kulturmaßnahmen noch unterstützt. Die Bäume erreichen bei einer Höhe von drei bis vier Metern eine fast doppelt so große Breite ihrer schirmförmigen Krone. Diese Art wird für Penjings am meisten verwandt. *Pinus bungeana* ist drei-nadelig, wächst fast immer mehrstämmig und vor allem in der Jugend sehr langsam. Erst nach 30—40 Jahren zeigen sie, zu welch einmaliger Schönheit sie fähig werden können. Ihre Borke wird dann von Jahr zu Jahr heller, bis sie im Alter ein wundervolles silbriges Weiß erreichen. Die Nadeln sind satt-dunkelgrün und verhältnismäßig kurz. Das größte Exemplar, das mir bisher begegnete, steht auf der Rundterrasse vor dem Beihai-Park in Peking.

Die Kiefer gehört zu der in China so wichtigen Gruppe der Symbole des Langen Lebens. Mit Winterkirsche und Bambus gemeinsam heißt sie »die drei Freunde des Alters«. Ihre Darstellung auf einem Geschenk spricht ganz eindeutige Wünsche des Gebenden aus. Es waren ihre Wachstumseigenschaften, die die Kiefer zu diesem Symbol werden ließen: Zähigkeit, Anpassungsfähigkeit an widrige Verhältnisse und die aus der Gefährdung heraus entwickelte eigengesetzliche Schönheit. Um diese Eigenschaften selbst zu erwerben, waren die Samenkerne der Kiefer ein beliebtes Essen der Taoisten. Lu Yu, ein Chinese, der von 1125 bis 1210 in Korea lebte, schrieb: »Die Samen sind in Wahrheit das ehrwürdige Tao. Ich erhalte die Identität. Aber das Rauschen in der Luft über den Kiefernbäumen überwältigt mich jetzt, ich fühle, ich bin in dieser und in jener Welt.« Meine Begleiter in China erläuterten mir, daß jeder Chinese in einer Kiefer das Bild eines Menschen mit hohen Prinzipien widergespiegelt sähe.

Oftmals, vor allem bei Neubauten, steckte man Kiefernzweige auf das Gerüst oder die Dächer, um die wandernden Geister in den Lüften glauben zu machen, sie flögen über einen Wald, so daß sie weiterziehen und nicht das Glück des Hauses stören. Ob diese Sitte auch heute noch in China besteht? Bei dem Richtfest des Chinesischen Gartens in München, Oktober 1982, schmückte eine kleine Kiefer das Dach.

WINTERKIRSCHE

China ist die Heimat so vieler Kirsch-, Aprikosen-, Pflaumen- und Pfirsicharten, daß sie in den Beschreibungen und in ihrer Symbolik oft ein wenig durcheinandergeraten sind. Vor allem die fünfblättrigen Blüten wurden von den Malern so abstrahiert, daß eine klare Unterscheidung schwierig ist. Werden Früchte dargestellt, ist die Bestimmung einfach. Am

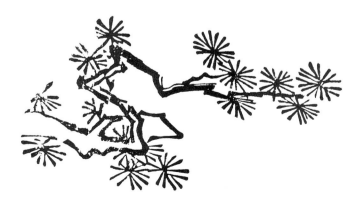

sichersten sind sie im Sommer durch ihr Laub zu unterscheiden, das von einem schmal-lanzettlichen Blatt bei *Prunus persica* über ein breiteres bei *Prunus davidiana* bis zu einem spitz-ovalen Blatt bei *Prunus mume* variiert. Weitere Hilfen sind Blühtermin und Farben. Zuallererst im zeitigen Februar blüht *Prunus mume*, die »Winterkirsche«, die aber in Wahrheit eine Aprikose ist, mit kleinen weißen oder rosa Blüten, die dicht und zugleich luftig die Zweige besetzen, an den Ufern des Yangtse. *Prunus mume* ist im Norden Chinas nicht winterhart und wird dort als Topfpflanze gezogen und überwintert im Gewächshaus. In Peking blüht etwa zwischen dem 10. bis 15. März *Prunus davidiana*, der auch in Europa winterhart und ungewöhnlich früh blühend ist. Er gehört zu den Pfirsichen, wird aber in Peking auch als »Mei Hua«, die Winterkirsche, gefeiert. Seine Heimat ist die Mandschurei, die nur 150 frostfreie Tage im Jahr kennt.

Dann folgen je nach Wetterverlauf in mehr oder minder schneller Folge die wilden weißen Aprikosen in den Westbergen bei Peking, deren Blühen wie ein zarter Schleier zwischen den dunklen Krüppelkiefern weht. Es ist dies *Prunus armeniaca*, oft als Veredlungsunterlage für Aprikosen genutzt. Das strahlende Signalrot der Pfirsichblüten von *Prunus persica var.* Magnifica Schueld wird in China als Künder des Frühlings in seiner schönsten Entfaltung mit großer Begeisterung begrüßt.

Im Unterschied zu den Pfirsichen erreicht *Prunus mume*, die echte Winterkirsche, ein hohes Alter. In Kunming zeigte man mir in einem taoistischen Kloster über tausendjährige Pflanzenveteranen, die noch in jedem Frühling sich mit Blüten schmücken und dann in den Abendstunden einen zart-süßen Duft verströmen, der für mich zu den reizvollsten Blumendüften zählt, die mir bisher begegnet sind .

Das Mal-Lehrbuch »Der Senfkorngarten« schreibt 1701 über die Darstellung der Winterkirsche: »Der Stamm sollte wie der Körper eines alten Mannes sein, gekrümmt, doch froh seiner Jahre. Die Hauptäste sollten abgeknickt und angelförmig sein, die Zweige eine bestimmte Ordnung haben, die Energie ausstrahlen und durch den Ausdruck von Kraft in den Spitzen bewundernswert macht. Die Blüten müssen vollkommen und wunderschön sein. Sie können gar nicht zart genug wirken. Es ist das Wichtigste, daß der Kontrast zwischen den knorrigen Zweigen des grauen Baumes und seinen delikaten Blüten deutlich wird. Für die Schönheit des Motivs ist das unerläßlich und macht seine symbolische Bedeutung klarer.« Neben Kiefer und Bambus stehen Winterkirschen seit Jahrtausenden in der Beliebtheitsliste des Reiches der Mitte obenan. Gleich den beiden anderen schätzt man ihre Zähigkeit, in ungünstigen Verhältnissen zu überleben. Besonders verehrt wird die Winterkirsche, weil sie die Möglichkeit hat, bei der geringsten positiven Veränderung ihrer Umwelt mit dem Blühen zu beginnen.

PFIRSICH

Ist *Prunus mume* dem ausgehenden Winter zugeordnet, so ist mit der Blüte des Pfirsichbaumes *Prunus persica* »Magnifica« der Frühling endgültig auf seinem Höhepunkt. Es ist sein Sieg, und er wird das Land beherrschen, bis er sich — im Süden allzu rasch — dem Sommer neigen muß. In Peking blüht er etwa am 1. Mai, gemeinsam mit dem Flieder und den ersten Strauch-Paeonien. Das ist überraschend spät, gemessen an den deutschen Blühterminen, die oft fast vier Wochen früher liegen. Doch dies ist nicht klima-, sondern sortenbedingt. In Deutschland bevorzugen wir die ganz sanften, hellen, einfach blühenden Typen, die oft bereits kurz nach den Pflau-

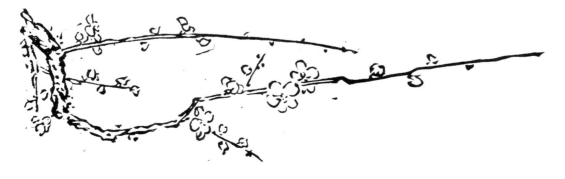

men oder sogar gemeinsam mit ihnen die Blüten öffnen. Gefüllte Zierpfirsiche sind leider selten geworden in unseren Gärten, offenbar vertragen sie die Massenkultur in den Baumschulen schlechter als andere Gehölze. Noch ist bei uns eine signalrot gefüllte Pfirsichblüte genauso wenig denkbar wie den Chinesen eine fast weiße, einfach blühende Form. Denn »rot« und »Pfirsich« sind in China ein Begriff. Man sagt sogar, daß Rot zur Glücksfarbe wurde, weil es die Farbe der Pfirsichblüte ist, die den Sieg des Frühlings meldet. Um die Bedeutung voll verstehen zu können, muß man den Sinn der Frühlingsfeste im archaischen China kennen. Man lebte in gleichgeschlechtlichen Gemeinschaften, und nur zum Frühlings- und Herbstfest kam es zu den großen erotischen Feiern, wie sie im alten »Buch der Lieder« geschildert werden. Es ist verständlich, daß den Blumen und Bäumen, die zu jener Zeit blühten, besondere Beachtung zukam.

Immer sind Pfirsiche dem Gott der Langlebigkeit zugeordnet, und der Diebstahl der Früchte, oder zumindest der Versuch ihres Diebstahls, spielt in vielen chinesischen Erzählungen eine wesentliche Rolle. Auch wenn sie nicht aus dem Garten der Xi Wangmu stammen, sondern auf Seide gestickt, aus Jade geschnitten oder Porzellan geformt sind — immer bedeutet ihre Gabe den Wunsch für ein langes Leben, aber auch für Fruchtbarkeit. Denn die Frucht gleicht oft einer schön geformten weiblichen Rückseite. Im Japanischen stimmt sogar das Wort »Momo« für Pfirsich mit dem Wort der Volkssprache für das weibliche Geschlechtsorgan überein. Neben Enten sind Pfirsich und Granatapfel das häufigste Emblem auf Hochzeitsgeschenken. Der alten Tradition folgend, richtet man den Hochzeitstermin sogar nach der Zeit der Pfirsichblüte.

So wichtig sie als Medizin gegen Lungenbeschwerden, Rheuma und Würmer waren, so lag die vor allem helfende Bedeutung doch in ihrer Benutzung durch die Taoisten. Sie sagten, daß das Holz der Pfirsiche gegen Gespenster schützte, die bei Nacht wanderten. Torgötter, die bösen Geistern den Eingang ins Haus verwehrten, mußten aus Pfirsichholz geschnitzt sein, oder es waren kleine Täfelchen aus Pfirsichholz, auf die Ritter in vollem Ornat vor blühenden Pfirsichbäumen gemalt waren. Auch die Siegel, mit denen taoistische Priester Amulette siegelten, vor allem, um Kinder zu schützen, waren aus Pfirsichholz geschnitzt. Wer es einfacher wollte, steckte Pfirsichruten am Neujahrsfest an die Haustür, um Dämonen und Übles fernzuhalten.

Ohne jeden Zweifel erhielten die Pfirsiche ihre zauberischen Kräfte aus der Zuneigung, mit der das chinesische Volk sie verehrt. 1238 erschien ein Buch von Sun Boren, das in 100 Blockdruckseiten den »Glücklichen Geist der Pfirsichblüten« darstellt. Das Buch zeigt exakt alle Stadien des Erblühens, von der Knospe bis zum Fall der letzten Blütenblätter. Jede Seite ist von einem Gedicht begleitet: »Der blühende Pfirsich ist wie ein Einsiedler, voll mit dem Geist der Lehre, frei von dem Geist des weltlichen Dunstes.« Etwa 50 Jahre früher schrieb Jiang Kui: »Wenn du den zarten Duft der Pfirsichblüten zurückholen willst — er ist in des Malers Pinsel gegangen, hinter dem kleinen Fenster.«

PFLAUME

Pflaumenblüten wurden besonders häufig auf Damenkleider gestickt, denn sie bedeuten weibliche Lieblichkeit und Schönheit und sind ein zarter Hinweis auf die Form der Frucht, die dieser Blüte folgt. Werden Pflaumenblüten zusammen mit Bambus dargestellt, so bedeutet der Bambus das Männliche als Ergänzung des Weiblichen. Gesellt der Maler noch eine Elster, den Freudenvogel, hinzu, so darf man das Bilderrätsel als »zhumei shuangxi« lesen, d.h. Bambus und Pflaume (Mann und Frau): doppelte Freude.

Eines der typischen Bilderrätsel kann z.B. Pflaumenblüten, Persimonen, ein Ruyi-Zepter und reife Pfirsiche zeigen. Das heißt auf Chinesisch: Pflaumenblüte für mei = jeder, Persimone steht für shi = Angelegenheit, Ruyi-Zepter = Zufriedenheit nach Wunsch, und Pfirsichfrucht = Langlebigkeit. In Deutsch würde das etwa heißen: Möge dir alles nach Wunsch gehen und dir ein langes Leben beschieden sein (nach Ferdinand D. Lessing, Ritual and Symbol).

BÄUME DES MONDES

Die dem Chinesen wichtigsten Bäume sind damit schon benannt. Es folgt noch eine kleine Gruppe, die man liebt und kennt, über die man sich auch Geschichten erzählt. Die übrige, riesenhafte Anzahl an Baumschätzen wird praktisch nicht zur Kenntnis genommen.

Die chinesischen Mütter, die ihren Kindern den Vollmond zeigen, erzählen ihnen, daß dort oben acht Bäume wachsen. Sie nennen sie »Ch'ien«. Die Blätter dieser Bäume geben dem, der sie ißt, Unsterblichkeit. In einer anderen Version ist es nur ein Baum, der gui, der deutlich sichtbar auf der linken Seite des vollen Mondes wächst und pünktlich zum Geburtstag des Mondes Blüten entfaltet. Im Chinesischen heißt »gui« sowohl der duftende, immergrüne Baum *Osmanthus fragans* wie der Zimtstrauch *Cassia*. »Gui« heißt aber auch »Frauengemach«. Der Hof des Mondpalastes heißt gui-dian. Während Übersetzer sagen, im Hof des Mondpalastes blühe die gelbe *Cassia,* betonen die chinesischen Botaniker mit großem Nachdruck, es sei *Osmanthus fragans*.

Im rechten Teil des Mondes steht aufrecht der Mondhase, der in einem Mörser Rinde und Blätter des gui-Baumes stampft und aus ihnen die Pille der Unsterblichkeit dreht. Aus dem 4. Jahrhundert ist ein taoistisches Rezept überliefert, das vermutlich auch der Hase benutzt: »Mische gui-Rinde gründlich mit Bambussaft und Froschhirn.« Sieben Jahre nach dem Genuß dieser Speise kann man auf dem Wasser gehen, eine Kunst, die die erlangte Unsterblichkeit beweist.

Eine dritte Version gleicht auf ganz überraschende Weise dem deutschen Märchen vom Mann im Mond. Wu Gang wurde auf den Mond verbannt und muß sich dort auf ewige Zeiten mühen, mit der Axt den gui-Baum zu fällen. Wie er es auch versucht, immer wieder schließen sich die Wunden des Baums, ehe er den nächsten Axthieb anbringen kann.

Die Märchen und Geschichten, in denen sich die Verehrung der Bäume widerspiegelt, ähneln sich überhaupt oft auf beiden Seiten der Erde. Lokale Götter wohnten in den Wurzeln besonders schöner Bäume, andere Bäume wurden als heilig verehrt (und so vor dem Fällen verschont), da man die Seele einer Fee in den Ästen wohnen glaubte. Solche Bäume wurden vom Himalaya bis China mit Girlanden geschmückt und bekamen Laternen in ihre Zweige gehängt. Man sagt, wenn ein blühender Baum fällt, hört man sein Weinen. Zur Abwehr der bösen Geister wurden Streifen roten Stoffes oder Papiers in die Zweige der Bäume geflochten, denn vor der Farbe von Freude und Glück mußten alle Dämonen fliehen. Verehrung und Andacht vor Baumgeistern, ausgedrückt durch eine Vielzahl brennender Weihrauchstäbchen, begegnete mir 1980 in den südlichen Provinzen.

Auch in die chinesische Spruchweisheit sind sie eingegangen: »Ein Baum mit tiefgehenden Wurzeln fürchtet den Wind nicht«, oder »So hoch ein Baum auch ist, seine Blätter fallen immer zur Erde«.

DIE PFLANZEN UND IHRE SYMBOLIK

GINKGO

Zu den uns besonders interessierenden Bäumen gehört *Ginkgo biloba*, ein Relikt aus der voreiszeitlichen Flora. In Europa findet man überall seine Überreste in der Braunkohle. Obwohl dieser Baum schöne tiefeingeschnittene Blätter trägt, rechnen ihn die Botaniker zu den Nadelbäumen. Goethe sah den ersten *Ginkgo biloba* im Heidelberger Schloßgarten, als er mit dem Mythologen Creuzer dort spazieren ging und über den Doppelsinn griechischer Mythen sprach. Zur Erklärung seiner Theorie nahm er ein Ginkgoblatt auf und sagte: »Also ungefähr wie dieses Blatt eins, und doppelt«, doch das Gespräch formte sich zu einem der schönsten Liebesgedichte des Westöstlichen Diwan: »Ist es ein lebendig Wesen, das sich in sich selbst getrennt, sind es zwei, die sich erlesen, daß man sie als eines kennt?« Mit seiner Intuition traf er die Mitte asiatischen Denkens.

Ginkgo wurde häufig in die Umgebung von Klöstern und Palästen gepflanzt und entging so dem Fällen. Man findet riesenhafte Exemplare, die drei Männer kaum umspannen können. Der bekannteste Baum des 18. und 19. Jahrhunderts war ein *Ginkgo* in dem Kloster am Tan Zhe Si, in der Nähe von Peking. Ein Ehrentor führte zu ihm hin. Der Baum war durch ein kaiserliches Edikt geschützt, denn regelmäßig bei Thronwechsel innerhalb der Mandschu-Dynastie setzte der Hauptstamm ein neues Reis an, das sich zu einem mehr oder minder prächtigen Ast entwickelte. Wild wachsend soll *Ginkgo biloba* nur noch in den Wäldern der Provinz Zhejiang vorkommen. Es gibt Pflanzen mit männlichen und solche mit weiblichen Blüten. Obwohl dies bei jungen Bäumen noch schwer zu erkennen ist, sollte man versuchen, für den Fall, daß man sich einen *Ginkgo biloba* in seinen Garten pflanzen möchte, ein männliches Exemplar zu erhalten, da die Früchte zur Reifezeit unangenehm duften.

MAULBEERBAUM, CATALPA, PAULOWNIA

Die Maulbeerbäume, die für die Seidenraupenzucht von entscheidender Bedeutung sind und so den Reichtum Chinas mit begründeten, werden heute der schnelleren Blätterernte wegen oft strauchförmig gezogen. Mit ihrem hellen Laubwerk sind sie im Frühling kaum von einer Johannisbeerplantage zu unterscheiden. Unwillkürlich mußte ich an das Sprichwort vom »Spinnen am Morgen« denken, als ich hörte, daß Maulbeerbäume nicht vor die Häuser gepflanzt werden durften, denn sang = Maulbeere hat genau den gleichen Wortklang wie sang, die Trauer.

Dem widerspricht allerdings der Bericht von H. L. Li in »The garden flowers of China«. Er nennt *Catalpa* und Maulbeerbaum die am weitesten verbreiteten Gehölze des frühen China. Aus dem wertvollen *Catalpa*-Holz fertigte man Särge der Reichen. So wurden zu jedem besseren Haus Maulbeer- und *Catalpa*-Bäume gepflanzt, Vorsorge zu tragen für alle Wechselfälle des Lebens. Oft hießen Familiensitze »Sang-Zi«, wörtlich »Land des Maulbeer und *Catalpa*«, und das besagt: Land des Lebens und des Sterbens.

Bei den ältesten Schriftzeichen, eingeritzt auf Orakelknochen zur Zeit der Shang-Dynastie (ca. 1766—1050 v.Chr.) ist der Maulbeerbaum aus dem Schriftzeichen für Baum und drei Kokons, aus denen sich Seidenfäden entrollen, zusammengesetzt. Es gelang den Chinesen, das Geheimnis der Seidenraupenzucht fast 2000 Jahre lang zu bewahren, bis ins 4. nachchristliche Jahrhundert. Immer lag diese Arbeit in den Händen der Frauen. Es ist viel Sorgfalt, absolute Sauberkeit und Gewissenhaftigkeit dafür nötig, denn die Raupen sind empfindlich gegen Zugluft, Schmutz und schlechten Geruch. Sie müssen unmittelbar nach dem Schlüpfen alle 30 Minuten

Der Lackbaum-Garten
Kein aufgeblasener Beamter war jener Mann des Altertums,
Er hielt sich fern von allen Staatsgeschäften.
Sein unbedeutend Pöstchen verpflichtete ihn nur,
Im Aufundabschlendern die Baumstämme zu zählen.
Wang Wei

gefüttert werden. Was im Sommer an Seidenfäden erzeugt wird — 15000 m produziert eine Raupe, aber nur 1000 m sind erste Qualität —, das wird dann im Winter am Webstuhl zu Stoffen verarbeitet. Das chinesische Schriftzeichen für Unordnung wurde nach einem Webstuhl mit durcheinander geratenen Fäden gebildet.

Das weiße *Catalpa*-Holz wurde nicht nur zur Herstellung von Särgen benutzt, sondern häufig auch für Musikinstrumente, zusammen mit dem leichten *Paulownia*-Holz: *Paulownia* für den Boden und *Catalpa* für das Dach der Instrumente. Die vielfältige technische Nutzung des *Catalpa* erkennt man daran, daß das Schriftzeichen dafür, zi, zugleich auch für »Technik« steht, aber auch für »Integrität«.

Ob *Paulownia* oder *Firmiana simplex* (Wu-tung), der Tung-Ölbaum, der Klassiker ist, darüber streiten sich noch die Gelehrten. Die chinesische Mythologie sagt, daß in den Zweigen des Tung-Ölbaums der mythische Vogel Phönix sein Nest haben soll. Wer wie ich an einem Aprilmorgen in Zentralchina die 20 bis 30 m hohen Wälder von *Paulownia fortunei*, in rosa Blütenwolken getaucht, sah, zweifelt keine Sekunde, daß der bunte Sagenvogel mit den pfauenähnlichen Schwanzfedern nur in einem solchen Traumwald seine Wohnung haben konnte.

Die *Paulownia* wächst sehr rasch — selbst in Frankfurt gewinnt ein junger Baum jährlich 2,5 m an Höhe —, und das leichte Holz wird außer für Musikinstrumente (in denen nach einer alten Überlieferung das Singen des Phönix nachklingt) zur Möbelherstellung genutzt.

In China sind *Paulownia fortunei*, die zartrosa blüht, *Paulownia tomentosa* mit blau-violetten Blüten und eine rein weiße Art heimisch. Die weiße Form von *Paulownia fortunei*, heißt es, sei nur südlich des Yangtse winterhart, während *Paulownia fortunei* in der rosa Form in größerem Umfang auch in Peking angepflanzt ist, z. B. im Sun-Yatsen-Park, im Bereich des Erdaltars. Alle Arten blühen vor dem Blattaustrieb.

Paulownia tomentosa ist bei uns seit ungefähr 200 Jahren bekannt und in größeren Parks zu finden. Die kugeligen Blütenknospen, die bereits im Herbst voll entwickelt sind, bilden den Winter hindurch einen schönen grafischen Schmuck. Die Blütenform ist kaum von der des Fingerhutes der deutschen Wälder zu unterscheiden. Tatsächlich gehört die Pflanze zur gleichen Familie der *Scrophulariaceae*.

Den Namen *Paulownia* gab der bayerische Pflanzenjäger in holländischen Diensten, Franz von Siebold. Er nannte den Baum nach der schönen Tochter des Zaren Paul I., Anna Pawlowna.

MAGNOLIEN

Ein Baum, der als Geschenk der chinesischen Flora in Europa besonders bekannt und beliebt wurde, ist die Magnolie, die zu den voreiszeitlichen Relikten der Pflanzenwelt gehört. Die Liebe der Chinesen zu den Magnolien ist nicht weniger ausgeprägt als die der Europäer. In alten wie in neuen Gärten traf ich sie an — doch es waren meist relativ junge Exemplare, die höchstens ein Alter von 30 Jahren hatten. Lediglich einige Bäume der immergrünen *Magnolia grandiflora*, ausgerechnet eine in Amerika beheimatete Form, fand ich als alte Riesen in Hangzhou. Die Magnolien sind den Chinesen Sinnbild weiblicher Reinheit, Schönheit und Süße. Künstlern dienten sie seit der Tang-Dynastie als beliebte Vorlage, sie wurden gemalt, gestickt, geschnitzt und besungen.

Von den etwa 40 Magnolia-Arten, die ausschließlich in Ostasien und Nordamerika heimisch sind, verzeichnet die Flora Chinas 13 Arten als im Land der Mitte beheimatet. Die amerikanischen Magnolien blühen fast alle im Sommer, während die chinesischen im zeitigen Frühling, vor dem Blattaustrieb, ihre geheimnisvoll schönen Blüten öffnen. Am meisten werden in China die Formen *Magnolia denudata* und *Magnolia liliflora* gepflanzt (eine der Stammeltern der zahlreichen *Magnolia soulangeana* Hybriden, die in Europa entstanden und alle blühwilliger sind als diese Art). In Sichuan wird *Magnolia hypoleuca,* die dort Hou Po heißt, zu medizinischen Zwecken kultiviert. Man schreibt der Rinde eine stark belebende Wirkung zu, und auf den pharmazeutischen Weltmärkten werden gute Preise dafür erzielt. Der Baum hat schweres, dekoratives Laub und weiße oder rote Blüten. Die Züchtung neuer Magnoliensorten wird im Augenblick vor allem in Amerika weitergeführt.

Am Ostrand des Himalaya ist *Magnolia campbellii* heimisch, deren Schönheit nicht genug zu rühmen ist. In Deutschland sind die Temperaturen für sie nicht ausreichend, in England beginnen die Bäume in günstigen Klimalagen nach etwa 25 Jahren zu blühen. In Kew-Garden steht ein etwa 15 m hohes, pink-rosa blühendes Exemplar, zu dem Anfang April die Engländer wie in einer Wallfahrt pilgern, die Blüte zu bewundern.

Da die Chinesen gern in jeder Form genießen, haben sie auch eine Magnolien-Delikatesse entwickelt: Blütenblätter von Magnolia werden in Mehl getaucht und in kochendem Öl kurz gebacken. Sie sagen, »es schmeckt krachig, süß und duftig«.

ZITRUS MEDICA

Zitrus medica ist ein seltener Fruchtbaum, der bei uns fast ganz unbekannt ist. Lediglich im asiatischen Kunsthandwerk begegnen uns die Früchte häufiger. Die höchst ungewöhnlich geformte, intensiv duftende Frucht sieht wie eine von einer Hand umschlossene Kugel aus. Oft entwickelt sie sich zu einer der klassischen Mudra-(Gebets-)Haltungen der Buddhisten. Deshalb heißt sie im Volk »Buddhas Frucht« oder »Buddhas Hand« und wird sehr geliebt. Vor allem am Neujahrsfest wurden sie bevorzugt auf den Hausaltären geopfert. Da in China alles zwei Seiten hat, waren sie neben dem religiösen Symbol auch eins des Reichtums. Aufmerksame Betrachter fanden, die Frucht illustriere die Geste des Geldgreifens — und manch kunsthandwerkliches Geschenk der alten Zeit, das die Buddhahand darstellte, wird eine versteckte Anfrage gewesen sein.

SOPHORA UND OLEANDER

Berühmte und auch weniger bekannte Maler Chinas lobten *Sophora japonica*, denn dieser Baum lieferte ein ganz spezielles Rot, das sonst nicht zu erzeugen war. *Sophora japonica*, die es auch in einer sehr malerischen Hängeform gibt, wird vor allem im Norden als Straßenbaum gepflanzt. Wie auch *Paulownia* oder *Prunus davidiana* hat sie die Eigenschaft, in der Jugend sehr rasch zu wachsen. Sie bildet mit gut geformten Zweigen eine schöne, eiförmige Krone. Das Alterswachstum ist dann langsam und gezügelt. Dies sind Eigenschaften, die den Wünschen der heutigen Gartengestaltung sehr entgegenkommen. In warmen Jahren schmücken sich die rauhrindigen Bäume im August mit großen, cremegrünen Blütenständen, aus denen, leicht wie Schneeflocken, Blütenblätter niederschweben.

Die Hängeform *Sophora japonica Pendula* wächst wesentlich schwächer. Beide sind wertvolle Straßenbäume.

Oleander ist in vielen Gärten südlich des Yangtse zu finden. Die Chinesen schätzen den zarten Duft, der sich vor allem bei feuchtem Wetter weithin verbreitet. Die Oleanderzucht war eine besondere Liebhaberei der Literaten, die ihr Studierzimmer gern mit abgeschnittenen Zweigen der Sträucher schmückten und sie zu einem Emblem für Grazie und Schönheit erhoben. Ganz überraschend ist die exakte Beschreibung, die sich aus den drei Schriftzeichen ergibt, mit denen Oleander geschrieben wird: »Das Ding dazwischen«, »Bambus«, »Pfirsichblüte«. Besser ist eine Beschreibung für einen Nichtkundigen kaum möglich.

AILANTHUS UND RHUS

Ailanthus altissima, der Götterbaum, galt als Orakelbaum. Wuchs der temperamentvolle, bis 25 m hohe Baum zu schnell im schmalen Innenhof, so hatte die Familie Unglück zu erwarten. Hätte man stattdessen die aus Sichuan stammende Form *Ailanthus giraldii* angepflanzt, wäre nur mit der halben Höhe und damit nur mit dem halben Unglück zu rechnen gewesen.

Rhus verniciflua, richtiger *Toxicodendron verniciflua* ist der Baum, aus dem die Chinesen seit 4000 Jahren Lack gewinnen. Der halbmythische Kaiser Shun gilt als der Erfinder der Technik, durch Einritzen der Rinde den Gummisaft zu gewinnen, der für Lackarbeiten fast unersetzlich ist. Man trägt ihn auf Holz auf oder beschichtet einen Lehmkern damit, der später entfernt wird. In diesem Fall wird die Stabilität durch mehrfache Seideneinlagen erreicht. Die Herstellung der besten Stücke dauert bis zu zehn Jahren, da oft 200 Lackschichten und mehr übereinander gelegt werden, von denen jeweils die vorhergehende erst völlig getrocknet sein muß. Die dem Lacksumach eigene Uruschin-Säure bewirkt, daß der Lack nur in feuchter Luft trocknet, dann aber fast absolut widerstandsfähig ist gegen Wasser, Säure und Hitze. Gefäße aus Lack, die über 2000 Jahre in der Erde gelegen hatten, erlangten nach Säuberung ihre ursprüngliche Schönheit zurück. Roter Lack war so kostbar, daß er den höchsten zeremoniellen Zwekken vorbehalten war. Niedere Beamte verwendeten schwarze Lackgefäße; dem einfachen Volk blieben sie untersagt. Der fertige Lack erhielt oft eine Bemalung oder haarfeine Muster wurden in die Oberfläche geschnitzt. Man legte auch mosaikartige Bilder aus Perlmutt, Gold oder Silber ein, und es gibt sogar Beispiele, in denen alle Techniken kombiniert wurden. In China entstanden die besten Stücke im 18. Jahrhundert, doch ist die höchste Perfektion dieser Kunst den Japanern gelungen.

MALUS

Die kleinen Holzäpfelfrüchte der zahlreichen wilden Malus-Formen des westlichen Chinas werden zu vielen medizinischen Zwecken, auch zur Ernährung, genutzt. Für Europa eröffnete die Einführung der chinesischen Malus-Arten vollkommen neue Perspektiven der Gartengestaltung. Die übervolle Blüte im Frühling und der dichte, gelb, orange oder rot gefärbte Fruchtbehang, der bei einzelnen Sorten fast den ganzen Winter hindurch bleibt, macht die meist kleinwüchsigen Bäume zu wertvollem Gartenbestand.

Von *Malus spectabilis* stehen im Pekinger Palastgarten große alte Exemplare. Der Premierminister Qian Tang verlieh in seinem Buch Bai Hua Pu dem *Malus spectabilis* den Titel: »Fee der Blumen«, den er bis heute behielt. Heute sagt man, die Blüten der wilden Äpfel seien ein Symbol aller Frauenschönheit. Die Gleichheit der Worte Ping für Apfel und Friede (auch Vase) bringt es mit sich, daß in China das Geschenk von Äpfeln den Wunsch nach andauernder Harmonie bedeutet und den Gruß entbietet »Friede sei mit dir«.

Ein vierblättriges Blumenemblem, das oft in der

Gartenarchitektur auftaucht, meint die Blüte von *Begonia evasiana,* die chinesisch Qiu Haitang heißt, wörtlich »Apfelblüte des Herbstes«. Dies kann die Beziehung eines alternden Mannes zu einer jungen Frau aufzeigen (siehe auch S. 32).

GLYCINIE

»Blauen Wein« nennen die Chinesen die *Wisteria,* die fast in keinem Garten fehlt. Sie ist unter anderem in dem Gebiet um den Taihu-See heimisch. Eine der 62 Inseln ist fast ausschließlich mit *Wisteria* bewachsen. Die Variationsbreite der Blütenfarbe reicht von weiß, zartgelb über alle Mauve-Töne bis zu einem tiefen Violett. Schon Gartenbilder der Song-Zeit (960—1279) zeigen sie wie selbstverständlich zum Garten gehörig. So überrascht es, daß sie kaum mit einem Symbolgehalt belegt wurde, einzig dem des Langen Lebens.

Wisterien erreichen ein hohes Alter, bis zu einigen hundert Jahren. Oft überleben sie die Bäume, in die sie einst jung hineinrankten, oder Mauern, die sie überdeckten. Im Yuyuan-Garten in Shanghai zeigte man mir eine Pflanze, die über 300 Jahre alt ist. Sie wurde urkundlich in der Ming-Dynastie erwähnt. Man nennt solche Pflanzen »Laotse-Wisteria«. Laotse heißt wörtlich »weiser Alter«. Chinesen werden ganz feierlich, wenn sie eine solche, noch immer voll blühende Pflanze zeigen. Sie senken die Stimme und sagen: »Dies ist eine Laotse Wisteria« — dann folgt eine große Sprechpause.

Da diese Schlinger den Chinesen gelegentlich zu rasant wachsen, erfanden sie die praktischste Kultivierungsmethode, die sich denken läßt. Sie geben den jungen Pflanzen einige Jahre des fast ungezügelten Wachstums, indem sie sie aufbinden und nach und nach zu einer Krone erziehen, wie wir das bei den Obst-Hochstämmen tun. Oft werden sie auch mit zwei oder mehr Stämmen von der Basis aus hochgeführt, so daß es später eine besonders malerische Wuchsform gibt. Nach einigen Jahren werden alle Jungtriebe nach dem Laubabwerfen, spätestens bis Ende Februar, hart bis auf 2 bis 3 Augen zurückgeschnitten. Das ist dann auch der Zeitpunkt, in dem über das zukünftige Pflanzenbild und seine Einordnung in das Ensemble des Gartens entschieden wird. Oft läßt man sie über niedere Brückengeländer wachsen oder vom Ufer der Teiche sich weit über das Wasser hinauslehnen.

Auf diese Weise erzielt man eine sehr reiche Blüte und verhindert, daß das zügellose Wachsen in seiner Urkraft Dächer abdeckt oder Regenrinnen zerquetscht. Diese buschförmig gezogenen Wisterien haben im Alter meist eine Höhe, die 1,50 m bis 1,80 m nicht überschreitet, so daß man sie bequem ohne Leiter schneiden kann.

Wem sein Gartenhof dafür noch zu klein ist, zieht sich seinen »Blauen Wein« im Topf als Penjing (Bonsai). Offenbar nehmen die Pflanzen die Einschränkung ihres Wurzelraumes nicht übel, denn ich sah prachtvolle, auch sehr alte Exemplare, die in dieser Form kultiviert waren. Die Töpfe müssen kühl und hell überwintert werden und beginnen nach etwa drei Jahren zu blühen.

Das Problem, daß bei Aussaat oft blühfaule Klone entstehen, wie wir das bei uns immer wieder erleben, lösen die Chinesen durch eine Vermehrung mit Absenkern von ihren besten Pflanzen, die aber dann einige Jahre brauchen, bis sie mit dem Blühen beginnen. Da in europäischen Baumschulen heute fast alles in Containern gezogen wird, ist es die beste Lösung, zur Blütezeit Anfang Mai in einem Gartencenter eine Pflanze auszuwählen, die bereits in diesem Jungpflanzenstadium blüht — sicherste Gewähr für eine reiche Blüte im Alter.

KAMELIEN

Die Pflanze, die neben den Chrysanthemen am intensivsten das »Flair« China-Japan gibt, ist die Kamelie. Sie wurde im 16. Jahrhundert von Mönchen, die von Missionsreisen zurückkehrten, mitgebracht. Bald schon erschienen in Europa Abhandlungen über ihre Kultur. Die Höhe der Kamelienleidenschaft wurde zwar erst im Großbürgertum Ende des 19. Jahrhunderts erreicht, doch bereits 1838 beschrieb Abbé Berlès in seinem Buch »Beschreibung und Cultur der *Camellia*« über 260 Varietäten.

Die Zentralheizungen des 20. Jahrhunderts vertrieben diese edle Blume, der zur Vollkommenheit nur der Duft fehlt, aus unseren Wohnungen. Neue, winterharte Züchtungen werden sie aber bald in unseren Gärten heimisch werden lassen.

Auch in Chinas Gärten kam die Kamelie verhältnismäßig spät, erst zum Beginn dieses Jahrtausends. So fehlen dort ihrem Glanz noch die Geschichten, Mythen und Symbole, die Tradition verbürgen. Als große oder kleine Kübelpflanzen gezogen, fand ich sie in vielen chinesischen Hofgärten, selbst in Gebieten, deren Klima es gestattet hätte, sie in die Grundbeete auszupflanzen.

Die Kamelie ist nicht im nördlichen chinesischen Stammland heimisch, sie kommt aus den Provinzen südlich des Yangtse. Vor allem im Gebiet von Yunnan wurden zahlreiche Formen gefunden, aber auch bis in den Raum Hongkong. Besonders bekannt für die Vielfalt der einheimischen *Camellia* ist das Gebiet von Kunming, nahe der burmesischen Grenze, etwa 2000 m hoch gelegen. Diese Stadt hat in China den Ruf, der Platz des »ewigen Frühlings« zu sein.

Dort gibt es im botanischen Garten eine große Aufpflanzung neuer Sorten. Bis auf die aus Amerika und Japan reimportierten Pflanzen sind es bis jetzt ausschließlich am Wildstandort ausgelesene Typen. Da die Wirtschaftlichkeit auch in Kunming im Vordergrund steht, versucht die Betreuerin der Kamelien des Instituts, Frau Xia Lifang, Pflanzen zu finden, die neben einer edlen und schönen Blüte auch zahlreiche stark ölhaltige Früchte bringen. Der Termin der Blüte ist dort für *Camellia japonica* im Februar, für die leicht rauhblättrige, enorm großblumige *Camellia reticulata* einen Monat später. Dieser in Europa seltene Typ ist vorwiegend in den Bergen des westlichen Yunnan beheimatet, während *Camellia japonica* ihre stärksten Verbreitungsgebiete im östlichen Yunnan hat. Sehr überrascht war ich von dem Boden, auf dem die Kamelien in Kunming wachsen — es ist fast feuerroter, schwerer, dichter Lehm, mit einem pH-Wert von 4,5 – 5. Das Zuchtziel des Botanischen Gartens Kunming für Kamelien beschrieb Xia Lifang so: edle, reiche Blüte, viele stark ölhaltige Früchte und Duft. Der Duft soll durch Einkreuzung der nicht aus China stammenden *Camellia lutchuensis* eingebracht werden.

Bestimmt dürfen die Pflanzenfreunde in aller Welt noch einige Überraschungen aus dem großen botanischen Reservoir Chinas erwarten. Neue *Camellia*-Formen gehören dazu.

LAGERSTROEMIA INDICA

Ziwei nennen die Chinesen einen ihrer Lieblingsbäume, *Lagerstroemia indica*, der eigentlich mehr ein großer, bis 9 m hoher Strauch ist. Er blüht im Sommer mit großen Trugdolden kleiner weißer, rosa, roter oder violetter Blüten. Linné irrte sich bei der Bezeichnung »indica«, wenn es auch richtig ist, daß *Lagerstroemia indica* nur in wärmeren Zonen überwintert. Die Chinesen haben den Baum früher vornehmlich in Kaiserpalästen und vor offiziellen Gebäuden gepflanzt.

Es gibt viele Namen für diesen Baum in China. Man

Rote Kamelien
Auf prächtigem Grün, so still und rein,
Ihr rotes Kleid — blaß oder dunkel.
Das Blüten-Herz möchte vor Wehmut bersten
Was weiß des Frühlings Farbenspiel von diesem Herz . . .
Wang Wei

nennt *Lagerstroemia* auch »Affenbaum«, weil an der glatten Rinde Affen keinen Halt finden. Sie sagen aber auch: »Wenn man an ihm juckt, dann zittert er!« Oder sehr anschaulich: »Bairi Hong, hundert Tage rot.« Da dies die hundert Tage des hohen Sommers sind, wird der strauchförmige Baum jetzt auch häufig als Straßenbaum angepflanzt, um das Land ein Vierteljahr zu schmücken.

ROSEN

Überraschend ist, daß die Rose, die der Westen so verherrlicht, in China keine entsprechende Rolle spielt — obwohl es das an Wildrosen reichste Land der Welt ist, ja man vermutet, daß hier die eigentliche Heimat der Rosen zu finden ist.
Seit dem 18. Jahrhundert kamen mehr und mehr Rosen aus China nach Europa; ihre Einkreuzung in die vorgefundenen Sorten brachte die große Wende in der europäischen Rosenzucht. »Die Tage der Rosen«, die noch im vergangenen Jahrhundert oft nur zwei Wochen im Jahr währten, dauern nun dank der chinesischen Rosen bis zum Frost.
Die Rosen, die die Chinesen selbst für ihre wichtigsten Wildarten halten, heißen *Rosa multiflora*, Qiangwei. Die stark wachsenden Kletterrosen lassen sie häufig in Bäume ranken. Es bewirkt einen höchst dekorativen Anblick, da die Blütenfarben in Kontrast zu dem Laub oder den Nadeln der Gastgeber stehen.
Rosa rugosa = Meigui, ist eine sehr robuste Heckenrose. *Rosa chinensis* = Yueji, nennt man die Monatsrose. *Rosa banksiae* = Muxiang, wird duftendes Holz genannt. Sie blüht im April an fast stachellosen langen Zweigen überschäumend mit kleinen weißen oder gelben, süß duftenden Blüten. Im chinesischen Süden ist sie wintergrün, während sie in Peking ihr Laub abwirft. Mit einigem Schutz müßte zumindest der Pekinger Typ auch bei uns einzubürgern sein.
Rosa laevigata — der Name ist ein echter Irrtum von Herrn Michaux, der sie 1803 so benannte. Er hielt sie für eine amerikanische Pflanze, aber sie hatte sich nur bereits fest eingebürgert, nachdem sie zu Beginn des 17. Jahrhunderts nach Amerika gebracht worden war. Allerdings hatte sie die Ostindische Companie bereits 50 Jahre früher nach England oder Europa geschickt, doch war sie für dortige Verhältnisse nicht winterhart genug. In der Mitte der fünf reinweißen Blütenblätter stehen bronzefarbige Anthären und geben der Rose ein besonderes Flair.
Sehr eindrucksvoll empfand ich die bei uns fast unbekannte *Rosa xanthina* = Huangci Mei = Wilde Gelbe genannt. Sie blüht noch vor *Rosa banksiae*, mit leuchtend gelben Blüten von 6—7 cm Durchmesser, die wie auf einer Perlenkette aufgereiht entlang den Zweigen sitzen. Ich fand in China vorwiegend eine halbgefüllte Form, während bei uns ausschließlich die einfach blühende »Canary Bird« im Handel ist. Huangci Mei wächst in den kalten Gebirgen der Mandschurei wild, erträgt 1,50 m tiefen Bodenfrost und Windgeschwindigkeiten von einem Jahresdurchschnitt von 4,6 m/sec. Bestimmt ist diese Rose ein wichtiger Kreuzungspartner für alle hohen Strauchrosen, ihnen noch bessere Winterhärte zu geben. Ähnlichkeit mit ihr hat das chinesische Goldröschen *Rosa hugonis*, sowohl in dem zierlich gefiederten, gesunden Laub wie in der Reihung der gelben Blüten. Man liebt es, Rankrosen in den verschiedensten Farben locker über die zahlreichen Steine der Gärten fallen zu lassen, diese Pflanzen werden stark ausgedünnt, damit sie nicht die Formen der Steine zudecken. Eine alte chinesische Gartenregel besagt: »Die weißen Paeonien benötigen eine Stütze, aber die roten Rosen sollten frei über die Steine fallen.«

DIE PFLANZEN UND IHRE SYMBOLIK

AZALEEN

Große Bedeutung besitzen die Azaleen. Ihre Blüten sind ein Bild weiblicher Schönheit. Zahlreiche südliche Hügellandschaften sind mit Azaleen überzogen, am eindrucksvollsten die um Kunming.
Es schien mir, daß in der Provinz Yunnan sehr verschiedene geologische Verhältnisse aufeinander treffen — Kalksteinfelsen wachsen unmittelbar aus dem feuerroten Lehm, der schon wenige Meter weiter hohe Säuregrade hat. Die schroffen Gebirge sind meist mit Kiefern überzogen, deren Unterholz von Azaleen oder Kamelien gebildet wird. Im Botanischen Garten Kunming sah ich, daß die Kamelien den dichten Lehmboden, allerdings mit sehr hohen Säuregraden, willig annehmen, während den Azaleen die geringe Bodendurchlüftung doch Schwierigkeiten zu machen schien.
Chinesen lieben die Azaleen nicht nur ihrer Schönheit wegen — die Blüten werden mit Fischen verglichen und deshalb bei vielen »feuchten« Krankheiten wie Bronchitis, Abszesse usw. zur Therapie verwandt.

LATTICH UND ZWIEBEL

Aller Volksglaube entzündet sich am stärksten an den Grundkräften: Abwehr von Krankheit und Streit, Liebeszauber, Fruchtbarkeit und Unsterblichkeit, wobei die Themen sich häufig verschränken. In der ägyptischen Hochkultur, die sich mit ihrer Blüte zeitlich mindestens 1000 Jahre vor der chinesischen entfaltete, war der Lattich dem Fruchtbarkeitsgott Mihm zugeordnet, der sich zudem durch einen monströsen Phallus auszeichnete.
In China feierte man Laternenfeste im Vorfrühling, am 15. Tag des 1. Monats des Mondkalenders. Wünschte sich eine Familie einen Sohn, so ließ sie ihre Adresse auf eine Laterne pinseln, die im Tempel verblieb. Sie wurde am Ewigen Licht entzündet und der Familie nach einem Monat von Priestern zurückgebracht, die Lattich trugen, in dessen Mitte zwischen zwei Zwiebeln eine Kerze brannte. Nach einem großen Festmahl wurde die Laterne am Ahnenaltar aufgehängt: die Söhne waren damit bestellt. Die noch langen Vorfrühlingsnächte begünstigten die Voraussetzung der Lieferung.

BAMBUS

Eine Pflanzenart, die auf rätselvolle Weise zwischen ernsten Bäumen und lieblich blühenden Kräutern wie Chrysanthemen und Paeonien steht, ist die Familie der *Bambusaceae*. Ihre Heimat ist vor allem in tropischen und subtropischen Gebieten zu suchen, aber auch in Peking sind mindestens vier Arten winterhart. In vielen Lebensäußerungen unterscheidet sich Bambus von allen anderen Pflanzenarten.
Auf Java gibt es eine Art, die bis zu 40 m hoch wächst, im Himalaya Bambuszwerge von 5 cm Höhe. In chinesischen Gärten fand ich ihn meist so gepflanzt, daß sein Schatten auf einer Mauer oder einem Papierfenster fast von größerer Bedeutung war als seine eigene Gestalt. Das Spiegel- oder Schattenbild spielt im chinesischen Denken eine wichtige Rolle.
Im südlichen China weit verbreitet ist *Phyllostachys bambusoides*, der 10 bis 15 m hohe Wälder bildet, die bei fast allen Wetterlagen von einem ganz eigentümlichen Licht durchflutet sind, wie in keinem anderen Wald sonst. Im Mai werden die Halme mit kaum vorstellbarem Druck zum Himmel getrieben, in nur einem Monat wird die volle Wachstumshöhe erreicht. Bis zu 30 cm wächst ein Bambus am Tag, präziser: in der Nacht. Die phallisch aus dem Boden schießenden Sprossen sind mit rot-braunen Samtmäntelchen von Nodie zu Nodie bekleidet, deren Säume mit weißem Flaum besetzt sind wie mit einem Hauch von Nerz.

DIE PFLANZEN UND IHRE SYMBOLIK

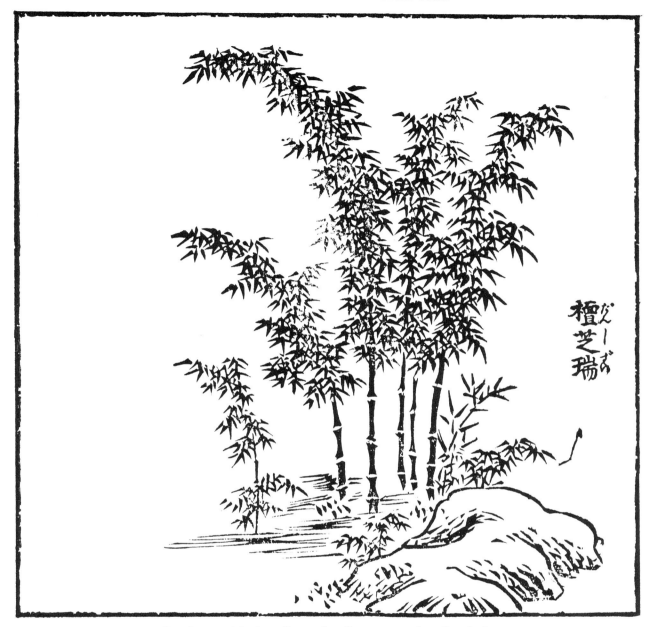

Bambus und Steine, die am häufigsten gemalten Symbole

DIE PFLANZEN UND IHRE SYMBOLIK

Doch dieser sanfte Eindruck täuscht; mit dem glasharten »weißen Flaum« wurden früher Verbrecher zum Tode befördert, indem man ihn ihren Speisen beimischte. Überhaupt hat die ungeheuer vielfältige Nutzung des Bambus durchaus nicht nur friedlichen Zwecken gedient. Doch im Mai, wenn das zarte Innere der frischen Schößlinge ein Gemüse von besonderer Köstlichkeit bietet, mag man an solche Dinge nicht denken. Ist der Trieb des Halmes abgeschlossen, beginnt exakt in der Folge das unterirdische Rhizom zu wachsen. Es benötigt ebenfalls einen Monat zur Ausbildung, dann ist das gesamte Jahreswachstum beendet.

Der Kieselsäuregehalt der Nodien ist von allen genießbaren Pflanzen am höchsten. In den Nodien manifestiert der Bambus seine Kraft. Seit der Han-Zeit, etwa 200 v.Chr., wird in der Tuschmalerei die Nodie fast immer durch Leere dargestellt, das heißt der Pinsel wird mit Druck abgesetzt und mit »verwahrter Spitze« neu angesetzt.

Dieser Malstil wurde in China bereits entwickelt, bevor der Buddhismus das Land erreichte, obwohl er später zur Signatur gerade der buddhistischen Malerei wurde, vor allem der Zen-Schule. Der Bambus dürfte das am häufigsten und am genialsten porträtierte Objekt der Weltgeschichte sein. Es gab Maler, die nichts anderes malten als Bambus, und man sagt, wenn sie aus tiefer Versenkung heraus den Pinsel hoben, dann wurden sie selbst zum Bambus.

In alle chinesischen Lebensbereiche ist der Bambus eingedrungen; so ist das Schriftzeichen »Zhu« für Bambus Bestandteil vieler anderer Schriftzeichen, z.B. Urkunde, Buch, Zauberzeichen, Ordnung, Rang, Antworten, Langes Leben, Geburtstag, Mäßigung, Tugend, Vorbild, den Thron an sich reißen. Als Wortspiel steht Zhu = Bambus oft für dschu = bitten, beten, wünschen und wird Teil eines Bilderrätsels. Immer sind es Begriffe ethisch hoher Qualität, die mit Zhu erläutert werden, denn der Bambus ist wie keine andere Pflanze Sinnbild einer erstrebenswerten Lebenshaltung. Was Chinesen am meisten am Bambus schätzen, ist seine Anpassungsfähigkeit an komplizierte Umweltbedingungen wie Sturm und Schnee, ohne daß er sein Selbst verliert oder auch nur zu verändern brauchte. Je mehr man den Bambus niederbeugt, desto energischer und kraftvoller wird er in seine Grundhaltung zurückschnellen. — Selten wurde in China jemand verbannt, der nicht später »begnadigt« in seine Ämter zurückkehrte, selten jemand kritisiert, der nicht nach einiger Zeit rehabilitiert wurde.

Dem Chinesen ist der Bambus ein Vorbild wegen seines aufrechten und hohen Wuchses, der reinen grünen Farbe und des zu allen Jahreszeiten gleichen Habitus. In der chinesischen Schrifttheorie heißt es bei Feng Fang »abweichen, doch nicht sich widersetzen, im Einklang sein, doch nicht sich gleichmachen«. Auch das liegt im Wesen des Bambus.

So zahlreich die Mythen und Legenden sind, die sich um den Bambus ranken — in keiner wird er zum erotischen Symbol, was doch sonst kaum einer beliebten Pflanze erspart bleibt. Werden Emotionen mit ihm verknüpft, so ist es Kindesliebe, wie beim Bambusknaben, dessen Tränen den Schnee tauen lassen, damit er darunter Bambussprossen für eine Mahlzeit für seine kranke Mutter schneiden kann. Hängt dies zusammen mit der seltsamen Eigenschaft, daß nur ganz wenige der 1250 Bambusarten regelmäßig blühen? 50 bis 100 Jahre Pause zwischen Blühen und sofort anschließendem Fruchten ist keine Seltenheit, denn die oberirdischen Teile der Pflanzen sterben nach der Fruchtreife ab, und es dauert Jahre, bis sie wieder so viele Kräfte in ihren Rhizomen angelegt haben, daß neue Halme ausgebildet werden.

Auf eine Mahlzeit kann man verzichten,
aber ein Haus muß Bambus haben. Ohne Essen
und Trinken werden wir dünn, aber ohne
Bambus verlieren wir die heitere Gelassenheit.
Pou Sou tung (Song Dynastie)

Die Internationale Vereinigung für Vegetation beobachtete am 31.5.1974 blühende Bestände einer Sasa-Art auf Hokkaido in Japan. Nach dem Bericht beginnt das Wachstum neuer Klone auf der völlig abgestorbenen Fläche erst nach zwei Jahren und es dauert etwa 60 Jahre bis zur nächsten Blüte. In den Jahren 1969 und 1970 sollen etwa 75% der *Phyllostachys bambusoides* Japans geblüht haben. Die letzte Massenblüte mit anschließendem Selbstmord infolge Fruchtens ist aus dem Jahr 1853 berichtet.

Darf man daraus schließen, daß bei einer so schwachen sexuellen Kraft dem Bambus gar nichts anderes übrigblieb als zum Symbol der Ehrbarkeit, des Anstandes und der Anpassungsfähigkeit zu werden?

QUECKE

Die Quecke ist eine Pflanze, die jedem, der mit Bodenpflege zu tun hat, ein unangenehmer Partner ist. Teilt man beim Graben oder bei dem Versuch, die Pflanzen zu entfernen, ein winziges Wurzelteilchen ab, so bildet sich aus jedem kleinsten Rhizomstückchen sofort eine neue Pflanze. Ausgerechnet diese, jedem Gärtner wegen ihrer zähen Überlebensfähigkeit so verhaßte Quecke wurde zu einem hochinteressanten Symbol in China. Bei Kriegszügen wurde sie als Signal des Aufbruchs gezeigt, sie kündigte aber auch das Herannahen eines Begräbniszuges an. Für Opfertiere war sie in der Nacht vor dem Opfer die Spreu ihres Lagers. Beschloß ein Herrscher Selbstmord zu begehen, was gar nicht so selten geschah und fast immer den Wechsel der Dynastie einleitete, so wurden bei seinem letzten Rundgang Quecken vor ihm hergetragen.

In der Nähe des Todes werden die Pflanzen verehrt, die besonders starke Überlebenskräfte haben. Für solche Ausnahmesituationen ist die Quecke zum Symbol geworden.

CHRYSANTHEMEN

Eine Blume, deren Zähigkeit gegenüber schlechten Umweltbedingungen ebenso große Bewunderung verdient, ist die Chrysantheme. Wird sie in Europa wegen ihrer besonderen Schönheit geliebt und von den Gärtnern der westlichen Welt geschätzt für ihre brillanten Kultivierungsmöglichkeiten, so ist sie den Chinesen in erster Linie ein Symbol der Stärke. Die Chrysantheme ist Nationalblume; sie war bis 1911, allerdings nicht immer mit der gleichen Ausschließlichkeit wie in Japan, die Blume des Kaisers. Die große Stärke der Chrysanthemen zeigt sich in der Kraft, mit dem Blühen zu beginnen, wenn alle übrige Vegetation unter den ersten Frösten zusammenbricht. Sie widerstehen Kälte und Dunkelheit (erst bei einer bestimmten Kürze der Tage beginnen sie, ihre Knospen anzulegen) und symbolisieren so den Sieg über die Kräfte des Winters.

Es ist die Blume des 9. Monats des Mondkalenders, des Chrysanthemen-Monats. Man begeht die Herbstmitte in China mit heiteren fröhlichen Festen. Am beliebtesten sind Picknickausflüge ins Gebirge am 9. Tag des 9. Monats, den man als Chrysanthemen-Geburtstag feiert. Ich traf in der Provinz Guangdong zahlreiche Gruppen, die Picknick-Körbe bei sich hatten, munter Chrysanthemenwein tranken und die klare Fernsicht dieser Tage genossen. Überall sind große Chrysanthemen-Schauen, besonders berühmt die in Peking und in Kanton, die beide um den 1. November eröffnet werden. Jede Stadt hat ihre eigenen Chrysanthemen-Spezialitäten, die wohl als einmalig auf der Welt bezeichnet werden dürfen. Das Gartenamt Peking zeigte im Herbst 1980 im Beihai-Park über 600 Sorten. Auch 300 Hobbygärtner beteiligten sich an der Ausstellung der insgesamt mehr als 2000 Topfchrysanthemen. Vor der Kulturrevolution kannte man mehr als

3000 Sorten, von denen jetzt noch etwa 1000 Sorten erhalten sind (Beijing Rundschau 51/1980).
China bevorzugt in seinem angeborenen Spieltrieb viel kuriosere Blütenformen als Europa und liest sie bewußt aus den Sämlingen aus. Doch sind es weniger die Sorten als die Formen, in denen diese Chrysanthemen gezogen werden, die uns verblüffen und faszinieren können.
In Peking veredelt man Chrysanthemen-Augen auf Unterlagen einer der 47 in China heimischen Artemisia-Arten (*Artemisia apiacea*). Sie wächst in der Umgebung Pekings wild, wird durch Aussaat im Dezember vermehrt und bei ca. 20 °C im Gewächshaus überwintert. Sobald die *Artemisia*-Pflanze die erste Verzweigung entwickelt, wird diese entfernt und an ihrer Stelle ein Chrysanthemenauge, das gerade mit dem Trieb beginnt, eingesetzt. Oft pfropft man an jeder neuen Verzweigung eine andere Sorte, so daß ganz bunte, spitzkegelförmige Bäume entstehen. Auf gleiche Weise kann man in einer Saison Pflanzen in Art der Penjing (Bonsai) erzielen, indem die *Artemisia apiacea*, die zur Triebzeit sehr weich ist, zurückgebunden wird und etwa in drei Etagen kleinblumige Chrysanthemen gepfropft werden.
Andere gärtnerische Spieltriebe entfalten sich im Süden des Landes. Hier zieht man schirmförmige Pflanzen, die mit Hunderten von Blüten aus einem Topf blühen. Vor der Blüte sehen diese Töpfe eher häßlich aus, wie Tausendfüßler, die an Krücken gehen, denn diese Pflanzenmonster haben natürlich enorme statische Schwierigkeiten mit sich selbst. Entfalten sie aber erst ihre roten, gelben und violetten Prachtgewänder, so ist dies ein imponierender Anblick.
Wünscht man mehr als 500 Blüten, werden die Pflanzen zweijährig gezogen, im September bis Dezember vermehrt und im ersten Jahr alle Blüten entfernt. Mit einer solchen Kulturform erzielen die Chinesen mehr als 1000 Blüten an einer Pflanze in einem Topf von nur 30 cm Durchmesser.
Viel kurioser für europäische Augen sind die auf Form geschnittenen Pflanzen. So wie man in England aus Buchs und Eibe mit der Heckenschere bildhauerische Werke formt, modellieren die Gärtner aus Kanton kleinblütige Chrysanthemen zu den seltsamsten Gebilden. Meterlange Drachen wachsen aus drei Töpfen zusammen; Pfauen, Enten und springende Pferde erblühen bis zu 2 m hoch aus einem einzigen Topf.
Die tüchtige Kantoneser Bevölkerung exportiert mittlerweile komplette Chrysanthemen-Schauen nach Hongkong und ins benachbarte Ausland. Voll ungläubigem Stolz erzählen sie, daß diese teuren Pflanzen und der ganze Ausstellungsaufwand, bei Eintrittspreisen von etwa zwei Mark, dennoch ein vorzügliches Geschäft für die Aussteller gewesen seien.
Neben den Paeonien sind Chrysanthemen vermutlich die Pflanzen, die am frühesten durch die Hand des Menschen züchterisch verändert wurden. Man sagt, der Poet Tao Qian (365—427) habe seine offizielle Stellung bei Hof aufgegeben, um sich in die Berge zurückzuziehen und in einer kleinen Grashütte ein Leben mit Lyrik, Musik, Wein und Chrysanthemenzucht zu führen. Viele Intellektuelle haben bis zum Beginn des 20. Jahrhunderts sein Beispiel nachgeahmt und in alternativer Lebensform ihren Lebensabend beschlossen. Die »Grashütten« wurden dabei immer luxuriöser, die Gärten behielten ihre Intimität, indem man Hofgarten an Hofgarten setzte. Ob jener erste berühmt gewordene Stadtflüchtling tatsächlich die Chrysanthemen im Sinne einer gärtnerischen Züchtung veränderte, oder ob er

nur Wildblumen in seinen Garten pflanzte und sich an ihnen erfreute, ist bislang nicht nachprüfbar. Die ersten bildlichen Darstellungen von Chrysanthemen sind mir erst etwa 400 Jahre später aus der Tang-Zeit bekannt, in der man herrliche Bronzespiegel mit ihnen schmückte. Diese Chrysanthemen sind zum Teil bereits großblütig, prächtig und stark gefüllt.
Europa erreichten Chrysanthemenpflanzen im Jahr 1764. Der Gärtner Philip Miller brachte sie aus Macao nach England, wo man dieses Blumenwunder bereits seit langem von kunsthandwerklichen Darstellungen kannte. Mit ihm streitet der Franzose Blanchard, der 1789 Chrysanthemen einführte, um den Ruhm, der Erste gewesen zu sein.
Doch erst Robert Fortune sandte aus Japan 50 Jahre später zum ersten Mal nennenswerte Mengen nach Europa. Damit begann in der Mitte des 19. Jahrhunderts der Siegeszug der Herbstkönigin durch europäische Salons und Gartenbaubetriebe.
Mit ihrem pragmatischen Sinn haben die Chinesen diese Blume natürlich nicht nur um der Schönheit willen geliebt, sondern allerhand nützliche Dinge gefunden, die man aus ihr herstellen kann. Am bekanntesten wurde wohl der Chrysanthemenpuder, der aus getrockneten Blüten gewonnen wird und angeblich nach einem starken Trunk den Zecher wieder nüchtern macht. Umgekehrt wurde auch Wein aus Chrysanthemenblüten angesetzt, oder Traubenwein mit Petalen gewürzt. Sie sollen eine beruhigende Wirkung haben, und man nutzte die Pflanze zu kosmetischen Zwecken vor allem für Augenwasser. Auch die Benutzung ihrer Asche als Insektizid war bekannt, wie in dem biologischen Pflanzenschutz auch heute noch *Chrysanthemum roseum (Pyrethrum)* eine wichtige Rolle spielt.
In dem Langlebenselixier der Taoisten mußte ein Anteil *Chrysanthemum* sein, um seine Widerstandskraft gegen die Widrigkeiten des Lebens zu erlangen. Nicht nur ihnen war diese im trüben Herbst erblühende Pflanze ein Bild des Langen Lebens; alte Volkssagen sprechen von einem See im zentralen China, dessen Ufer nur mit Chrysanthemen bewachsen waren. Die Bewohner des Dorfes, für die der See das Trinkwasser lieferte, wurden mindestens 100 Jahre alt.
Poeten aller Zeiten haben die Chrysantheme gefeiert – in Gedichten, aber auch in zahlreichen ungewöhnlich schönen Namen, die man für Neuzüchtungen fand: »Himmel voller Sterne« für eine gelbe, pompomblütige Sorte, »Trunken vom Wein der Unsterblichkeit« für eine perlmutterfarbene Blüte, »Generalstandarte« für eine großblumige, ungefüllte leuchtend orange-goldenen Form mit gelbgrüner Mitte, »Perlvorhang« und »hochgezogener Perlvorhang« sind Sorten mit eingerollten hängenden Petalen.

ORCHIDEEN

Spätestens seit den Zeiten von Konfuzius, dem großen Moralphilosophen, gehörten die Orchideen Chinas zum »Gentleman-Club« der Blumen. Ohne Zweifel haben sie mannigfache symbolische Aspekte oder der Symbolgehalt hat sich im Laufe der Jahrtausende gewandelt. Von Konfuzius ist überliefert: »Die Orchidee wächst im tiefen Wald, aber sie sendet ihren Duft zu den Menschen, daß sie sie betrachten.«
Diese Auslegung entspricht dem taoistischen Ideal des Wu Wei, des »Handelns im Nicht-Handeln«. Der Wildstandort in einsamer Bergwelt entsprach dem Ideal des mönchisch abgeschlossenen Lebens. Ihre noblen Blüten zwischen Wildblumen und Gräsern lassen manche Dichter von den Orchideen sagen, sie seien die Adligen inmitten der Soldaten. Sie hoben auch ihre Widerstandskraft hervor gegen Schnee und Frost ohne in ihrem Selbst Schaden zu nehmen.

Besser wäre, wir verwandelten uns in ein
Eisvogelpärchen und flögen auf
Orchideen und Bignonien,
gemeinsam und ohne uns zu trennen.
Zhao Mengfu (1254—1322)

Umriß und Habitus machen die *Cymbidium*-Orchideen mit dem Tuschpinsel ähnlich gut darstellbar wie den Bambus. So wurden sie zu einem Lieblingsobjekt der Maler, die mit ihrer Darstellung Schönheit, Raffinement, Duft und ritterliche Liebe meinten. Die Cymbidien waren das Emblem der geistig verfeinerten Leute (nicht das der Reichen), aber ihr Geschenk bedeutete auch den Segenswunsch »Ungezählte Nachkommen«, wobei »Nachkommen« immer »Söhne« bedeutet.

Von dem vielleicht berühmtesten Orchideen-Maler Chinas, Zheng Sixiao (1238—1315), sagte man »Er malte Orchideen, um seine Gedanken auszudrükken, nicht allein um zu malen« oder »Der Duft der Nation floß ihm aus dem Pinsel«.

Doch so sehr die Orchideen National-Symbol waren, so waren sie zugleich das des Gelehrtenlebens, des Schreibens und auch das tiefer Freundschaft. Orchideen wurden oft verschenkt, denn »Freundschaft« war schon immer ein Zauberwort in der chinesischen Sprache. Der Dichter Yuan Biao schrieb im 8. Jahrhundert:

»Leichter Wind kommt aus dem tiefen Wald,
unnennbarer Duft weht über des Gelehrten Tisch.
Wo kann man ein so reines Herz finden,
mit dem man tiefe Freundschaft schließen kann?«

Chinesen liebten den Cymbidium-Duft so sehr, daß man schwärmerisch behauptete, die Anwesenheit einer Blüte überhöhe einen Raum so in seiner Bedeutung, wie ein Mensch von innerem Adel seine Begleiter.

Auch im heutigen China sind Orchideen hochgerühmte Blumen, sogar Maos Frau Jiang Qing besaß — mitten in der Kulturrevolution — einen Garten voller Orchideen. Der Kampfgefährte Maos vom Langen Marsch, Zhu De, sammelte während des Bürgerkrieges über 6000 Pflanzen, und im Botanischen Garten von Shanghai zeigte man stolz einige *Cymbidium*-Pflanzen, die Zhou Enlai (Tchou Enlai) dem Garten schenkte.

Die fünfbändige »Flora Chinas« (1972) beschreibt 341 einheimische Arten von Orchideen, von denen viele seit undenklichen Zeiten als Kulturpflanzen gezogen werden. Die chinesische Orchideen-Literatur füllt ganze Bibliotheken. Bereits im 13. Jahrhundert wurden über 40 Varietäten des *Cymbidium ensifolium* und *Cymbidium pumilum* beschrieben.

Der westliche Besucher, der die ersten blühenden Cymbidien sieht, muß freilich sein mitgebrachtes Schönheitsbild dieser Blume korrigieren. Denn züchtet man bei uns auf wahre Riesenblüten, vollgerundete Form und daumenstarke Stiele, so ist das chinesische *Cymbidium* genau in die andere Richtung entwickelt worden. Es mutet zerbrechlich zart an, mit 4 bis 5 insektengleichen Blüten an dünnen, schwankenden Stielen. Die obersten Zuchtziele sind intensiver, weittragender Duft und völlig waagerecht stehende mittlere Petalen. Ein solches Jahrtausend-*Cymbidium* zeigte man mir in Hangzhou, der Name besagt: nur alle 1000 Jahre hat man die Chance, ein so schönes Cymbidium blühen zu sehen. Vielleicht könnte man die chinesischen Cymbidien am ehesten mit einer grazilen, aber schon raffinierten 16jährigen Pariserin vergleichen, während die westlichen modernen Cymbidien-Typen eher an Queen Victoria in ihren stärksten Jahren erinnern.

Die Wandlung des Symbols Orchidee, von der zu Beginn des Abschnittes gesprochen wurde, ist den heutigen Chinesen nicht bewußt. Darauf hingewiesen, daß die Orchidee bei uns ein stark sexuelles Blumen-Symbol ist, reagieren sie verständnislos. Doch im 3500 Jahre alten Buch der Lieder Shi Jing

finden sich genug Andeutungen, daß man zum Frühlingsfest mit seinen rituellen Massenhochzeiten Orchideen im Haar trug.

Das Chu Ci, eine Gedichtsammlung aus der Zeit der Frühlings- und Herbstperiode (770—476 v.Chr.), das der Minister des Staates Chu, Qu Yuan, mit seinen Schülern zusammenstellte, schreibt vom gleichen Anlaß, daß ein jeder Girlanden und Gürtel aus Orchideen trug, als Symbol der Lebenskraft.

Befragt man die Schriftzeichen, die älteste und sicherste Quelle, so setzt sich auch in der heutigen Schrift das Pictogramm für Orchidee aus drei Schriftzeichen zusammen: »Blüte«, »Tor« und »Einladung«.

PFLANZEN DES LANGEN LEBENS

Die Chinesen sind nur schwer von der »ewigen Seligkeit« oder der Wiedergeburt der Seele zu überzeugen. Die Peinigungen der Hölle bescherte ihnen erst die buddhistische Religion, dann allerdings brachten sie es zu höchst dramatischen Höllenfürsten, vor allem im Lamaismus. Ihre Diesseitigkeit ließ sie lieber auf ein langes Leben hoffen. Aus dem immer wieder begehrten Langlebenszauber dürften die taoistischen Priester (gleich den westlichen Ärzten) ein beträchtliches Einkommen bezogen haben. Doch die Lebenserwartung war in China nicht mit der der heutigen westlichen Gesellschaft vergleichbar. Bereits mit 35 Jahren darf man dort den Ehrentitel »Alter« erwarten.

LINGZHI-PILZ

Was für den Osteuropäer der Knoblauch, ist dem Chinesen sein Lingzhi, ein Pilz, der botanisch *Polyporus lusidus* heißt. Es ist ein Baumschwamm, der an faulendem Holz wächst. Besonders groß geratene Stücke wurden in den Tempeln getrocknet aufbewahrt. Solche Riesenexemplare waren für Mandarine und sogar für den Kaiser bestimmt. Dieser verschenkte kunsthandwerklich hergestellte Lingzhi-Pilze in der Form eines Zepters, Ru Yi (Yu) »Zufriedenheit« genannt, an seine Untertanen. Für manche schöne Dame war es der Preis einer Nacht. Zepter aus Jade, Elfenbein, Cloisonné oder Lack gearbeitet, finden sich heute in allen Museen der Welt.

Wer den chinesischen Speisezettel betrachtet, könnte annehmen, daß man bei dem reichlichen und regelmäßigen Pilzgenuß ein Volk von 100jährigen vorfindet. Kaum eine Mahlzeit ist ohne Baumpilze, die heute kultiviert werden. Sie kommen getrocknet in den Handel und sind nach kurzem Einweichen bereits küchenfertig.

Trotzdem galt dieser Pilz zunächst als heilige Pflanze. Der Sage nach wuchsen die Lingzhi immer dann am stärksten, wenn große Kaiser regierten. Da mit der kaiserlichen Macht auch der Regenzauber gekoppelt war, ist dieser Glaube völlig verständlich. Den Taoisten war er über das Langlebenselixier hinaus mystisches Wundermittel, Essenz der Genien und ein grundsätzliches Symbol für alles, was dem Leben gut tut. Sie sagten, daß sie mit seiner Hilfe für einen Tag in den Himmel steigen könnten. Lei Yinwong, ein Taoist des späten 11. Jahrhunderts, fand einen besonders wirkungsvollen Lingzhi mit Hilfe eines Rehs. Auf bildlichen Darstellungen sieht man häufig dieses Reh einen Lingzhi-Pilz tragend = Reichtum und langes Leben bedeutend.

Dale Hammerschmidt von der Minnesota University (USA) endeckte im Jahr 1980 durch Zufall, daß kräftige Dosen des Lingzhi-Pilzes die Gerinnungsfähigkeit des Blutes herabsetzen und die Neigung zu Herzinfarkten und Schlaganfällen deutlich mindern. Die Arbeit dieses Forschers brachte weiter zutage, daß in Südchina, wo man besonders reichlich

Lingzhi-Pilze ißt, die Neigung zu Altersherzerkrankungen und Arteriosklerose viel seltener ist als in den übrigen Teilen der Welt (FAZ 27.6.1980).

GINSENG

Als ein anderes Mittel zur Erreichung des Ehrentitels »Alter« wird Ginseng empfohlen, es ist *Panax quinquifolia*. In der rhizomartigen Wurzel sollen magische Kräfte gespeichert sein, die es freizusetzen gilt; offenbar hält man den Verdauungstrakt der meisten Menschen dafür geeignet.

Im Gebiet der »Tausend Berge« nahe Shenyang belehrte man mich, daß die höchste Wirkkraft in den Wurzelspitzen sitzt, die aber fast immer bei dem Transport abbrechen. In diesem Gebiet wachsen fünf Ginseng-Arten wild, aber ausschließlich die in großen, künstlich schattierten Anlagen kultivierten Exemplare werden offiziell geerntet und verkauft. Die Erntezeit der möglichst 6jährigen Pflanzen ist im Oktober. In frischem Zustand haben diese dann etwa das Ausmaß einer kräftigen Mohrrübe und mindestens doppelt so lange Wurzelfäden. An der Luft getrocknet werden sie als weißer Ginseng verkauft oder nach einer Stunde Kochzeit in Wasser und anschließender Trocknung als »roter Ginseng«. In einer dritten Zubereitungsart kocht man sie in Honig- oder Zuckerwasser. Man sagte mir: »Roter Ginseng ist für sehr alte und schwache Leute« — und verkaufte mir davon.

Eine gewisse kräftigende Wirkung gegen verschiedene nervöse Leiden mag der Pflanze innewohnen. Gleich den Alraunen beziehen sie aber bestimmt einen Teil ihres Rufes aus ihrer oft menschenähnlichen Gestalt. Wie in Westasien die Alraune, verändert man auch in Ostasien den Ginseng gelegentlich so in seiner Gestalt, daß er einem Männlein oder Weiblein ähnlich sieht. Da das Alter der Wurzeln, das sich gleich den Bäumen an Jahresringen ablesen läßt, den Wert wesentlich erhöht, hat man gelernt, diese geschickt zu mehren. Der wilde Ginseng aus der Mandschurei wird mit den höchsten Preisen bezahlt. Mit den Alraunen teilt der Ginseng auch die phantastischen Geschichten der Wuchsplätze. Sind es bei jenen Richtstätten, auf denen der Samen der Gehängten sprießt, so führen zu diesem Heilmittel geisterhafte Stimmen aus dem All, Sterne oder Feen. Das Schriftzeichen für Ginseng kann man auch lesen als »Des Menschen Wurzel«.

KÜRBIS

Überraschenderweise gehört selbst der Kürbis zu den Pflanzen, die magische Kräfte verleihen. Shou Xing, der Gott des langen Lebens, trägt neben dem Pfirsich oft einen Flaschenkürbis.

Zum wichtigsten Attribut wurde er jedoch für Li Tieguai, dem Schutzheiligen der Bettler. Schon in recht früher Jugend erlebte er das peinliche Abenteuer, daß seine Seele sich von seinem Körper trennte, um den Hua Shan, einen der heiligen Berge Chinas, zu besuchen. Um die Peinlichkeit zu erhöhen, mußte die Seele bei ihrer Rückkehr feststellen, daß der Körper verschwunden war. Sein Meister Lao Tse gab ihm vom Jenseits her den Rat, den ersten toten Körper, dem er begegnete, und dessen Lebenskraft noch nicht völlig entschwunden war, als neue Hülle zu wählen. Aus Pech — oder begreiflicher Nervosität — fand er nur zu einem alten, verlausten Bettler mit einem lahmen Bein. Um diesem nicht sehr angenehmen Leben möglichst oft entfliehen zu können, pflegte Li Tieguai die Flugkünste seiner schönen Seele weiter. Als spiralförmige Wolke entweicht sie dem Hals einer großen Kalebasse, die er, stets startbereit, immer mit sich führt. Eine kleine Fledermaus in dieser Wolke ist der zentrale Punkt seines Denkens.

DIE PFLANZEN UND IHRE SYMBOLIK

TAGLILIEN

Die Blume, die in diesem Jahrhundert amerikanische, mittlerweile aber auch europäische Liebhaberzüchter so stark beschäftigt, daß ganze Interessengemeinschaften dafür gegründet wurden, ist in China heimisch und seit früher Zeit dort in Kultur. Über die Seidenstraße bereits wanderte die Taglilie, botanisch *Hemerocallis,* im Gepäck der Händler westwärts bis in die Gärten des Mittelmeerraumes. Obwohl jede einzelne Blüte sich nur für die Dauer eines Tages öffnet, blüht diese leicht zu pflegende und zu vermehrende Staude viele Wochen im Garten.

Das »Goldnadelgemüse« oder »Vergiß-deinen-Kummer-Kraut« ist den Chinesen ebenso Nahrungsmittel wie Medizin und Zauberbann gegen dunkle Gedanken. Die jungen Blätter und Knospen gehören zu den feinsten Gemüsen. Die Taglilie enthält zahlreiche Vitamine, Proteine und Asparagin, das eine schmerzstillende beruhigende Wirkung hat. Die Ärzte verschreiben *Hemerocallis* als Fiebermittel oder erhoffen eine adstringierende Wirkung. Ebenfalls mit Hoffnung hängt es wohl zusammen, wenn junge Frauen, die sich Söhne wünschen, eine *Hemerocallis*-Knospe im Gürtel tragen.

Der Ruf, Kummer zu vertreiben, begleitet die Pflanze schon lange. Im uralten Buch der Lieder heißt es:

»Wo kann ich eine Taglilie bekommen,
hinter mein Haus zu pflanzen?
All dieses sehnsüchtige Verlangen nach Bo
kann mir nur Herzensqual bringen.«

Literarisch werden die Taglilien in China für die Mutter gesetzt, während *Cedrela sinensis,* der chinesische Mahagonibaum, der sehr alt wird und ein Holz hoher Qualität liefert, den Vater symbolisiert.

LILIEN

Wesentlich ornamentaler als die Taglilien stellen sich die Lilien dar, die aus Asien, vorwiegend aus den Bergen des chinesischen Westens in unsere Gärten kamen. Wie bei vielen anderen Pflanzen erhoffen sich die Züchter in nächster Zeit auch bei den Lilien Einführungen bisher noch unbekannter Arten. Von den zahlreichen einheimischen Lilien pflanzten die Chinesen seit langer Zeit nur drei in ihre Gärten. Als wichtigste nennen sie:

Lilium-Tigrinum-Hybriden = Juan Tan, das heißt Gerolltes Rot, ist seit über 2000 Jahren in Kultur und gehört zu den ältesten Zierpflanzen Asiens.
Lilium concolor = Shan Tan, das Rot der Berge.
Lilium brownii = Shexiang Baihe, die Moschuslilie.
Die unendlich vielen anderen Wildlilien hatten immer nur regionale Bedeutung, als Nahrungsmittel der Einheimischen. Dem europäischen Lilienfreund zerbricht es fast das Herz, wenn er hört, daß die Zwiebeln, die gesund und blühfähig zu erhalten oft seine ganze Sorgfalt beansprucht, auf den Märkten in großen Haufen zum Verkauf angeboten werden. Die Chinesen nennen sie Baihe »Hundert zusammen« und meinen damit die Zwiebelschuppen. Sie häuten diese Schuppen einzeln und kochen sie in Zuckerwasser.

LOTOS

Blühender Lotos ist der Inbegriff des chinesischen Sommers. Diese Pflanze wurde schon lange vor der Einführung des Buddhismus vom Volk tief geliebt und verehrt.

Kein noch so kleiner Garten ist in China ohne Lotosteich. In großen Behältern aus Bronze oder Steingut werden Zwergformen des Lotos in Höfen gezogen. Doch das eindrucksvollste Bild entfaltet sich im Beihai-Park in Peking. Die Blätter erreichen Durchmesser bis etwa 60 Zentimeter und stehen fast 1,50 m über dem Seespiegel. Es ist ein unvergeßlicher Anblick, wenn die mächtige Masse des Blattgrüns sich in einer sanften Brise bewegt. In manchen Jahren müssen für die Boote regelrechte Wasserwege geschnitten werden, und ihre Fahrgäste haben nur gelegentlich freien Blick auf die sie umgebenden Gärten.

Überall in China, vor allem im Süden des wasserreichen Landes, findet man »schwimmende Gärten«, in denen Lotos produziert wird. Der Lotos entlang des Yangtse ist am berühmtesten und wird in zahlreichen Volksliedern besungen.

Jenseits aller romantischen Schönheit hat der Lotos eine große wirtschaftliche Bedeutung als Nahrungsmittel und Medizin. Die stärkehaltigen Wurzelrhizome werden als Mehl und zur Zubereitung von Süßspeisen verwendet, sie sind kalorienreich, aber ohne starken eigenen Geschmack. Die Stiele ißt man roh oder gekocht, als Salat fand ich sie krachig und saftig, von leichter Süßigkeit und einem feinen Aroma.

Die großen grünen Blätter benutzt man häufig in Garküchen, um fertig gekochte Gerichte einzupakken. Aber auch bei einem offiziellen Bankett bekam ich Speisen auf Lotosblättern serviert. Lotossamen gelten als besondere Delikatesse. Sie werden in großen Mengen in China erzeugt und meist getrocknet zu verhältnismäßig hohen Preisen verkauft. Sie sind Teil vieler Speisen, werden aber auch kandiert als Leckerei genossen.

Die Luftkanäle im Innern der Stiele sind von sehr feinen, elastischen, seidenähnlichen Fäden umgeben. Es gab viele vergebliche Versuche, sie als Textilfasern zu nutzen. In den Sagen der Chinesen sind die Kleider der Unsterblichen aus Lotosseide. Nur Kaiserin Cixi hatte ein pelzgefüttertes Cape daraus. Sie trug es auf ihrer Geburtstagsparty im 10. Monat. Zur Herstellung dieses Capes aus Lotosseide hatte man fast 500 Arbeitstage gebraucht.

Die Lotoswurzeln werden jedes Jahr aufgenommen, gereinigt und sortiert. Nur kräftige, junge Schößlinge nimmt man für die Neupflanzungen, für die gut gedüngter Boden bereitsteht. In den Privatgärten der alten Zeit wurde im Frühling sogar die ganze Erde ausgetauscht, um eine besonders reiche Blüte zu bekommen.

Die Deutung, mit der die Chinesen den Lotos umgeben, ist für sie von entscheidender Wichtigkeit. Oft wird der Lotos dem Kranich zugeordnet, beide stehen im Sumpf und ernähren sich aus ihm, ohne ihre Reinheit zu verlieren. Dies war vor allem ein Zeichen, das sich gegen die verbreitete Korruption richtete. Kunsthandwerk mit dieser Darstellung wurde oft als schmeichelhaftes Geschenk für »unbestechliche« Beamte benutzt. So ist in der chinesischen Ethik der Lotos das Symbol des edlen und fürstlichen Mannes. Ein konfuzianischer Gelehrter Zhou Dunyi (1017—1073) schrieb einen köstlichen Essay, der die Einmaligkeit des Lotos preist. In früheren Zeiten mußte es jeder Schüler auswendig lernen.

»Viele verschiedene Blumen wachsen auf der Erde und im Wasser. Tao Yuanming (365—427, auch Tao Qian geschrieben) liebte Chrysanthemen. Seit den Tagen der Tang-Dynastie gilt es als vornehm, Paeonien zu bewundern. Aber meine Favoritin ist allein die Lotosblüte. Sie taucht empor aus dem dunklen, schmutzigen Grund, aber sie ist nicht befleckt. Sie entfaltet sich nobel über dem klaren Wasser. Heilig in sich (die leeren Stiele), aber glatt und ehrlich nach außen, weichen die Stiele nicht von ihrem Weg ab oder verzweigen sich. Der sanfte Duft durchdringt die Luft nah und fern.

Es ruht in der Pflanze eine absolute Klarheit, die man

aus einer gewissen Entfernung genießen und nicht durch zu starke Annäherung entweihen sollte. Nach meiner Meinung sind die Chrysanthemen die Blumen der Zuflucht zur Abgeschiedenheit und Muße, die Paeonien die des Reichtums und ein Standessymbol. Aber der Lotos ist die Blume von Reinheit und Unbestechlichkeit. Ach, seit Tao Yuanming haben einige die Chrysanthemen geliebt, aber niemand liebt den Lotos wie ich. Ich kann gut verstehen, warum so viele Paeonien bevorzugen.«

Die Taoisten konnten oder wollten sich der beliebten Blume nicht verschließen. So trägt He Xiangu, die einzige Dame unter den acht Unsterblichen, Lotos zum Zeichen ihrer Jungfräulichkeit.

Als Träger von Buddhas Thron zählt der Lotos zu den acht Kostbarkeiten des Buddhismus. Er zeigt sich versteckt auch auf den Fußsohlen des Religionsstifters, in der kreisrunden Form von Blättern und Blüten, die Vollkommenheit symbolisieren. Eine bekannte buddhistische Sutra lautet:

»Mache meine Seele wie den Keimtropfen, liegend in den Lippen eines Lotosblattes, bevor er in die friedliche, unergründliche Tiefe des Sees fällt.«

NARZISSEN

Narzissen sind Orakelblumen des chinesischen Neujahrsfestes, das nach dem alten Mondkalender gefeiert wird. Der Neujahrstag entspricht etwa dem 20. Februar des Gregorianischen Kalenders. Auch heute verzichtet kaum eine Familie auf ihren Narzissentopf und wartet darauf, daß er pünktlich zu diesem Tag und gut und reichlich blüht. Nur dann wird es ein glückliches Jahr werden.

Es sind die kleinen, stark duftenden Tazetten mit einem orangefarbenen Auge, die man etwa um die gleiche Zeit auf den Inseln und Gebirgen des östlichen Mittelmeeres blühend findet. Von dort wurden sie nach China importiert, nur streiten sich die Gelehrten, wann das geschah. Die einen setzen als Datum dafür die große Einführungswelle von Blumen und Pflanzen um die Zeitwende über die Seidenstraße, die anderen vermuten den Zeitpunkt 1000 Jahre später, zur Song-Dynastie, als katholische Missionare und portugiesische Händler das Land bereisten. Denn vor der Song-Dynastie wurden keine Narzissen in China gemalt, danach allerdings mit wahrer Hingabe. Man hat in der Nähe von Amoy eine Wildform gefunden, die möglicherweise mit der europäischen Form gekreuzt wurde und die die reich und verhältnismäßig sicher blühende Hybride ergab. Die Zwiebeln dieser Narzissen sind im Herbst fast kugelrund und haben einen Durchmesser von etwa 7 cm. Man nennt sie auch »Chinas heilige Lilie« und der Name Shui Xian bedeutet Wasser-Unsterbliche. Möglicherweise haben die Chinesen in diesem Namen die ihnen zu Ohren gekommene Mythe vom griechischen Jüngling Narziß versteckt.

Von den unendlich vielen Narzissenbildern ist eine Handrolle am bekanntesten, die Zhao Mengjian gemalt hat. Die Narzissen darauf sind vom Frost niedergebeugt, aber nicht zerstört, ein Symbol für das durch die Mongoleninvasion des 12. Jahrhunderts geplagte Land.

JASMIN

Chinesinnen, die bis in das 19. Jahrhundert hinein niemals Hüte oder Hauben trugen (im Unterschied zu den Männern), liebten es sehr, ihr üppiges schwarzes Haar mit reichlichem Schmuck und Blumen zu garnieren. Besonders beliebt waren Haarpfeile mit eingelegten Eisvogelfedern; fast immer kamen dazu frische Blumen — in der Song-Zeit übrigens auch bei den Männern — und die Blume, welche die Damenwelt am meisten bevorzugte, war der weiße, stark duftende Jasmin, den die Chinesen Moli Hua oder Suxin nennen. In Ampeln zog man diesen kleinen Hängestrauch im Zimmer als Dekoration und Parfümzerstäuber.

Vermutlich ist gar nicht China, sondern vielleicht Arabien, Byzanz oder der Südwestabhang des Himalaya die Heimat dieses Weltenwanderers. Die Möglichkeit, ihn leicht zu bewurzeln, ließ ihn im Gepäck der Kaufleute und Krieger als kleine Pflänzchen mitreisen.

Dies muß bereits zur Zeitwende der Fall gewesen sein, denn das Nanfang Caomu Zhuang »Bericht über die Pflanzen der südlichen Region«, das erste rein botanische Werk, das 304 n.Chr. erschien, nennt den weißen Jasmin bereits als einheimische Pflanze. Professor Gilles meint, daß der chinesische Name Moli Hua (Hua heißt Blüte) identisch ist mit dem lateinischen Moly, der magischen Pflanze mit den weißen Blüten und schwarzen Wurzeln, die Hermes dem Odysseus gab, als Zaubermittel gegen Circe. Vielleicht kam er zu dieser Meinung, weil er Gelegenheit hatte, die chinesischen Damen bei ähnlichen Verzauberungskünsten zu beobachten. Im 18. Jahrhundert scheint der Anbau in den südlichen Provinzen einen Höhepunkt erreicht zu haben, 1949 wurden dort noch über 3 Millionen Pfund getrocknete Jasminblüten erzeugt, die hauptsächlich als Teegewürz Verwendung finden. Über den heutigen Anbau erhielt ich keine Zahlen.

1777 erschien ein Buch von Li Tiaoyuan »Aufzählung der interessanten Objekte in der Provinz Quanzhou«, worin er sehr anschaulich die Jasmin-Kultur und Verwendung beschreibt:

»Vor Sonnenaufgang schneiden die Arbeiterinnen die ungeöffneten Knospen, die an ihrer Farbe und Form erkennen lassen, daß sie sich am gleichen Tag entfalten werden. Nach dem Einsammeln werden sie mit feuchten Tüchern bedeckt. Blumenhändler fahren auf Booten über den Perlfluß und bringen die Ernte in die nahe Stadt Kanton. Hunderte von Floristen sind dort beschäftigt, Kopfschmuck daraus zu fertigen, Schmuck für Lampenschirme und andere dekorative Zwecke, die an die 10 000 Familien der Stadt (d. h. an alle Leute) verkauft werden. Die Knospen, die sich nach der Abenddämmerung zu duftenden Blüten öffnen, werden für die Nacht in das Haar einfrisiert. Durch die Körperwärme erblühen sie noch rascher, sie werden unter dem Mondlicht immer strahlender und schöner und der Duft steigert sich zu betörender Süße. Er bleibt während der ganzen Nacht und verklingt in der Morgendämmerung. Dieser Duft klärt die Luft für die Lungen und mildert die Hitze.«

Der Bericht beschreibt dann in farbigen Worten die Kunst der Floristen, mit der sie aus den Blüten außer Kopfschmuck auch Raumdekorationen, Bänder und Girlanden zum Schmuck der Tempel für religiöse Zeremonien arbeiteten. Ihre Werkstücke sahen aus wie »aus Jade und Eis geschnitten«. Man sagt, daß auf der Höhe der Blumensaison im Sommer »die Stadt jede Nacht wie von Schnee bedeckt war, und der Duft überlagerte alles«.

In den Bergen des Nordwestens sind viele Jasminarten heimisch. Von dort kam der winterblühende gelbe *Jasminum nudiflorum* in unsere Gärten und ist an einigen Stellen in Deutschland bereits verwildert. Der noch edlere, großblumige, primelgelbe *Jasminum mesnyi* ist bei uns noch unbekannt und dürfte auch einige Schwierigkeiten mit der Winterhärte haben. Selbst in Peking überwintert man ihn im Kalthaus. Aus der Notwendigkeit der Topfkultur entstand dort die besonders schöne Mode, ihn auf einen kleinen Hochstamm zu ziehen, aus dessen Krone das Blühen herabfließt wie ein Wasserfall.

PAEONIEN

»... Der Ritter und die Dame vergnügten sich an ihrem Spiel, denn sie gab ihm eine Paeonie.« Über 3000 Jahre alt ist dieser chinesische Ritualtext. Er steht im Buch der Lieder, das in seiner Offenheit viele Hinweise gibt.

Von den Gelehrten geschmäht, von den Frauen heiß geliebt, gehören die Paeonien zusammen mit den Chrysanthemen zu den größten züchterischen Leistungen im Zierpflanzenbau. China hat sie zu einer Zeit vollbracht, als in der ganzen Welt noch niemand anderes sich mit der Kreuzung von Blumen beschäftigte, etwa im 4. oder 5. Jahrhundert n.Chr. Aber es hat die Kenntnis menschlicher Möglichkeiten, in die Form der Natur verändernd einzugreifen, offenbar nur gewonnen, um sie schnell wieder zu vergessen. Es scheint dies ein Wesenszug des chinesischen Gelehrten der alten Zeit gewesen zu sein. Andere Erfindungen technischer Art hatten das gleiche Schicksal. So fand man das Schießpulver zu nichts anderem gut, als Feuerwerk damit zu machen, damit alle eine Freude daran hätten.

Die Paeonien haben eine lange Biographie, die über mehr als zwei Jahrtausende zurückzuverfolgen ist. Es ist interessant, sie wenigstens in Auszügen zu kennen.

In China sind stauden- und strauchförmig wachsende Paeonien beheimatet, das heißt solche, die sich im Winter unter die Erde zurückziehen und andere, deren oberirdische Teile verholzen, um daraus im nächsten Frühling neu auszutreiben. Die Stauden heißen *Paeonia lactiflora* (früher *Paeonia sinensis*) und die langsam sich zu einem gut mannshohen Strauch aufbauenden sind *Paeonia suffruticosa*, die die Chinesen »Mudan« nennen. Ganz offenbar reicht die Kenntnis der Staudenpaeonie, die den chinesischen Namen Shaoyao führt, Tausende von Jahren weiter zurück. Von ihr spricht als eine der wenigen Blumen das Buch der Lieder. Als man, vermutlich nach der Zeitwende, die Strauchpaeonien von den nordwestlichen Bergen in die Kaisergärten holte, nannte man sie zunächst Mu-Shaoyao, das bedeutet Holz-Paeonie. Erst später erhielt sie den Eigennamen Mudan, was wörtlich »Gemälde in Rot und Grün« heißt. Sie wurde aber auch Bai Liang Jin = »100 Unzen Gold« oder Fu Gui Hua = »Blume von Reichtum und Rang« genannt. Die Staudenpaeonien, die so viele tausend Jahre als Zierpflanze das archaische China geschmückt hatten, mußten beim Erscheinen der Mudan an die zweite Stelle zurücktreten.

Beide erregten das Interesse vermutlich zunächst wegen ihrer Verwendbarkeit in der Medizin, eine Tatsache, die man auch in der europäischen Antike schon früh erkannt hatte. Ihren Namen »Paeonia« verdankt sie dem griechischen Gott der Heilkunst, Paion. Die blutstillende Eigenschaft benutzten auch die Chinesen, und aus der Han-Zeit (206 v.Chr. bis 221 n.Chr.) sind Aufzeichnungen darüber in Pharmakologie-Büchern vorhanden.

Offenbar wegen ihres Zierwertes wurde sie in die Gärten der Kaiser geholt. Xie Kangle aus der Jin-Dynastie (265 bis 420) schrieb, daß in dem Gebiet von Yongjia (der heutigen Provinz Zhejiang, etwa im Bereich Hangzhou) Bambus und Mudan gemischt angepflanzt wurden. Spätestens in der Südlichen und Nördlichen Dynastie (420 bis 589) wurden die Paeonien endgültig zur »nützlichen Zierpflanze«.

In der folgenden Sui-Dynastie (589 bis 618) legten die Chinesen offenbar die Grundlagen zu ihrer Paeonien-Leidenschaft. Am Hof herrschte eine große Prachtentfaltung, die dekorativen Blumen kamen dem Zeitgeist entgegen. Der Sui-Kaiser Yang Di ließ in Luoyang einen Westgarten bauen. Als Größe die-

Paeonien
Vor einer Blütenwand saß ich beim Zechen.
Der Becher schlug mein Herz in süßen Bann.
Da ward mir Angst, die Blumen könnten sprechen:
Wir blühen nicht für einen alten Mann!
Liu Yuxi

DIE PFLANZEN UND IHRE SYMBOLIK

ses Gartens, der wohl noch im Geist der Jagdparks angelegt war, gibt der Autor Wang Yinglin in seinem Buch Yu Hai einen Umfang von 200 Li an, was etwa einem Durchmesser von 30 km bei völlig kreisrunder Gestalt entspricht. Er beschreibt, wie alle Landesteile Pflanzen lieferten. Es heißt, daß von Yizhou, Provinz Hebei, 20 Kästen Paeonien kamen. Sie waren mit Namen einzeln ausgeschildert. Chinesische Gartenhistoriker sind der Meinung, daß spätestens mit diesen 20 Kästen Paeonien die Grundlage der Züchtung in Luoyang gelegt wurde, obwohl die Benennung fast darauf schließen läßt, daß sie bereits Kreuzungsergebnisse darstellen: »Hergeflogenes Rot«, »Ya-an-Gelb«, »Rot im frühen Frühling« und noch andere Namen sind verbürgt.

Zwischen den Jahren 618 bis 907, der Regierungszeit der Tang-Kaiser, rückten Paeonien in das Zentrum chinesischer Interessen. Es brach eine regelrechte Paeoniensucht unter den Reichen aus, die nur mit der Tulpomanie in Holland vergleichbar ist. Viele Bücher, die sich mit den Pflanzen beschäftigen, sind uns aus dieser Zeit erhalten, so daß man sich ein recht genaues Bild von den Vorgängen um und in Luoyang, Hauptstadt der Paeonien und zeitweilig auch des Kaisers, machen kann.

Der schwere Lößlehmboden, der seit Jahrmillionen aus den Streppen Zentralasiens in dieses chinesische Gebiet angeweht wurde, ist offenbar besonders günstig für die Kultur der Strauchpaeonien. Doch er hat auch eine Landschaft von ganz einmaliger Aussagekraft gebildet, in sehr überraschenden Farben und Modellierungen des Bodens.

Der Dichter Bai Juyi (772 bis 846) verbrachte seinen Lebensabend in Luoyang, der Stadt am Drachentor. Er hinterließ 3800 Gedichte. Natürlich ist unter ihnen auch eines, das sich intensiv mit den Paeonien von Luoyang befaßt.

»Dem Ende nähert sich der Frühling in der Kaiserstadt.
Menschen und Wagen drängen auf den Straßen.
Alle sagen, die Paeonien stehen in voller Blüte.
Sie gehen zusammen Blumen kaufen.
Einfach oder kostbar — es sind verschiedene Preise wie viele Blüten die Pflanze trägt.
Für die erlesensten Sorten — 100 Ballen Damast
Doch die einfachen schon für fünf Stück Seide.«

Der sehr sozial eingestellte Dichter läßt dann einen alten Landarbeiter vorübergehen, der einen tiefen Seufzer ausstößt:

»Er dachte sich: eine Pflanze mit dunkelroten Blumen
bezahlt die Steuer für zehn arme Häuser.«

In den »Biographien der besonderen Persönlichkeiten der Drachenstadt« ist zu lesen:

»Herr Song Danfu, auch Song Shanfu geschrieben, aus Luoyang, war versiert in Blumenzucht. Er züchtete 1000 Paeonien-Varietäten, rote, weiße und andere Farben. Seine Majestät rief ihn nach Lishan, dort züchtete er 10 000 Pflanzen, die unterschiedliche Farben hatten und von denen auf keine einzige zu verzichten war. Die Menschen am kaiserlichen Hof nannten ihn ›Blumen-Meister‹.«

Aus diesem Text geht klar hervor, daß es vor über 1000 Jahren in China Gärtner gab, die sich auf die züchterische Veränderung von Zierpflanzen — in diesem Falle Paeonien — spezialisiert hatten.

Einige Epochen der Tang-Zeit waren von großem inneren und äußeren Frieden für das Land. Die Kultur, deren Grund von den vorhergehenden Dynastien gelegt worden war, konnte sich nun voll entfalten. Das Land wurde von einer großen Liebe zu Blumen, Pflanzen und Schmetterlingen erfaßt. Die wenigen erhaltenen Originalbilder zeigen noch deutlicher als die zahlreichen Skulpturen die Kunstfertigkeit der Garderobe, vor allem der Damen. Hauchzarte, reich mit Gold und Farben bestickte Obergewänder werden über prächtiger starrer Seide getragen, die Farben sind intensiv, aber doch von höchster Eleganz aufeinander abgestimmt. Und alles ist von Blumen übersät. Oft sind diese so stilisiert, daß man sie botanisch nicht mehr genau bestimmen kann, dann aber auch wieder von übergroßer Deutlichkeit. In Shenyang, dem alten Mukden, einer Stadt etwa 1500 km nordöstlich von Peking, wird eine Bildrolle aufbewahrt, die in der Literatur »Ladies in waiting« heißt und in der Tang-Dynastie gemalt sein soll, da die Damen die typische Tracht dieser Zeit tragen. Eine dieser Hofdamen trägt wie einen großen Hut eine riesige rosa gefüllte Paeonienblüte auf dem Kopf. Andere Hofdamen tragen Lotos oder Rosen. Setzt man die Paeonienblüte zu der Kopfgröße der Trägerin in Beziehung, so dürfte sie einen Durchmesser von etwa 30 cm erreicht haben.

Sollte dieses Bild tatsächlich aus der Tang-Zeit stammen, so wäre es ein ungeheuer wichtiger Beweis für die Höhe der züchterischen Leistung bei Zierpflanzen, noch vor der Jahrtausendwende. Dies zu ergründen reiste ich nach Shenyang in die Mandschurei, heute Provinz Liaoning. Doch leider zeigte mir die Museumsleitung unter beträchtlichem Aufwand nur eine blasse Kopie aus den 50er Jahren. So schied ich von Shenyang mit dem Gefühl, daß es sich möglicherweise doch nicht um ein zur Tang-Zeit gemaltes Bild, sondern um die Historienmalerei einer viel späteren Epoche handeln könnte.

Oft ist es so, daß mit dem Wechsel der gesellschaftlichen Verhältnisse auch der Zeitgeist wechselt, andere Dinge in Mode kommen. Dieses Schicksal blieb den Paeonien von Luoyang bei dem Wechsel der Tang- zur Song-Dynastie, bei der Verlagerung der Hauptstadt von Chang'an bzw. Luoyang nach Kaifeng erspart. Nachdem die Paeonien dort allerdings nicht so gut gediehen, kultivierte man sie weiterhin in Luoyang und sandte Treibpflanzen, bzw. sogar abgeschnittene Stiele, zum Kaiserhof.

Kurz nach der Jahrtausendwende, genau gesagt im Jahr 1031, setzte der bedeutende Literat und Historiker Ouyang Xiu den Paeonien von Luoyang ein weiteres Denkmal. Er war damals für einige Jahre Assistent des Gouverneurs der westlichen Hauptstadt und berichtete von dort:

»Die Paeonien werden in Danzhou, Yanzhou und Qingzhou im Osten und Yuezhou im Süden kultiviert, aber die Paeonien von Luoyang sind die besten. Die Entfernung von Luoyang zur südlichen Hauptstadt Kaifeng ist eingeteilt in sechs Pferdestationen. Ein Offizieller reitet Tag und Nacht, nach der Hauptstadt zu kommen, wenn die Paeonien in Luoyang blühen. Man schickt nur drei oder vier besonders schöne Sorten wie Yaos Gelbe oder Familie Wei. Diese feinsten Schnittblumen werden in Bambuskörbe gepackt, die mit Kohlblättern ausgelegt sind, so daß sie auf der Reise ruhig liegen. Die Stiele werden mit Wachs versiegelt, die Blumen für einige Tage frisch zu halten.«

Jedes Gärtnerherz wird mit ihm fühlen, wenn man seinen Bericht über die Züchtungserfolge weiter liest: »Alle Blumen wachsen in Luoyang vorzüglich, doch am allerbesten gedeiht die Paeonie, die wertvollste auf Erden. Schon vor zehn Jahren lernte ich einige Dutzend Sorten kennen, aber leider habe ich die Hälfte der Namen vergessen. In meinen Träumen sehe ich sie wie alte Bekannte. Doch es sind neue hier, die ich früher nicht kannte. Ständig tauchen Neuzüchtungen auf, allen wollen die Luoyanger eigene Namen geben. Beim Pflanzenkauf nehmen sie keine Rücksicht auf ihr Vermögen. Tatsächlich ist es schwer, die guten von den schlechten zu unterscheiden. Alle Preise werden enorm in die Höhe getrieben. Ich nenne die, die mir die besten scheinen: die schlanke Weihong, die Yaohuang (Yaos Gelbe) wie eine Fee, die Zhusha Qianye blüht nicht reich. Nach Hörensagen übertrifft die Qianye alle alten Blumen, doch den besten Ruf hat Zuozi. In den letzten vierzig Jahren haben die Paeonien sich hundertfach verändert, so daß die Qianxifei die allerschönste wurde. In dieser Zeit habe ich viele blühen sehen, doch keine schöneren gefunden als in Luoyang.«

Hübsch und lesenswert ist auch noch seine Anweisung an seinen Gärtnergehilfen Xie für die Pflanzung:

»Zarte und kräftige Farben, rote und weiße sollten voneinander getrennt werden, Pflanzen, die früh oder spät blühen, in entsprechender Folge; so wie ich in allen vier Jahreszeiten Wein möchte, sollte nicht ein Tag vergehen, an dem nicht Blumen erblühen.«

Von den Veredlungen heißt es weiter:

»In Luoyang hat jede Familie die Mudan, doch nur wenige Pflanzen werden große Bäume. Unveredelt wachsen die Pflanzen nicht gut. Im Frühjahr bringen Landleute Stecklinge, die sie in den Bergen schnitten, und verkaufen sie den Stadtbewohnern. Diese pflanzen sie in wohlvorbereiteten Grund und man veredelt sie im Herbst. Der beste Veredler heißt Men Yuanzi (Men, der Gärtner), die reichen Familien umwerben ihn sehr. Eine einzelne Veredlung von Yaos Gelber kostet 5000 Käsch. Ein Vertrag mit Men Yuanzi wird im Herbst unterzeichnet, doch man bezahlt erst im folgenden Frühling, wenn das Ergebnis deutlich sichtbar ist. Die Leute von Luoyang sind ganz versessen auf die Sorte und unwillig, andere zu vermehren. Auch als ›Familie Wei‹ gezüchtet wurde, kostete ein Veredlungsauge 5000 Käsch — jetzt kann man es für 1000 haben. Die Veredlung soll im Herbst vor dem 9. Tag des 9. Monats gemacht sein. Später wird das Anwachsen schwierig. Das Holz ist auf 10—18 cm Länge zu schneiden. Dann umgibt man die Veredlung mit lockerer Erde und bedeckt sie mit einem Korb aus Bambusblättern zum Schutz vor Sonne und Wind. Eine schmale Stelle muß an dem Korb nach Süden hin offen sein, zur Ventilation. Diesen Schutz entfernt man, wenn die Frühlingssonne da ist. Dies ist die Methode der Veredlung.«

Die Veredlung erfolgte bereits damals auf Rhizome der *Paeonia lactiflora;* sie ist wohl mit den Stecklingen gemeint, die die Landleute den Stadtbewohnern verkauften. Doch es heißt, man habe auch auf *Cedrella sinensis,* syn. *Toona,* den chinesischen Mahagonibaum, gepfropft. Diese Pflanzen wären über 3 m hoch geworden und man habe ihre Blumen nur aus dem ersten Stock der Häuser betrachten können.

Auch die Veränderung der Blütenfarbe durch Beigabe von Chemikalien in die Erde beherrschte man schon um die Jahrtausendwende. Doch haben die Gärtner ihre Geheimnisse mit ins Grab genommen. Auf solche Weise war auch bestimmt die himmelblaue Paeonie entstanden, die damals viel gemalt wurde und in keinem Paeonienalbum fehlt. Auch jetzt noch fließt das Blau den Malern munter aus dem Pinsel, obwohl ich in ganz China keine solchen Paeonien blühen sah.

Den Gelehrten, die das schlichte Leben predigten, war das einfach zu viel Rummel und Prachtentfaltung um diese Blume. Sie fanden, daß Paeonienliebhaber sich jeder Möglichkeit beraubten, »jenseits der Staubwelt« zu sein. Dies geflügelte Wort kommt daher, daß man von einem, der zum Meditieren ins Gebirge ging, sagt: »er durchschaut den roten Staub«.

Der Preis von 5000 Käsch besagt für uns Heutige wenig. In einer Umsatzsteuerberechnung für das

DIE PFLANZEN UND IHRE SYMBOLIK

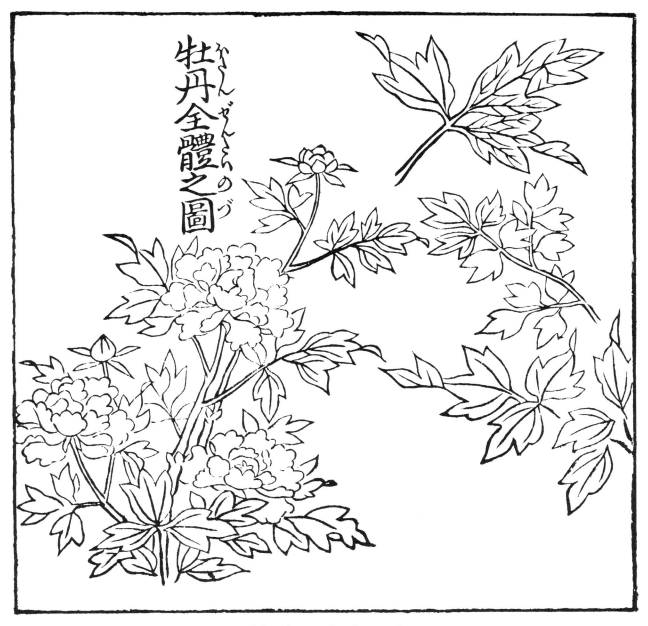

*Päonien sind die Blumen der chinesischen Kaiserin,
sie symbolisieren voll erblühte Weiblichkeit, andauernden Reichtum und Ansehen*

Jahr 1196 der Stadt Peking (die damals von dem Mandschu-Volk der Dschurdschen regiert wurde) zitiert Herbert Franke in seiner Schrift »Nordchina am Vorabend der mongolischen Eroberungen« einen steuerlich erfaßten Gesamtumsatz von rund 7 Millionen Guan. Die Bevölkerung der Region war damals etwa 1 Million, so daß der Umsatz der Händler, der Industrie und des Handwerks der Stadt Peking je Einwohner etwa 7 Guan, d. h. 5000—6000 Käsch betragen haben muß — was in Luoyang dem Wert einer Paeonienveredlung entsprach.

Ich besuchte Luoyang, dieses Traumziel aller Paeonien-Liebhaber, Mitte April 1979. Es war exakt der richtige Termin, die Blüte der *Paeonia suffruticosa* auf ihrem Höhepunkt zu erleben. Sofort bei der Ankunft war ich überwältigt von den hunderten übermannshohen Büschen im Hofgarten des Freundschaftshotels. In diesem Moment ahnte ich allerdings noch nicht, daß es die einzigen wirklich ausgewachsenen Pflanzen sein sollten, die ich auf der ganzen Reise zu sehen bekam. Während der Kulturrevolution wollte man alle Blumen und Topfpflanzen Chinas zerstören, da die Blumenliebe als bürgerlich empfunden wurde. Nur die rote Salvie, die Lieblingsblume Maos, sollte überleben. Wie die Rose bei den frühen Christen Roms, war auch *Paeonia suffruticosa* durch ihren Jahrtausende alten Symbolgehalt für die Roten Garden vorbelastet. Nicht nur, daß sie die Blume der Kaiserin, ihrer Majestät und Größe war, sie war auch zu allen Zeiten Reichtumssymbol. Im konfuzianischen Sinne stand sie für die alten Ideale. Sie war Passion der Reichen, denen sie Macht, würdige Eleganz und fortdauernden Überfluß bedeutete. Aber in ganz Asien bedeuten Paeonien auch voll erblühte weibliche Schönheit und erfülltes Frauenleben. Im Sinne der »Rose ohne Dornen« wird Amitaba, der Buddha der Liebe, oft mit Paeonien in den Händen dargestellt. Auch die weiße Tara Tibets, jene vergöttlichte chinesische Prinzessin, die 707 mit dem tibetischen König vermählt wurde und ihn zum Buddhismus bekehrte, trägt Paeonienblüten in Händen.

So konnte die Kulturrevolution vieles zerstören, doch nicht alles. Wenn man sagt: »Die Natur belohnt die Liebe der Chinesen zu Blumen mit der Gabe, sie zu ziehen«, konnte ich das in zwei Parks von Luoyang selbst in Augenschein nehmen. Alle Blumen darin, die vor 12 Jahren zerstört worden waren, sind neu und in großer Anzahl mit etwa 8jährigen Pflanzen besetzt. Im »Garten des westlichen Bächleins« fand ich große, fast feldmäßig aufgepflanzte Bestände. Im 1400 Jahre alten »Kaisergarten« sah ich die den Chinesen liebsten Sorten in einem Rondell von etwa 100 m Durchmesser zusammengefaßt, während jüngere Pflanzen, die Ergebnisse der laufenden Züchtungsarbeit, in einem anderen Teil dieses Gartens zu sehen sind. Hier war das Gehen mühsam, denn an den Wegrändern saßen Maler aller Altersklassen, die die neuen Sorten porträtierten, während zwei Teams des chinesischen Fernsehens sich einen Tag lang im Rondell um die besten Einstellungen bemühten.

Die Chinesen wählen ihre Neuzüchtungen nach anderen Kriterien aus als wir. Die Sorte »Roter Sandberg«, die pinkrosa blüht, wird in großen Mengen vermehrt, obwohl die Blüte fast stengellos im Laub sitzt. Auf die vorsichtige Frage, ob ein solcher Pflanzenaufbau denn gut sei, heißt es: »Oh ja, diese schöne Blüte versteckt sich vor der Sonne.« (Hierzu muß man wissen, daß im alten China die Paeonien bei Tag gegen die sengende Hitze durch Bambusmatten geschützt wurden.)

Eine andere Strauchpaeoniengruppe fiel mir auf, weil immer wieder kichernde Menschen davor standen.

Ich wollte wissen, was es da zu lachen gab, fand aber nur eine rosa Sorte mit ausgesprochen schlechter Blütenhaltung. Meine Begleitung erklärte mir, vor 1200 Jahren, als diese Sorte gezüchtet wurde, hatte der Kaiser eine Konkubine Yao, die im Alter gerne einen »über den Durst trank«. Diese Paeonie, die auch ihren Kopf nicht aufrecht tragen kann, nannte man »die trunkene Frau Yao« — und 1200 Jahre später lacht das Volk noch über sie.

Dagegen ist »Familie Wei« eine wirklich erstklassige dunkelrote Sorte. Die Blüten sind nicht übergroß, aber sehr harmonisch, sowohl in der Form wie in der Farbmasse gegen das grüne Laub. Die schönsten Weißen, die ich fand, waren alle leider faule Blüher. Eine besondere Vorliebe haben die Chinesen für Sorten, die durch spontane Mutation zwei Farben in einer Blüte zeigen. Sie lesen solche Pflanzen bewußt auch bei Pfirsichen, Rosen und Chrysanthemen aus. Die Paeonie in Dunkelrosa und Rot heißt »Die zwei Töchter eines alten Mannes«. Wenn nun die Europäerin über den Sinn dieses Namens zu lachen beginnt, wollen die Chinesen diese Version mit ihrer derzeitigen Prüderie allen sexuellen Dingen gegenüber nicht akzeptieren.

Die berühmte »Yaos Gelbe« blüht 2—3 Tage nach dem Hauptflor auf. Sie hat nicht sehr große, aber edelgeformte rahmweiße Blüten über dunklem Laub, die in tadelloser Haltung getragen werden. Die »Grüne« Sorte »Jadesee« zeigt das grünstichige Weiß der Knospen der Rose »White Masterpiece«. Die Paeonie, die der Farbe Signalrot am nächsten kommt, heißt »Mutter kocht bei offenem Feuer«. In den Namen offenbaren die Chinesen ihren nicht erloschenen Hang zur Poesie. Man findet »Wasser, das im Mondlicht schläft«, »Traum einer Jungfrau«, »Schwarzes Gewand, fleckig vom Wein«, und eine alte Sorte »Weißes Gewand, zerknittert vom Sohn des Himmels.«

Zu den Stunden, in denen ich die Gärten besuchte, fand ich den Duft nicht sehr ausgeprägt. Man erklärte mir, die wahren Kenner besuchten die Paeonien bei Sonnenaufgang, zum »Schmecken der Blüten«.

In Luoyang geht die Wintertemperatur selten unter 8° minus, die Sommertemperatur selten über 30 °C. Die Regenmenge beträgt etwa 630 mm, entspricht also etwa dem Standard von Frankfurt am Main. In Luoyang pflanzt man die Strauchpaeonien meist in volle Sonne, aber auch in Halbschatten, oft auf erhöhte Bankbeete.

Die Vernichtungsaktion der Paeonien während der Kulturrevolution war nicht der einzige Bannfluch in der Geschichte Chinas, der diese Pflanzen traf. Zu Beginn der Tang-Dynastie zwischen 683 und 705 regierte die Kaiserin Wu, die sich später Zetian nannte. Sie wollte einmal zur Unzeit Paeonien blühen sehen, und als sie in ihren Garten kam und andere Blumen bereits oder noch blühten, nicht aber die Paeonien, verfluchte sie sie und verbannte sie weg von ihrem Hof in Chang'an nach dem entfernten Luoyang. Die Gärtner nahmen sich das zu Herzen und, wie sie mir versicherten, beherrschen sie seit damals die Kunst, *Paeonia suffruticosa* in elf Monaten des Jahres zum Blühen zu bringen, denn man wußte ja nicht, wann die Kaiserin ihre Blumen zu sehen wünschte. Zum Verspäten gräbt man in China die Pflanzen ein, zum Verfrühen werden sie in einem Zelt mit brennenden Reisspelzen geräuchert, was möglicherweise einer CO_2-Begasung entspricht. Offenbar muß die Kaiserin mit diesen Erfolgen sehr zufrieden gewesen sein, denn sie verlieh den einstmals verbannten Paeonien einmalig in der Geschichte der Zierpflanzenzucht einen Adelstitel. Die Paeonien wurden in den Rang »Dame des Staates Wei, Zierde des Kaiserreiches, Unbeugsamste und Schönste im Land« erhoben.

DIE PFLANZEN UND IHRE SYMBOLIK

Fast in allen Fällen, in denen Pflanzen zu Symbolen wurden, nutzten die Chinesen ihre Wachstums- oder chemischen Eigenschaften, um Zusammenhänge begreifbar zu machen, die weit darüber hinausgingen. Sie gewannen ihre Erkenntnisse nicht mit den Mitteln westlicher Wissenschaft, sondern durch geduldige Versenkung, durch »Einswerden« mit dem Objekt ihrer Betrachtung. Die geistige Durchdringung der realen Welt und ihrer Zusammenhänge, wie sie sich in den Abläufen in der Natur offenbarten, formulierten die frühen taoistischen Weisen in Erzählungen und Gleichnissen als eine Lehre vom Sein und Fortschreiten. Dies ist die Anschauung und Haltung des Tao.

Die Denkweise der Chinesen unterscheidet sich ganz wesentlich von der europäischen. Suchen wir das Gewonnene festzuhalten und zu mehren, streben wir an, einen dauernden sicheren Grund zu finden, so wissen viele Asiaten, daß nichts bleibt, daß alles sich in unterschiedlichem Tempo verändert und wandelt. Sie fühlen, daß jeglicher Grund schwankt wie eine Bambusbrücke, über die jedoch der, der sich auf sie einstellt, sicher gehen kann. Diese Erkenntnis fanden sie durch das geduldige Erfassen der Vorgänge der Erde und des Himmels, deren Abhängigkeit voneinander ihnen sehr früh bewußt wurde. Sie erlebten in der Wanderung und Wiederkehr der Gestirne deren Einfluß auf die Erde und ihre Bewohner: Menschen, Tiere, Pflanzen, Gesteine und Wasser. Dies führte zu einer größeren inneren Gelassenheit gegenüber den scheinbaren Wechselfällen des Lebens, als sie Europäer in vergleichbaren Situationen haben.

Die Chinesen erkannten die Vielfalt der Erscheinungen der Welt — »Wenn du von einem Pferd einen Knochen berührst, kennst du nicht das Pferd« — und so empfanden sie sich auch nicht als bedeutender als ein winziges Teil innerhalb der universalen Schöpfung. Die Kraft, die diese gewaltige Weltschöpfung mit ihren wunderbaren Ordnungen erzeugt hatte, schien zu groß, sie nur in Gestalt eines personifizierten Wesens zu definieren und damit durch bestimmte Eigenschaften in ihrer Universalität einzuschränken. Lao Tse sagt: »Man kann es als die Mutter der Welt ansehen. Ich kenne seinen Namen nicht und bezeichne es mit Tao. Ihm notgedrungen einen Namen gebend, nenne ich es das Große, das Große nenne ich fortschreitend, das Fortschreitende das unendlich Ferne, das unendlich Ferne das Rückkehrende.«

Da das Tao den Weisen weder in Worten darstellbar noch benennbar erschien — es nur im täglichen Sein zu erleben und zu erfühlen war —, suchte man seine Essenz vorwiegend in Symbolen, Zeichen, Chiffren, Bildern, und auch in einer ganz bestimmten Gestaltung des Gartens darzustellen. Es sind Anregungen und Hinweise auf besondere Ebenen der Bedeutung, die nicht auf den ersten Blick ersichtlich sind, sagt Rawson. Der Begriff »Tao« heißt wörtlich übersetzt »Weg«, und vielleicht wollten die frühen Verkünder des Tao wirklich nichts anderes, als die Menschen zum Bewußtsein des Weges bringen, auf dem sie sich befanden. Andere Übersetzer fanden für Tao Begriffe wie: Sinn, Gesetz, Prinzip.

Die mit Lao Tse im 5. Jahrhundert vor der Zeitwende beginnende Ausbreitung des Taoismus setzte sich in gewissem Sinn in Widerspruch zu den magischen Tierkulten der Shang- und Zhou-Dynastie, an deren Ende sie begann. Die Anhänger des Taoismus verstanden die Welt als dynamisches Gefüge von Zusammenhängen. Aus den Einsichten in die großen rhythmischen Abläufe der Natur: den Wandel der Jahreszeiten, Mondphasen, Tag und Nacht, aber auch der Relation von Mann und Frau, von Weichem und Festem, Öffnen und Schließen, Schatten und Sonne entwickelten sie das Konzept vom Wirken der scheinbar polaren Gegensätze, die einander bedingen, sich gegenseitig durchdringen, vorwärts treiben und verwandeln. Die Chinesen benannten diese aufeinander einwirkenden Gegensätze Yin und Yang. Sie empfanden die Kräfte nicht als konträr, sondern als polar im Sinne elektrischer Ströme. Yin und Yang erscheinen nie völlig rein oder ausschließlich wirksam, immer ist Yin mit gewissen Anteilen von Yang besetzt und umgekehrt. Das heißt, nichts ist jeweils nur positiv oder nur negativ, alles Positive beinhaltet auch negative Teile und alle negativen Dinge beinhal-

TAO

ten auch positive Teile oder Wirkungen. Wichtig ist für den Europäer zu wissen, daß in diesem Sinne positiv und negativ nicht wertend gedacht ist.

Yin empfand man als das Weibliche, Winter, Norden, das Dunkel, die Höhle, das Wasser, Erde, den Mond, scheinbare Schwäche oder das Rezeptive. Yang wurde definiert als Sonne, Frühling und Sommer, Süden, Polarstern, Licht, männlich, Herrscher, Geisteskraft, Fels, Drachen, scheinbare Stärke.

Das Paradoxon der Lehre vom Tao besteht u. a. darin, daß das scheinbar Schwache das scheinbar Starke durch seine stille, gelassene Zähigkeit besiegt. »Daß das weiche Wasser in Bewegung mit der Zeit den mächtigen Stein besiegt, du verstehst, das Harte unterliegt« ließ Bertolt Brecht den Begleiter Lao-Tse's zu dem Zöllner sagen. Diese Idee vom Wirken der Kräfte des Yin und Yang durchzieht das gesamte chinesische Denken. Es gibt den nur scheinbar Schwachen Mut zu Gelassenheit und Selbstvertrauen und mäßigt die Starken, ihre Kräfte nicht über Gebühr zu strapazieren.

»Langes Leben«, »Doppeltes Glück«, zwei der chinesischen Wunschziele, sind nur erreichbar durch höchste Harmonie. Einzig die Harmonie von Seele und Körper kann Krankheiten fernhalten. Diese Harmonie ist aber nur zu erzielen im Gleichgewicht der Kräfte des Yin und Yang. Da nach der Gesetzmäßigkeit des Tao alles in einem ständigen Wandel ist, muß diese Harmonie immer wieder neu durch Anpassung erzeugt werden. In dem Augenblick, in dem eine wirkliche Beziehung zwischen Mensch und Natur hergestellt ist, kommt es zu einem Ineinanderfließen, der Mensch gelangt in die Lage, die Kraftströme der Natur aufzunehmen, sich in das Wirken von Yin und Yang natürlich einzuordnen.

Das Tao ist das Schöpferische und verursacht die allem innewohnende Bewegung, die aber nur in ruhender Betrachtung erfühlt werden kann. Daher stehen Stillewerden und Meditation am Anfang aller taoistischen Übungen. Vor Beginn der Bewegung hat die Ruhe zu sein.

Wer das Wirken des Tao begreift, erkennt, daß der Mensch sich dem Strom des Lebens einordnen soll gleich dem Fisch im Wasser. Die Hindernisse sind gelassen zu betrachten und ein günstiger Moment, der die Überwindung ermöglicht, abzuwarten. Die Natur selbst und ihre Ökonomie sind die idealen Lehrmeister, sich dem Fließen des Geschehens einzuordnen, ohne Widerstand zu geben. Im Oktober kann nicht Frühling sein. Doch wenn Handeln nötig ist, muß gehandelt werden. Handeln zur rechten Zeit ist im Einklangsein mit dem Tao.

Sehr deutlich wird dies in einer Lehrgeschichte, die Konfuzius mit seinen Schülern in einer engen Schlucht spazierengehen läßt. Der reißende Fluß ist voller Strudel. Ein Stück vor ihnen geht ein alter Mann. Plötzlich gleitet dieser aus und stürzt in den Fluß. Die Schüler beraten sich mit ihrem Meister sehr aufgeregt, wie dem Alten zu helfen sei — unterdessen aber sehen sie, wie der Alte gelassen einige Meter von ihnen entfernt dem Fluß wieder entsteigt. Sie laufen zu ihm und fragen ihn, wie dieses Überleben denn möglich war. »Ich habe gelernt, den Strudeln, die mich in die Tiefe ziehen, keinen Widerstand entgegenzusetzen und geduldig zu warten, bis ein anderer Strudel kommt, der mich wieder aufwärts trägt.« Dieser Mann war ein Taoist.

So sehr diese Geschichte die Kunst des Einfügens in das Schicksal lehrt, so zeigt sie aber auch den Mut auf, die Gefährlichkeit des Lebens anzuerkennen und gelassen zu bestehen. Und sie räumt auf mit dem Vorurteil des Westens, das Tao sei eine fatalistische Lebenshaltung, zu der oft die vielen Ermahnungen zu Sanftmut, Geduld und dem Wu-Wei, dem

»Nicht-handeln« ausgelegt werden. Aber die wörtliche Übersetzung von »Wu-Wei« als »Nicht-handeln« ist nicht völlig korrekt, es meint eher »Handeln zur rechten Zeit«, »Handeln nicht gegen die Natur« und nicht durch ständige Betriebsamkeit die Instinkte für das Rechte in sich zu unterdrücken. Die Bedingtheit der 10 000 Kräfte und Möglichkeiten (diese Zahl steht in China immer für unendlich), die sich in ständiger Bewegung miteinander befinden, lassen wegen der Natur des Tao gar keinen Fatalismus zu, denn der Mensch muß, wie ein Sänger auf der Bühne, bereit sein zum Handeln, wenn seine Stunde da ist. Aber das Zeichen zum Einsatz durch den Dirigenten erfaßt er nur, wenn er ohne Lampenfieber und gelassen darauf wartet.

Die Philosophie des Tao, die sich etwa um die gleiche Zeit manifestierte, in der in Griechenland die großen Philosophen lebten und lehrten, war zunächst eine ethische Weltbetrachtung, vollkommen frei von personifizierten Gottesvorstellungen. Nach der Lehre des Tao, daß alles sich wandelt, wandelte sich der abstrakte Begriff für das Numinose, das nicht zu beschreibende Große, eben das Tao, zum Mittelpunkt eines bilderreichen und kultreichen Taoismus als Volksreligion. Der Buddhismus, der jahrhundertelang durch wandernde Mönche, Missionare und Händler versuchte, in China Fuß zu fassen, wurde erst in dem Augenblick für eine größere Anzahl Menschen akzeptabel, als er wesentliche Gedanken und Praktiken der Lehre des Taoismus in sich aufgenommen hatte, die später mit dem Zen-Buddhismus nach Japan weitergegeben wurden. Umgekehrt wandelte sich auch unter dem Einfluß der indischen Bilderwelt des Buddhismus die Lehre vom Tao. Mönchsorden, Klöster und Weihestätten entstanden, wo früher Einsiedler einsam hoch in den Bergen gelebt hatten. Das absolut leere Pantheon bevölkerte sich schnell und nachhaltig mit einer Unzahl von Göttern und Unsterblichen.

Alte Menschheitsträume, unverwundbar und unsterblich zu werden, hatten die frühen Taoisten versucht, durch Gelassenheit und Anpassung an die jeweiligen Verhältnisse zu erreichen. Wohl zum Teil unter dem Einfluß schamanistischer Kulte der nördlichen Steppenvölker, die immer wieder nach China einfielen, wurden die Wege hierzu erneut in magischen Praktiken und zusätzlich in der Alchimie gesucht. Die esoterischen Ziele, die man in der Meditation, aber auch in den sexuellen taoistischen Übungen anstrebte, traten nun zurück; zunehmend verband man das Angenehme mit dem Nützlichen.

Die Suche nach der Herstellung des Goldes — zunächst auch rein esoterisch gesehen — bekam die gleichen oder ähnliche wirtschaftliche Aspekte wie im Westen. Die Herstellung des Unsterblichkeitselixiers hat die Gedankenarbeit ganzer Gelehrtengenerationen verbraucht. Wie viele von ihnen sich bei der Erprobung der Ergebnisse statt in die Unsterblichkeit, ins Jenseits beförderten, hat niemand gezählt. Obwohl es eine ganze Reihe prächtiger Berichte gibt, wie die Hersteller des Elixiers (oder auch die Diebe davon) in kürzester Frist ihren Körper verließen und aufstiegen in unbekannte Gefilde, die die Zeugen für die Sphären der Unsterblichkeit hielten. Einer der Grundgedanken dieser Form von Alchimie war, daß die Kraftlinien der Gesteine der Erde (denen die Chinesen so enorme Aufmerksamkeit widmen) sich für des Menschen Auge unsichtbar, aber doch stetig und beständig verdichten und so an Strahlkraft zunehmen. Die Alchimisten versuchten, solche Vorgänge im dreifüßigen Schmelztiegel durch das Erzeugen von Mixturen zu beschleunigen. Diese frühen Vorläufer der heutigen Chemie erzielten ohne Zweifel ganze Serien wichtiger Entdeckungen, die aber oft wie Spielzeug wieder verworfen wurden oder deren materieller Wert unbeachtet blieb. Daß es den Taoisten nicht schon viele hundert Jahre früher gelang, den Rang der heutigen westlichen Naturwissenschaft zu erreichen, lag eben an ihrer inneren Einstellung, bei der immer die geistige Überschau über das Ganze wichtiger war als Details. Das Ziel des Taoismus war auf Naturverbundenheit um metaphysischer Spekulation willen gerichtet, und daher dem Materialismus abhold.

Wenn man nicht die Lehren von der Polarität des Yin und Yang, des Weiterschreitens durch Wandel und die vom Prinzip des »De« (tê), der tugendhaften Lebensführung, als feste Dogmen betrachten will, so ist der Taoismus allzeit undogmatisch geblieben, was ihn aber der Gefahr einer Fehlinterpretation voll auslieferte. Doch gerade das Undogmatische war der Grund, daß er die freien Denker anzog, die sich durch die strengen Regeln des Buddhismus und vor allem die konfuzianischen Etiketten und Formlehren nicht einbinden und einengen lassen wollten. Eine Lehre, die betont »Sei ganz du selbst und lebe vollkommen in diesem Augenblick«, kam dem chinesischen Lebensgefühl in vielem entgegen. So wurde der Taoismus — ähnlich wie etwa im griechischen Pantheon — eine der wenigen Religionen, deren Götter die Gabe des kräftigen Lachens besaßen und bei ihren Gläubigen förderten. In dem Zusammenhang einer solch gelösten, die natürlichen Lebensabläufe bejahenden Geisteshaltung wird auch die Gruppe der acht Unsterblichen (Xian) in ihrer skurrilen, fast verrückten Erscheinungsform verständlich. Ihre voll zur Schau getragene Vitalität ließ sie alle politischen Stürme überdauern. Ihre belächelten Bilder erscheinen heute wie vor 500 Jahren in allen Formen der Kunst. Doch der wahre taoistische Weise erreicht seine Ziele weder durch magische Praktiken noch durch Atemübungen oder andere »Techniken«. Er muß sich nicht Regeln zu Wohlwollen und Rechtschaffenheit erst auferlegen, sondern diese sind in ihm. Der Weise ordnet sich fließend dem Leben ein, versucht nichts zu erzwingen, weder im Glück noch im Unglück. Er durchdringt die Aufgaben, die das Leben ihm stellt, wird eins mit ihnen und kann sie so lösen. Er selbst wird aber ebenso vom Tao durchdrungen und kann es daher jederzeit in sich selbst finden. Immer wieder erklären mir chinesische Freunde, daß ihnen nichts fehlt, da sie nichts begehrten. Da der Weise sich immer wieder in Harmonie bringt zu der jeweiligen Konstellation (wie Blumen und Vögel auf den Ruf der Jahreszeit antworten), finden Ängste und Übel keinen Zugang zu ihm, Unangenehmes kann ihn nicht überraschen. Als Mao von dem Anschlag hörte, den Lin Biao gegen ihn plante, soll er gesagt haben: »Man kann den Himmel nicht hindern zu regnen und die Witwe nicht, wieder zu heiraten.« Da dachte er wie ein Taoist, der ohne Scheu Gefahren akzeptiert und ihnen dadurch bereits einen Teil ihrer Bedrohung nimmt.

Das Leben des Weisen ist wie der Atemrhythmus, es dehnt sich aus und zieht sich zusammen. Kein Zustand dauert, jeder ist Antwort auf den vorhergehenden und bereitet den folgenden vor.

Das Anschauen des Tao setzt das Schöpferische im Menschen frei. Eine seiner schönsten, in der Materie vergänglichen, als Idee Jahrtausende überdauernden Verwirklichungen fand Tao in der Nachschöpfung der Landschaft durch den Menschen, im Garten.

Die Entwicklung früher Gartenkultur war nur möglich, wenn sie von Reichtum getragen wurde. Dieser Reichtum konzentrierte sich im Feudalismus fast ausschließlich bei Hof und Adel. So ist die Geschichte der chinesischen Gärten zugleich auch eine Kulturgeschichte des Landes, läßt sich am leichtesten in der Abfolge der Dynastien aufblättern.

Die Frage, wann sich um Chinas Wohnstätten die ersten Gärten formten, ist heute noch nicht mit Sicherheit zu beantworten. Vermutlich wird der Zeitpunkt dafür jedoch wesentlich früher liegen, als Pflanzen in die Kunst des Ornaments aufgenommen wurden. Offenbar umgaben die ganz frühen herrscherlichen Wohngebäude innerhalb gestampfter Lehmmauern bereits gestaltete Gärten — mit künstlichen Seen und künstlichen Hügeln. Chinas Archäologen sind bei der Deutung ihrer Ausgrabungen und in wenigen Jahren wird man Genaueres darüber wissen. Bis dahin sind alle Nachforschungen auf die Bücher der Klassiker angewiesen. Kein Volk hat in Vergangenheit und Gegenwart alles so gründlich schriftlich aufgezeichnet wie die Chinesen.

China war und ist ein Agrarland. Die Dynastie war nur dann von Dauer, wenn die Ernährung des Volkes gesichert war.

Die Sitte, daß der Kaiser das Datum des Frühlingsanfangs — und zugleich auch den ganzen Kalender — bestimmt, geht in eine mythische Vergangenheit zurück. In den Frühlings- und Herbstannalen des Lü Buwei (Lüshi Chunqiu), der ersten Enzyklopädie aus dem dritten Jahrhundert v. d. Z., die sich vor allem mit den damals vorhandenen Kenntnissen der Landwirtschaft, der Regierungskunst, der Medizin, aber auch der Musik auseinandersetzt, heißt es:

»In diesem Monat betet der Himmelssohn an einem guten Tage um Getreidesegen zum höchsten Herrn. Darauf wird eine glückliche Stunde gewählt. Dann legt der König selbst eine Pflugschar an den dritten Platz des Wagens zwischen einen gepanzerten Wächter und den Wagenführer. Er begibt sich an der Spitze der drei höchsten Würdenträger, der neun hohen Räte, der Fürsten und Räte persönlich zum Pflügen auf dem Acker des Herrn. Der Himmelssohn zieht drei Furchen, die drei höchsten Würdenträger ziehen fünf Furchen, die hohen Räte, Fürsten und Räte neun Furchen. Heimgekehrt ergreift der Himmelssohn im großen Gemach einen Pokal, während die drei höchsten Würdenträger, die neun hohen Räte, die Fürsten und Räte alle beisammen sind, und spricht zu ihnen: ›Dies ist der Wein für eure Mühe.‹

In diesem Monat hat sich die Kraft des Himmels nach unten gesenkt, die Kraft der Erde ist nach oben gestiegen. Himmel und Erde sind im Einklang und vereinigen ihre Wirkung. Kräuter und Bäume regen sich üppig. Der König macht die Ackerbaugeschäfte bekannt. Er befiehlt den Feldaufsehern, auf dem östlichen Anger ihre Wohnungen aufzuschlagen, die Grenzen und Scheidewege in Fassung zu bringen.«

Nachdem man die Abhängigkeit von der Natur als eine der Lebensgrundlagen akzeptiert hatte, sah man in China die wichtigste Aufgabe der Herrscher nicht in kriegerischen oder diplomatischen Handlungen — sie waren als Söhne des Himmels dazu bestimmt, Erde und Himmel miteinander zu versöhnen, in kultischen Opferhandlungen mit magischer Kraft das rechte Wetter zum Gedeihen der Ernte herbeizuzwingen. Bei den großen Jahresfesten an den quadratischen Erdaltären und in den runden Himmelstempeln umschritt der Kaiser die Altäre in der Richtung des Sonnenlaufes, im Frühling opferte er im Osten, im Sommer im Süden, im Herbst im Westen, um

GESCHICHTE DER GÄRTEN CHINAS

dann im Norden die Weihehandlung im Winter zu begehen. Nur zur Frühlings- und Herbst-Tag-und-Nacht-Gleiche, wenn die größte Harmonie von Licht und Dunkel herrschte, wenn Tag und Nacht gleich lang waren, in dem kurzen Moment der völligen Ausgewogenheit der Kräfte, opferte er am Zentralaltar. Dieser Altar stand in der Tempelmitte, an dem gedachten Mittelpunkt des Reiches der Mitte — es kam zu einem symbolischen Zusammenfügen von Raum und Zeit. Man empfand das als eine Regenerierung der gesamten Kräfte der Nation, denn man hatte durch die Betrachtung der Natur erkannt, daß Dauer nur durch periodische Erneuerung möglich ist.

Die Frühlings- und Herbstannalen des Lü Buwei sind noch an vielen anderen Stellen für den interessant, der sich mit chinesischen Gärten befassen will. So heißt es im fünften Kapitel des ersten Buches: »Die heiligen Könige des Altertums hatten Parkanlagen, Tiergärten, Baumgärten und Teiche, gerade groß genug, um sich des Anblicks zu erfreuen und sich körperliche Bewegung zu machen . . . Nicht daß sie gerne sparen wollten und die Ausgaben scheuten, sondern sie wollten ihr Leben in Ordnung bringen.« Als Zeitkritik heißt es dagegen im vierten Kapitel des dreizehnten Buches: »Die Fürsten der Gegenwart frönen vielfach nur ihren Lüsten, sie bauen luxuriöse Terrassen und Aussichtsplätze, Gärten und Parks.« Wichtiges findet sich darin auch über die Landverteilung, das heißt das Recht zu säen und zu ernten. Im dritten Kapitel des sechsundzwanzigsten Buches des Lü Buwei steht: »Das Verbot, unkultivierten Grund in Bearbeitung zu nehmen, erfolgt aus fünf Gründen: ehe das eigene Feld gepflügt und bestellt ist, bekommt er keinen Hanf und darf keinen Mist abgeben. Ehe einer noch nicht alt ist, darf er sich keinen Garten anlegen. Ehe einer genügend Kräfte hat, darf er kein eigenes Stück Land in Bestellung nehmen. Ein Bauer darf nicht verreisen . . .« Später: »Wenn man die Zeit des Bauern nimmt und ihn zum Anlegen von Seen benützt, so ist es ebenso, wie wenn man auf einer Beerdigung flötet, weil man nicht auf sein Vergnügen verzichten mag.«

Besonderes Gewicht wird in dem ganzen Buch auf die rechte Zeiteinteilung gelegt. Im dritten Kapitel des vierten Buches, das den Frühsommer (Mai) behandelt, steht: »Man bringe die Wassergräben in Ordnung, man gieße den Garten mit Eifer, man gebe sich Mühe beim Säen und Pflanzen . . .« Über die Kompostbereitung: »Wenn das verbrannte Unkraut in das Wasser kommt, so wird es dadurch abgetötet wie durch heißes Wasser, man kann es zum Düngen der Felder und zum Verbessern der Dammerde benutzen.«

Die für einen Gärtner wichtigsten Sätze sind jedoch: »Manches tut man nicht zur Zeit, aber die Feldbestellung muß stets zur Zeit geschehen.« Und: »Was der Himmel gibt, ist nur die Zeit.« Etwa einhundert Jahre vorher schreibt Herodot über Griechenland: »Und überall sind Stätten der Demeter, in denen alles getan werden muß zu seiner Zeit, und in denen alles getan wird zu seiner Zeit.«

Vermutlich haben sich in der Malerei die Landschafts- und Gartenbilder entwickelt in dem gleichen Moment, als das rein ornamentale Denken verlorenging — und der Garten selbst wurde wie ein schönes, romantisches Bild gestaltet. Die frühesten erhaltenen Landschaftsbilder haben bereits alle Elemente der späteren Zeitstile in sich, das Wasser, die Steine, die bizarren, windgebeugten Bäume, alle die Elemente, die auch noch in den heutigen Gärten die Akzente setzen.

Chinesische Gartenhistoriker unterscheiden, im großen betrachtet, drei grundsätzliche Stile:

1. den kaiserlichen Jagdpark, der eine weitere Erscheinungsform im buddhistischen Lushan-Yuan, dem ersten botanischen Garten Asiens, hat,
2. die großen, als Landschaftsbilder gestalteten kaiserlichen Parks,
3. die Gärten der Gelehrten,

die sich einer aus dem anderen entwickelten, aber als selbständige Formen bis in die heutige Zeit bestehen blieben.

Für den ersten Stil ist das reinste Beispiel, das ich sah, der Yuexiu-Park in Kanton, für den zweiten die kaiserliche Sommerresidenz bei Chengde, Provinz Jehol und für den dritten die Hofgärten von Suzhou. Viele Teile dieser Gärten sind Widerspiegelungen längst vergangener Vorbilder oder mythologischer Gärten.

Nach einer Theorie der chinesischen Gartenbaukunst, dem Yuan Ye, der in der Ming-Zeit (1368–1644) geschrieben wurde, heißt es: »So lange der Körper in dieser Welt lebt, sollte man nicht mit zu kritischen Augen seine Umgebung betrachten. Man kann bestimmt manches gestalten, das tausend Jahre Bestand hat, aber man kann nicht wissen, wie das Leben in hundert Jahren sein wird. Es ist richtig, einen Ausblick zu gestalten für Freude und Leichtigkeit, der das Wohnhaus mit Harmonie und Frieden umgibt.«

Diesen »Ausblick für Freude und Leichtigkeit« gaben sich ohne Zweifel zunächst die Herrscher. Es entstanden spätestens in der Zhou-Dynastie (etwa 1000 Jahre vor der Zeitwende) die kaiserlichen Jagdparks. In ihnen versammelten die Regierenden alle ihnen bekannten Pflanzen und Tiere ihres Reiches, um auf magische Weise ihren Herrschaftsanspruch — aber auch ihre Schutzverpflichtung — zu dokumentieren. Ohne Zweifel waren es zunächst reine Sammlergärten, in denen man zusammentrug, was man fand, gewiß aber bald erkannte, daß es ohne eine ordnende Gliederung nicht ging.

Das Ordnungsprinzip der frühen Zeit suchten die Chinesen im Himmel, der mit seinem treuen Tag-Nacht-Rhythmus, den Mondphasen und den Sternbildern ein in sich geschlossenes, offenbar geregeltes und funktionierendes System war. In all seiner Bewegung und Veränderung machte er über längere oder kürzere Zeiträume die Wiederkehr deutlich und gab so Sicherheit. Der größte Fixstern, der Nordstern, wurde mit seiner Strahlkraft und absoluten Beständigkeit das Symbol des Herrschers. Die ältesten Paläste, die man bisher ausgrub, sind Widerspiegelungen von Sternbildern.

DER ERSTE KAISER UND SEINE GÄRTEN

Alle schriftlichen Quellen, die vor 213 v.Chr. entstanden sind, sind anfechtbar. Damals fand auf Befehl des Reichseinigers Qin Shi Huang, der sich als erster den Titel Huangdi, »Kaiser«, zulegte, die erste Bücherverbrennung der Weltgeschichte statt. Die Gründe dafür sind heute noch umstritten. Sein Minister Li Si hatte einen Katalog von dreitausend Zeichen einer gesamtchinesischen Schrift aufgestellt, die als einzige noch anerkannt wurde. Kaiser und Ministern war klar bewußt, daß ein geeinigtes Reich auch eine einheitliche Schrift brauche, wenn es Bestand haben solle. Tatsächlich hat sich die auf der Grundlage dieser Schrift entstandene gemeinsame Kultur, die viele verschiedene Völker in sich integrierte und alle Wechselfälle der Eroberungen und Zerstörungen überstand, als tragfähig über Jahrtausende hin erwiesen.

Die kurzlebige Dynastie der Qin (221–206), die nur den Vater und den jüngsten Sohn umfaßte, wobei die wenigen Jahre des jüngsten Sohnes Ershi Huangdi kaum zählen, hat die von ihr begonnenen riesigen

Garten- und Palastanlagen des E-Pang nicht vollenden können, angeblich stürzte sie über die Maßlosigkeit dieser Planung. Kaiser Wudi soll das Projekt rund 150 Jahre später vollendet haben. Jahrtausendelang hat dieser Garten die Phantasie der Maler beschäftigt. In dem noch geschlossenen Grab des Qin Shi Huang in Chang'an sollen nach alten Berichten Tonmodelle der Anlage liegen.

Vier Quecksilberflüsse, heißt es, umfließen im Innern das Zentrum des Grabes, alle gerahmt von Palästen, Gärten und Seen, die von kleinen Brücken überspannt sind. Riesige Felsen sollen von weither gebracht worden sein, um in den Gärten des E-Pang-Palastes aufgestellt zu werden. Ihr verkleinertes Abbild erwarten die Archäologen zu finden, wenn sie den noch unversehrten Grabhügel des Qin Shi Huang öffnen.

Bei meinem Besuch im Herbst 1980 erzählte mir der Gartenbaudirektor der Stadt Xian, zu der das Gebiet der alten Stadt Chang'an heute gehört, daß die chinesischen Spezialisten die Öffnung noch so lange hinauszögern, bis sie eine bessere Technik der Konservierung alter Seide gefunden haben, denn der gleiche Bericht, der die Gartenmodelle im Grab beschreibt, spricht auch von großen Mengen Seidenballen und Brokaten, die sich in dem Grab befinden sollen.

In die Seen der Gärten des E-Pang-Palastes waren Inseln eingebettet, die große Felsen trugen. Sie waren von Qin Shi Huang als ein Angebot an die Unsterblichen gedacht, hier Wohnung zu nehmen, die Lebenden zu schützen und sie in ihren Kreis aufzunehmen. Denn jener starke, machthungrige, geniale Eroberer war zugleich von den Furien der Todesangst geplagt. Er starb kaum 50 Jahre alt an Erschöpfung, in Erwartung des Elixiers der Unsterblichkeit, das ihm 3000 reine Kinder bringen sollten, die er zu einem Kreuzzug ins nördliche Meer ausgesandt hatte, damit sie die wahren fünf Inseln der Unsterblichen fänden. Für die Kinder war es eine Reise ohne Wiederkehr. Manche Historiker glauben, daß sie zur Urbevölkerung Japans wurden.

Die Beschreibungen der von Qin Shi Huang geschaffenen Bewässerungsanlagen, der Straßen und des Mauerbaus sind nachzulesen. Die unter seiner Leitung begonnene Große Mauer wurde immer wieder ergänzt und erneuert. Was im Original blieb und uns erst jetzt zur Kenntnis kommt — der bisher bedeutendste Fund der chinesischen Archäologie in diesem Jahrhundert —, ist die Armee von 8000 Grabwächtern, die 1974 Bauern beim Brunnenbau fanden. Die lebensgroßen Tonfiguren standen, das Gesicht vom Grab abgewandt, 1500 m entfernt vom östlichen Eingang des ursprünglich 120 m hohen Grabhügels, etwa sechs Meter unter der Erdoberfläche auf einem Boden aus gebrannten Ziegelsteinen. Bei den Kriegshandlungen, die 206 v.Chr. zum Wechsel der Dynastie führten, wurde die Anlage der Grabwächter schwer beschädigt, nicht jedoch das Kaisergrab zerstört. Was man jetzt gerade ausgräbt, ist eine vollständige Armee; der größte bisher restaurierte General hat das Gardemaß von 1,96 m.

Ich war bei ihrem Anblick tief getroffen von der vollkommenen Schönheit, die die Figuren selbst noch in diesem zerstörten Zustand um sich verbreiten, die menschliche Würde, die sie wie eine Aura umgibt. Nie zuvor sah ich solche Vielfalt der Vollkommenheit. Der alte grimme Recke ist mit gleicher Überzeugungskraft gestaltet wie der Jüngling, dessen feiner, edler Kopf ebenso in Griechenland wie im Gandharra-Gebiet entstanden sein könnte. Die Köpfe, zum Teil auch Arme und Hände, wurden getrennt von dem Korpus gebrannt, fast alle Figuren sind abseits von ihrem Kopf aufgefunden — trotzdem ist an Haltung und Gebärde bereits alles abzulesen, was die ganze Gestalt aussagen soll — Alter oder Jugend, Melancholie oder Fröhlichkeit, Draufgängertum oder intelligentes Zögern. Wie viele Künstler müssen in den elf Jahren ihres Entstehens an diesen Figuren gearbeitet haben, und doch ist bis jetzt kein Qualitätsunterschied sichtbar, alle hatten den gleichen, sicheren Blick für menschliche Eigenschaften und Verhaltensweisen und die Möglichkeit, sie nachzugestalten.

In den Berichten heißt es, daß Qin Shi Huang die »Zeit der Streitenden Reiche« durch blutige Kriegshandlungen beendet und das geeinte China als ein Tyrann beherrschte. Steht man vor dieser Armee der Tonfiguren, so kann man nicht glauben, daß die Künstler sie für einen Herrscher schufen, der nichts war als ein blutiger Tyrann.

DIE GÄRTEN DER HAN

Die Han-Dynastie (206 v.d.Z. bis 220 n.d.Z.), die die Chinesen als Beginn ihrer kulturellen Blütezeit betrachten, wurde in ihrem Anfang von den Kleinbauern und den Wehrbauern, die die Grenzen verteidigten, getragen.

Eine der schillerndsten und hervorragendsten Gestalten der frühen Han-Dynastie war der nicht nur für Gärten baulustige Kaiser Wudi (140—89 v.d.Z.). Er trieb in China den Kanalbau, die Feldbewässerung und den Bau von großen Fernstraßen kräftig voran. Doch ein Leben in Luxus und verfeinerter Umgebung war seine stärkste Neigung.

Um Kriege mit den Nachbarn zu vermeiden, sandte er in großen Mengen Geschenke an die Nomaden, vor allem Seide und Lackarbeiten. Diese großzügigen Geschenke weckten bei anderen den Wunsch nach chinesischen Luxusgütern — bis hin nach Rom. Die Füße ungezählter Karawanen stampften die Seidenstraße fest. Chinas Reichtum wuchs durch Kleinindustrie und Handel zu einem bis dahin undenkbaren Ausmaß. Bald trugen nicht mehr die Kleinbauern das Reich, sondern die großen Familien des Geldadels waren staatserhaltend, die neben ausgedehntem Landbesitz auch Webereien, Eisenwerkstätten, Töpfereien usw. unterhielten. Diese Nobelschicht dürfte über den Rahmen des Herrscherhauses hinaus zum erstenmal in etwas größerer Anzahl, über das Land verstreut, Ziergärten gepflegt haben.

Kaiser Wudi betrieb eine expansive Außenpolitik, nach innen versuchte er das Reich zu konsolidieren. Benachbart einem seiner Paläste in Chang'an, dem heutigen Xian, hatte er einen großen Jagdpark, der die Vollendung des von Qin Shi Huang begonnenen E-Pang-Palastgebietes gewesen sein soll, mit zwölf künstlichen Seen und fünf künstlichen Hügeln. Alles war untereinander und mit dem Wohnbereich durch zierliche Brücken verbunden. Die Gärten sollen vielen seltenen Pflanzen Heimat geboten haben — nicht nur der Flora Chinas, sondern in besonderem Maße auch den Blumen, die in dieser Zeit über die Seidenstraße in das Land gelangten, Narzissen, Jasmin, Granatapfel und andere. Einer der künstlichen Teiche trug den Namen Kunming nach dem großen Seengebiet in der Provinz Yunnan — nach ihm nannte auch der Kaiser Chenglung (Qianlong) den Hauptsee seines Sommerpalastes bei Peking, um die Kontinuität des chinesischen Kaisertums zu bekräftigen. Aber es war auch das verschlüsselte Eingeständnis Chenglungs, daß er wie Kaiser Wudi angeblich den See bauen ließ, um seine Schiffsbesatzungen militärisch zu trainieren, in Wirklichkeit aber um seiner Gartenlust zu frönen.

Wie später Chenglung wird Wudi ebenfalls seinem Volk gesagt haben, die Seen seien zur Regulierung des Wasserrückstaues der Kanäle erforderlich. Diese Version bot man mir auch jetzt zur Erklärung für die überdimensionierte Gartenlust dieses Herrschers an. Aber da der Pragmatismus eine stark ausgeprägte chinesische Eigenschaft ist, kann man die Möglichkeit einer Doppel- ja Dreifachnutzung als Garten, Wasserreservoir und Trainingsgebiet für eine eroberungslustige Marine nicht ausschließen. Die Schönheit der Stadt Kunming in der pflanzenreichen Provinz Yunnan läßt den begehrlichen Wunsch der Herrscher, sie zu besitzen, der sich kontinuierlich durch Chinas Geschichte zieht, verstehen.

Dem kosmischen Denken und den chinesischen Sternenmärchen huldigte Wudi, indem er am Nord- und Südufer des Kunming-Sees Steinfiguren von Kuhhirt und Weberin aufstellen ließ. Die Geschichte dieses Paares wurde mir einige Male in China erzählt: Kuhhirt und Weberin wurden, nachdem sie aus Liebe zueinander alle Arbeit vergaßen, vom höchsten Himmelsgott getrennt und mußten jeder an einer anderen Seite der Milchstraße wohnen. Nur einmal im Monat dürften Elstern mit ihren Körpern dem Paar eine Brücke zueinander bauen. Doch die Elster, die dieses Urteil des Himmelsgottes den beiden ausrichten sollte, vergaß das Zeitmaß und sagte ihnen, daß sie sich nur einmal im Jahr sehen könnten. So schauen nun in der 7. Nacht des 7. Monats alle getrennten Liebenden Chinas zum Himmel und freuen sich mit Kuhhirt und Weberin.

Die Song-Dynastie bewunderte noch die Reste von Wudis Garten Zhao Yuan, der die Fläche der heutigen Kreise Chang'an, Wushen und Sozhen umfaßte. Künstliche, durch Winderosion bereits stark abgeschliffene Hügel und verwehte Seen erhielten sich fast über zwei Jahrtausende. Einer dieser Seen, angeblich der künstliche Kunming-See, muß noch bis in unser Jahrhundert fortbestanden haben. Im Herbst 1980 sah ich in Xian im Turm über dem westlichen Stadttor eine Ausstellung über archäologische Funde aus der Han-Dynastie. Dort fand ich ein Photo des Kunming-Sees des Wudi, das offenbar etwa 1920 aufgenommen war; der an dem See vorüberziehende Weg war von Telegraphendrähten begleitet. Heute wird dort Reis angebaut. 1963 wurden bei Ausgrabungen in diesem Gartenpalastgebiet sehr feine Bronzegegenstände gefunden, die jetzt in dem Museum der Stadt Xian ausgestellt sind.

Wudi war ein streng taoistisch denkender Herrscher, er erlebte und repräsentierte eine Zeit, die auf einer Woge des Taoismus schwamm. So muß man die gewaltigen Gartenanlagen als das Ergebnis einer Ehe zwischen seiner tiefen Naturphilosophie und seiner Baulust sehen. Auf Bildern und in den Schilderungen wirkt er auf eine Europäerin wie ein Barock-Potentat, voll tätiger Prachtentfaltung.

Denn Kaiser Wudi war nicht nur ein großer Herrscher, er war auch ein sensibler Liebender. Nach dem Tod seiner Frau Li Furen schrieb er, nach der Überlieferung auf dem See in seinem Park, ein Lied der Liebe und Trauer:

Von seidenen Ärmeln nicht ein Laut.
Auf jadene Fliesen legt sich Staub.
Leer das Gemach, kühl, einsam und still.
Vor verriegelter Tür verwehtes Laub.
Ferne, ach, schwebst du, schöne Geliebte!
Nimmer, ach, spürst du mein Herz ohne Ruh!
(Übersetzung Peter Olbricht)

Noch achthundert Jahre später feiert der Dichter Li Taibai die Schönheit dieser Frau und versucht eine Schilderung der Palastgärten von Zhao Yuan als ein köstliches Frühlingsparadies, in dem der Kaiser seine Liebesnächte mit Li Furen verbracht hatte.

In den »Fu«, lyrisch-rhythmischen Beschreibungen fürstlicher Jagden, ihrer Paläste und Gartenanlagen,

Ein Zugang zum Tao ist innere Konzentration,
ein anderer, fast gleichwertiger
ist das Anschaun der Schönheit der Berge und des Wassers.

nahmen vor allem die Parks einen breiten Raum ein. Diese literarische Kunstform, die gelegentlich von Übertreibungen strotzt, hatte ihren Höhepunkt zwischen dem 2. Jahrhundert vor und dem 3. Jahrhundert nach der Zeitwende. So heißt es in dem Buch Xijing Zaji (Gemischte Berichte von der westlichen Hauptstadt):

»Prinz Liang Xiaowang (Liang ist die Bezeichnung des Lehnsstaates, den der Prinz vom kaiserlichen Hof der Han-Dynastie geschenkt bekam; der Lehnsstaat Liang befand sich in der heutigen Provinz Henan) fand großen Gefallen am Bau von Palästen und Gärten. Er ließ den Yao Hua-Palast mit dem Tu Yuan (Kaninchengarten) bauen. Im Garten gibt es den Bailing-Berg, auf dem ein Fucun-Stein (Hautklein-Stein), Luo Yuan-Fels (Fels für das Landen von Affen) und Qi Long Xiu (Grottenwohnung für Drachen) zu finden sind. Ferner noch einen Wildgans-Teich, in dem Inseln für Kraniche und Wildenten stehen. Die Palasthäuser strecken sich über Dutzende Li (1 Li ca. 500 m) hin. Es finden sich außergewöhnliche Früchte, seltene Bäume, schöne Vögel und seltsame Tiere. Der Prinz vergnügte sich mit seinen Gästen täglich im Garten beim Bumerangschießen und Angeln.

Der steinreiche Yuan Guanghan in Maoling (in der heutigen Provinz Shaanxi), der 800—900 Hausbedienstete hatte, legte sich zu Füßen des Beimang-Berges (nördlich Luoyang) einen Garten an. Er war vier Li Ost-West und fünf Li Nord-Süd groß. Er leitete einen Wasserlauf in den Garten und fügte Felsen zu einem Gebirge, höher als 100 Fuß, das sich mehrere Li hinzog. In dieses Gebirge setzte er weiße Papageien, lila Mandarinenten, Yaks, Rhinozerosse und andere ausgefallene Tiere und Vögel.

Er machte einen See mit Wellen und Inseln aus Sand, dort ließ er Flußmöwen und Meereskraniche Wohnung nehmen, die sich dort fortpflanzten und Junge hervorbrachten. In dem Garten wuchsen alle seltenen Bäume und ungewöhnliche Pflanzen. Sie waren in weit sich hinstreckenden Wäldern angepflanzt. Die Gebäude, zumeist mit mehrfachen Dächern, zogen sich gewunden hin und waren untereinander durch Wandelgänge verbunden. Später wurde Yuan Guanghan wegen Verbrechen hingerichtet und sein Garten wurde beschlagnahmt. Die dortigen Vögel, Tiere, Pflanzen und Bäume wurden in den kaiserlichen Shang Lin Yuan verlegt.«

Die Pferdezucht wurde in der Han-Zeit bereits systematisch betrieben und vor allem der Gelehrte Wang Chong (27—97) hatte ein sehr lebhaftes Interesse für Biologie und Genetik. Ursprünglich ein Philosoph, legte er in seinem Buch Lun Heng (Ausgewogene Ideen) genetische Vererbungstheorien dar, erklärte Tierwanderungen und beschäftigte sich mit der Möglichkeit der Geschlechtsumwandlung. Er sagt in diesem Buch, daß der Mensch nicht mehr Bedeutung für die Erde oder die Sterne habe als die Parasiten auf dem menschlichen Körper für diesen. In jener Zeit erscheinen auch die ersten Bücher über eine Klassifizierung und Bewertung der Ackerböden, Pflanzengeographien und über grundlegende Erkenntnisse zur Ökologie.

DIE GÄRTEN DES CHINESISCHEN MITTELALTERS

So wechselvoll die Geschichte Chinas im Mittelalter (200—600) war, das Land von zahlreichen religiösen und materiellen Kämpfen geschüttelt wurde, nichts konnte die einmal gefundene Liebe zu den Gärten zerstören. Die pflegende Beschäftigung mit der Natur wurde zu einem Grundzug chinesischer Kultur.

Das dritte bis siebte Jahrhundert war eine Zeit großer

Umwälzungen in China. Zunächst zerfiel das durch Qin Shi Huang geeinte Reich in drei Teile — die Zeit der Drei Reiche — dann beherrschen zeitweise bis zu zwanzig verschiedene Staaten den Norden, die alle Nationalitäten der nördlichen Steppen waren, während die eigentlichen Han-Chinesen sich in den Süden zurückzogen. Erst mit dem Ende der Song-Epoche vereinigte der Mongole Kublai Khan China wieder zu einem Reich.

Der Buddhismus festigte im Mittelalter immer mehr seinen Einfluß. An besonders schönen Stellen entstanden große Klöster und Tempel, von riesigen Gärten umgeben.

Einen besonderen Ruf erwarb sich die Klosteranlage vom Berge Lushan in Jiangxi. Es muß ein landschaftlich sehr frei und natürlich gestalteter Park gewesen sein, der seine wesentlichsten Gestaltungsprinzipien von den Jagdparks der alten Herrscher übernahm. Viele Pilger kamen dorthin und brachten bei ihrer Heimkehr die Kunde mit von dem wundervollen Garten, der das Kloster umgab. Die Mönche nannten sich »die Gesellschaft der weißen Lotosblüte« und entwickelten dort eine einflußreiche buddhistische Schule. Ende des vierten Jahrhunderts hatte sie der Mönch Hui Yuan gegründet.

In der Folge entstand eine große Anzahl Klostergärten, aber auch Privatgärten nach dem Vorbild des Lushan. Auch heute noch ist Lushan, wörtlich Lichtberg, eine häufig benutzte Gartenbezeichnung.

»Berg, der aufsteigt, aufgestockt neben dem Yangtse-Ufer; Höhenweg aufwärts, Grün an Grün, die vierhundert Windungen«, so hat Mao den Lushan bedichtet. Ein großer botanischer Garten erfreut die Besucher dieses noch heute vielbegangenen Aussichtsberges.

Der Erfolg dieser Mischung, Kloster und Gartenwallfahrtsort, hat bis in dieses Jahrhundert fortgewirkt. Sehr viele Klöster unterhielten ausgedehnte Blumengärten, in denen bei bestimmten Festtagen regelrechte Blumenausstellungen stattfanden, die eine große Anziehungskraft auf die Bevölkerung ausübten.

Die wenigen originalen Gartendarstellungen aus dem chinesischen Mittelalter, die bisher bekannt sind, zeigen landschaftliche Anordnungen von Bäumen und Sträuchern, einen kleinen Wasserlauf und Steine.

Die Taoisten, die sich bis dahin mehr als philosophische Einzelgänger, Alchimisten und Lebenskünstler empfunden hatten, die mit ihrer Philosophie aber den Buddhismus durchdrangen und veränderten und ihm viele neue Impulse gaben, erweiterten sich unter seinem Einfluß zu einer Religionsgemeinschaft. Seinem Beispiel folgend, wurden aus den taoistischen Einsiedeleien in den Bergen Klostergemeinschaften, die darin den Buddhismus zum Vorbild nahmen, daß sie ihre Umgebung in einen Garten verwandelten. Die aus der Naturbetrachtung gewonnene Philosophie bekam Züge einer pantheistischen Religion. Die Verehrung der Baumgeister, Quellnymphen und Flußgötter hat jedoch eine noch viel tiefer zurückreichende Tradition.

Zu den Einsiedlern, die sich allein hoch in die Berge zurückzogen, in der klaren Luft die taoistischen Praktiken der Lebensverlängerung zu üben, kamen nun andere, hochgelehrte Herren der Stadt, die Staatsdienst und Familienleben entflohen, um in der Stille einen Garten zu bebauen und im Rhythmus der Jahreszeiten den eigenen Lebensrhythmus zu finden. Der Ruf nach einem einfachen Leben durchzieht in gleichmäßiger Folge immer wieder die chinesische Literatur aller Zeiten, obwohl die Motive hierzu wechselten.

Einer ihrer großen Vorbilder war der Dichter Tao

Qian, der sich im vierten Jahrhundert in die Einsamkeit seines Gartens flüchtete. Dieser Garten ist durch ein Gedicht unsterblich geworden:

In später Pracht erblühen die Chrysanthemen.
Ich pflücke sie, von Perlentau benetzt.
Um ihre Reinheit in mich aufzunehmen,
hab' ich zum Wein mich hergesetzt.
Die Sonne sinkt, die Tiere gehn zum Schlummer.
Die Vögel sammeln sich im stillen Wald. —
Fern liegt die Welt mit ihrer Unrast Kummer.
Das Leben fand ich, wo der Wahn verhallt.
(Übersetzung Richard Wilhelm)

Die Bilder der Wohnräume solcher Einsiedler zeigen meist nur eine mehr oder minder offene Hütte, den Garten muß man sich scheinbar immer auf der dem Betrachter abgewandten Seite denken. Die Bildrollen, die solch einsame Behausungen in der freien Natur verherrlichen, sind unzählbar. Sie berichten nicht nur von einem Leben in luftiger Berghöhe, sondern auch von weltabgeschiedenen Flußniederungen mit viel Bambus und Wasser. Immer waren offenbar die vorgefundenen Elemente der Landschaft — Berge, Felsen, alte Bäume und Wasser — die Hauptgestaltungselemente der Gärten.

Diese Gärten waren Gärten der Selbstisolation von Gelehrten, die sich, aus welchen Gründen auch immer, von der Gesellschaft ihrer Zeit abgewandt hatten. Ihr Ideal war die einsame Wildgans im Gebirge oder der ziehende Kranich am Abendhimmel, die mit der Welt der Menschen keinerlei Berührung haben.

Aber da nicht alle die Möglichkeit oder den Anlaß hatten, sich in eine einsam dahinziehende Wildgans oder in den Kranich am Abendhimmel hineinzuversetzen, wurde es Mode, intime Gärten dieses Stils auch in den Städten oder bei den Landhäusern anzulegen. Es entstanden ganze Gartenstädte für ein Leben im Freien, den einfacheren Leuten genügte oft »das Zimmer unter dem Himmel«, der Hofgarten. Die Mauer, als nicht tragender Raumabschluß, wurde ein wichtiges Gestaltungselement. Sie trennte nicht nur, sondern wurde zum eigenständigen Bild entwickelt.

Das typische Hofhaus ist in China schon in der Han-Dynastie, also für die Zeitwende, nachweisbar, doch wurde in der zweiten Hälfte des ersten Jahrtausends der Gartenhof zum festen Bestandteil zumindest für die gehobene Schicht. Er ermöglichte das kultivierte Leben einer Großfamilie auf verhältnismäßig kleinem Raum.

DIE GÄRTEN DER SUI- UND TANG-ZEIT

In der Geschichte Chinas gilt die Tang- und die sie vorbereitende Sui-Dynastie als die wichtigste kulturelle Epoche. Dichtkunst, Musik, Malerei und Gartenkunst kulminieren hier zu einem »Fest der Natur«. Es war eine höchste Versinnlichung und zugleich Vergeistigung des chinesischen Lebensgefühls.

Für unzählbare andere sollen drei Poeten dieser Zeit sprechen, die alle in tiefer Naturbindung lebten.
Wang Wei (701—761) war ein vielfältig begabter Künstler. Kalligraphen, Maler, Musiker, Dichter und Gartengestalter zählen ihn zu ihren Besten. Über sein Haus schreibt er: »Mein Landsitz steht im Bergtal des Wang-Flusses. Streift man dort umher, so findet man manches schöne Fleckchen: die Mengcheng (Meng-Stadt)-Senke, den Huzi-Hügel, die Mandelbaum-Hütte, die Jinzhu-Berge, das Wildgehege, den Magnolien-Park, das Gelbholz-Ufer, die Akazien-Promenade, den Pavillon am See, den Südstrand, den See Yi, die Weiden-Quelle, die Strom-

schnellen am Hause der Luan, die Goldstaub-Quelle, die weiße Kieselbank, den Nordstrand, die Laube im Bambushain, den Magnolien-Hang, den Lackbaum-Garten und den Pfeffer-Garten. Zum Zeitvertreib schrieben Pei Di und ich Vierzeiler über diese Plätze.«

Sein Zeitgenosse Li Bai (Li Tai pai) hinterließ eine Fülle von Gedichten. Viele seiner Verse sind frohe Trinklieder, aber die Melancholie des Wissenden durchdringt mit leisen Tönen doch sein ganzes Werk.

Herbstlich helles Leuchten überm See.
Einer treibt dahin, sich Schwanenlaub zu brechen.
Lotos lächeln, möchten mit ihm sprechen —
Dem im Boote bricht das Herz vor Weh.
(Übersetzung Günther Debon)

Diese sanfte Melancholie zieht sich wie ein Leitmotiv durch fast die ganze Tang-Poesie.

Der letzte der großen Drei, Bai Juyi (772—846) entdeckte in der zweiten Hälfte seines Lebens für sich und alle ihm folgenden Künstler die Schönheit des Westsees bei Hangzhou und den Reiz der den Westsee umgebenden Landschaft. Einige Jahre seines Lebens hat er dort als Präfekt gewirkt, nachdem er als lästiger »Sozialist« von seinem Posten als Lektor der kaiserlichen Bibliothek entfernt worden war und Jahre in der Verbannung überstanden hatte. »Herbsttag« heißt eines seiner schönsten Gedichte, übersetzt von Günter Eich:

Der Teich liegt wüst, nur öde Tempel blieben.
Ins Fenster scheint die Sonne ernst und rein.
Viel Wind ward sanft vom Herbst herzugetrieben.
Sophora blüht, die Schote reift daneben.
Ein Mann weilt unter dem Gezweig allein,
Der Jahre einundvierzig zählt sein Leben.

Exakte Gartenbeschreibungen sind von vielen Poeten überliefert, so von Wang Yinling. Er beschreibt den in seiner Größe wohl nie wieder erreichten Garten des Sui-Kaisers Yangdi (581—618) im Buch Yu Hai (Jademeer): ». . . Der Kaiser ließ den Westgarten bauen, der einen Umfang von 200 Li (100 km) hatte. . . . Eine Million Arbeiter erbauten innerhalb des Parkes sechzehn Wohnhöfe, schufen Hügel mit Felsen und fünf Seen und vier Meere. . . . Kanäle verbanden die Seen miteinander, so daß man mit Barken den ganzen Park befahren konnte. . . . Alle Landesteile sollten Blumen liefern. Von Yizhou kamen zwanzig Kästen Paeonien mit verschiedenen Bezeichnungen wie ›Hergeflogenes Rot‹, ›Yaos Gelb‹ usw.« Dieser Garten wurde rasch überall berühmt wegen seiner großen Menge seltener Pflanzen.

Kaiser Yangdi gilt auch als Erfinder des chinesischen Prüfungssystems für Beamte, nach dem die Erneuerung des Beamtenstandes immer wieder aus dem Volk erfolgen sollte. Zu den Prüfungen wurde unterschiedslos jeder freie Chinese zugelassen. Beamter werden und weiter aufsteigen konnten aber nur die, die die Prüfungen, von denen der Kaiser persönlich die höchsten vornahm, glänzend bestanden.

Doch dieser Kaiser Yangdi, in dem sich die luxuriöse, geistig sehr verfeinerte Tang-Epoche (618—907) schon ankündigte, überspannte den Bogen seiner Ansprüche an das Volk. 611 kam es, nach Überschwemmungen im Gebiet des Gelben Flusses, zu Bauernaufständen, in deren Folge 618 die Sui-Dynastie gestürzt wurde.

Luoyang, das unter den Sui (wie auch schon viele Dynastien zuvor) Hauptstadt war, behielt auch unter den Tang-Kaisern seine Bedeutung. Zwar war zeitweise auch Chang'an wieder ständiger Kaisersitz, doch das Zentrum der Gartenkunst blieb für viele

Jahrhunderte Luoyang. Als ich die Stadt im Frühling 1979 besuchte, um die Paeonienblüte dort zu erleben, fand ich eine zunächst nur lehmgraue Industriestadt. Doch die mit Paeonien überblühten Parks, in die man mich führte, die Schönheit der umgebenden Landschaft und das mit der Kunst der Tang-Zeit reich bestückte Museum sind schon allein eine Reise wert. In der Tang-Zeit war die gesamte Kultur noch eine Kultur des Kaiserhauses und des Adels. Die Konzentration von großen Geldmengen bei wenigen reichen Familien, die ihren Reichtum immer mehr ausdehnten, und die erdrückende Steuerlast der Bauern, führten immer wieder zu Unruhen. Das Steuersystem beruhte auf einer Familiensteuer, wobei landwirtschaftlich genutzter Besitz eine gewisse Größe nicht übersteigen sollte. Doch fanden die Besitzenden immer Möglichkeiten, dieses Gesetz zu umgehen. Es entstanden die Gartengutshöfe, die Zhuangyuan, die als Garten deklariert, aber mit der wesentlichsten Fläche doch der landwirtschaftlichen Produktion dienten, so aber größeren Landbesitz als vorgesehen ermöglichten. Dies war vor allem im Nordwesten des Reiches der Fall, wo der Beiname Zhuang bei vielen Ortsnamen an diesen Ursprung erinnert.

Unter der Regierungszeit des Tang-Kaisers Xuanzong (712—756) wurde versucht, das Steuersystem radikal zu erneuern, eine Volkszählung durchzuführen und die »Gartengutshöfe« wieder auf eine normale Größe zurückzuführen. Zu Beginn des 8. Jahrhunderts unter Xuanzong hatte China einen glanzvollen Höhepunkt erreicht. Die Hauptstadt Chang'an war der Mittelpunkt der zivilisierten Welt Asiens. Trotz der Kriege und Unruhen war es eine Zeit der ausgewogenen Spannungen, in der die Kunst fruchtbar und frisch war. China wirkte auf ganz Asien wie ein Magnet. Der letzte Schah von Persien, der Sasanid Piruz, der sein Reich verloren hatte, floh nach China, um 708 in Chang'an zu sterben. Der berühmte Kalif Harun al-Rashid sandte wenig später mit vielen märchenhaften Geschenken eine Gesandtschaft in die chinesische Hauptstadt.

Japan, seine Gärten, seine Religion und Kunst empfingen damals ihre bis heute fortwirkenden Impulse von China. Die chinesischen buddhistischen Mönche brachten mit ihrer Religion die Liebe und Verehrung der Blumen und Gärten. Das japanische Ikebana führt seine Anfänge ebenso in diese Zeit zurück wie die japanische Gartenkunst. Die aus dieser Zeit ausgegrabenen Gärten z. B. bei dem Oharuda-Palast in der Präfektur Nara, Japan, zeigen die klassischen Elemente und den Stil chinesischer Gärten dieser Zeit.

Doch nach dieser Blüte der Künste und auch der politischen Kultur verfiel das Reich zum Ende der Regierungszeit von Xuanzong, da er sich fast ausschließlich um das Wohl seiner schönen Konkubine Yang Yuhuan, der berühmten Guifei Yang, kümmerte. Er verbrachte die Tage und Nächte mit ihr in seinen Gärten und beim Bad in den heißen Quellen von Chang'an. Der Hof fand Zeit genug, sich ungestört seinen Intrigen hinzugeben. Als erste Folge dieser Intrigen wurde die schöne Konkubine zum Selbstmord gezwungen, ihre Familie entmachtet.

So sehr das Volk zunächst gegen sie revoltiert hatte, nach ihrem Tod wurde sie rasch verklärt. Die Erde ihres Grabes war bald eine der begehrtesten Schminkutensilien Chinas, da alle Frauen ihrer Schönheit teilhaftig werden wollten. Die Regierung war nach kurzer Zeit gezwungen, das Grab völlig zu vermauern. Ich empfand es als ein ganz besonderes Gastgeschenk, daß ich in den heißen Quellen der Guifei Yang baden durfte.

Doch die Intriganten gegen Xuanzong wollten mehr,

sie wollten den Kopf des Kaisers — es gelang ihnen aber nur, ihn vom Thron zu stürzen und nach Chengdu, tief im Südwesten des Reiches, zu verjagen.

Die Tang-Kaiser konnten ihre Dynastie zwar noch rund einhundertfünfzig Jahre lang erhalten, aber der Höhepunkt war überschritten. Doch es war ein Gipfel, der absolute Maßstäbe für viele Jahrhunderte setzte. Alle Kunst, auch die Gartenkunst, hat die Tang-Epoche als ihren Orientierungspunkt benutzt — sie hat aus dieser Zeit gelebt und an ihrer Vollkommenheit gelitten. Ich wage zu behaupten, daß dies qualvolle Gefühl, daß das Vollkommene bereits getan ist, hingewirkt hat bis zu den Wirren der Kulturrevolution. Man hoffte, man könne die Bühne freiräumen für etwas völlig Neues, das doch etwas vollkommen Chinesisches sein sollte.

DIE GÄRTEN DER SONG

Einen zweiten Gipfel erreichte die chinesische Kultur während der Song-Dynastie, die 960—1279, zumindest in Teilen des Landes herrschte. Unter ihr gedieh eine Gartenkunst zusammen mit ihren Schwesterkünsten Malerei und Literatur, die einfallsreich, undogmatisch und nicht ohne geistigen Hintergrund war. Nach ihr begann der allmähliche Abstieg in eine enge, pedantische, konventionelle Welt bis hin zu dem leeren Ästhetizismus, der sich nach der näheren Begegnung mit dem Westen breitmachte.

Die Song-Epoche war getragen von einer verhältnismäßig breiten reichen Oberschicht, einem steigenden Export chinesischer Erzeugnisse und, zumindest zu Beginn, einer schlagkräftigen Armee. Wissenschaft und Technik erlebten große Fortschritte und Erfolge, die Malerei eine ähnliche Fülle hervorragender Werke wie die Poesie in der Tang-Dynastie.

Es war ein Wandel sowohl in der Quantität wie in der Qualität. Die chinesische Neuzeit hatte begonnen. Vieles in dem magischen Denken säkularisierte sich, die alten, aus einer hohen Ethik entstandenen Symbole gerieten in Gefahr, austauschbare Dekorationen zu werden.

Zum erstenmal in der chinesischen Geschichte versuchten die Herrscher, nicht alle Kunst, alles Wissen, alles Kapital bei Hof und Adel zu konzentrieren. Der Aufstieg reicher Händler, die sich vor allem mit Salz beschäftigten, ließ geistige und kulturelle Zentren über das ganze Land zerstreut entstehen, die die erstaunliche Vielfalt der Kultur dieser Zeit ermöglichten.

Für die Gärten, die auch im privaten Bereich an Pracht und Ausdehnung gewannen, wurden für viele kommende Jahrhunderte die durch Erosion zerfurchten Steine zum entscheidenden Gestaltungselement. Der Mandarin und versponnene Taoist der Tang-Zeit, Li Deyu, der ein leidenschaftlicher Gärtner war, hatte sie in seinen Gedichten berühmt gemacht. Er war es auch, der den Symbolwert der Gärten betonte, der die Verschlüsselung philosophischer Gedanken im Gartenbild am deutlichsten betrieb. Sein größter Wunsch war, als Stein in seinem Garten Ewigkeit zu erlangen. Nun wurden diese Steine nach dem Vorbild von Li Deyu zum unentbehrlichen Bestandteil jedes gepflegten Gartens. Da alle sie haben wollten, waren sie schnell die teuersten Dinge Chinas. Und weil »Sammeln« modern war, erschienen sie in einer Überfülle in den Gärten, den Reichtum der Besitzer zu demonstrieren. Ob heute noch, weiß ich nicht, aber bis 1949 auf jeden Fall, wurden »alte Steine«, das heißt solche, die bereits in der Ming-, besser noch in der Song-Dynastie ausgegraben waren, weit höher bezahlt als neu gefundene. Man bezahlte den Stein nicht nur für seine Größe,

Das Gras im Tschang-sin-Schloß
Am Schloß der Langen Treue wächst das Gras
Jahr über Jahr um Leid und Einsamkeiten;
Begrub, was einst ein Perlenschuh durchmaß,
Verwehrt, auf jadenem Altan zu schreiten.
Cui Guofu

明道堂　清香館　　　　　滄浪亭

Schnitt 1

Schnitt 2　　大門

Garten der Dunkelgrünen Welle in Suzhou

sondern ebenso für seine möglichst absonderliche, zu Vergleichen herausfordernde Gestalt und seine Geschichte. Steine aus Gärten berühmter Männer waren weit teurer als solche aus den Gärten nur reicher Bürger. Die Aura wurde in Geld umgesetzt. Das Überraschende für den Europäer ist, daß es für viele dieser kuriosen Steine regelrechte Lebensgeschichten gibt; welcher Stein wie lange in welchem Garten lag, ist genau erforscht. Der Diebstahl solcher Steine gilt als Kunstraub. In Zeiten der Wirrnis, z.B. nach der offiziellen Plünderung und Zerstörung des Sommerpalastes durch Franzosen und Engländer 1860 und 1900, wanderten zahlreiche Steine auch in die Gärten der Pekinger Oberschicht. Das waren zum Teil solche, die Jahrhunderte zuvor, zu Beginn der Mandschu-Herrschaft, aus berühmten Gärten Suzhous nach Peking gebracht worden waren. Im 11. Jahrhundert erschien für die Steinsammler ein »Katalog des bewölkten Waldes von Tu-Wan«, der alle wichtigen Steine und ihre Besitzer benannte. Die Berkeley-Universität hat diesen Katalog 1961 nachgedruckt. Dieser illustrierte »Katalog« war von den ersten Künstlern des Landes gemalt und gedruckt worden.

Der Song-Kaiser Huizong (1105—1125) hat bis heute einen vorzüglichen Namen als Blumenmaler. Unsterblichen Ruhm erwarb er sich jedoch als der berühmteste Steinsammler aller Zeiten. Seine Sammelleidenschaft ließ es nicht mit Bildern und Bronzen genug sein, sondern bezog erstmals die großen Gartensteine in solchem Umfang ein, daß durch die Steintransporte für den kaiserlichen Garten Gen Yu die Kanäle rund um die Hauptstadt Kaifeng zeitweise für den übrigen Handelsverkehr blockiert wurden.

Noch 600 Jahre später hatte dieser Garten einen solchen Ruf, daß Kaiser Chenglung (Qianlong) im Beihai-Park in Peking versuchte, den Gen Yu mit Originalsteinen aus Kaifeng nachzubauen. Um seine Kunst als Kalligraph, in der auch Huizong sein Vorbild war, ein weiteres Mal zu dokumentieren, entwarf Chenglung eine Steinstele, die an die Verlegung des Gartens erinnert und die, mit den Resten der Anlage, noch heute im Beihai-Park eine beliebte Fotostaffage für chinesische Touristen ist.

Das Gedicht des Kaisers Chenglung beginnt:

»Erhabene Steine wurden von dem Garten Gen Yu hierher versetzt.
Viele Gedanken wandern, wenn man die Spuren von tausend Jahren betrachtet.
Über den Abgrund neigen sich Schlangenhautkiefern grün und üppig.
Wie ein Phönixschwanz tanzen frische Bambusblätter im Fensterrahmen.
Wer kann sich vor der Freude an diesem wundervollen Ausblick schützen?«

Doch die Steine, die im 18. Jahrhundert aus dem Gen Yu nach Peking transportiert wurden, waren so zahlreich, daß man sie gar nicht alle im Beihai-Park aufstellen konnte, so daß viele Steine, auf welche Weise auch immer, in und um Peking verteilt wurden.

Huizong, der Kaiser der südlichen Song-Dynastie, sandte einen speziellen Aufkäufer Zhu Mian in die subtropischen Teile des Landes, um seltene Pflanzen, Bäume und Steine für den kaiserlichen Garten Gen Yu zu beschaffen. Wo er auftauchte, mußte die Bevölkerung für ihn arbeiten. Bei genauerer Betrachtung erwies sich jedoch Zhu Mian als zu enthusiastisch — zahlreiche Dinge, die er für den kaiserlichen Gärten requiriert hatte, fanden sich dann in seinem eigenen Garten in Zhejiang wieder. Dieser Garten Lü Shui Yuan — Garten des grünen Wassers — war angefüllt mit Köstlichkeiten, die einem Kaiser wahrhaft zur Ehre gereicht hätten. Er zahlte mit seinem Kopf für seine Leidenschaft, seine Familie wurde entehrt und vertrieben und das gesamte Garteninventar (von den übrigen Kunstschätzen spricht der Bericht nicht) zog um in den kaiserlichen Park Gen Yu.

Fast allen Chinesen leuchten die Augen, wenn sie von der Song-Epoche sprechen, obwohl politisch gesehen das Land geteilt, von vielerlei Schwierigkeiten geschüttelt und von außen bedroht war. Dennoch steigerten sich innerer und äußerer Reichtum auf das Glücklichste.

Buddhismus wie Taoismus, aus seiner Tradition heraus im besonderen Maße der Taoismus, pflegten eine mystische Naturverehrung, die sich in den Gärten widerspiegelte. Trotzdem brachte für einige gerade der wachsende Reichtum die Gefahr, daß er ein Maß der Sammelleidenschaft ermöglichte, das die Symbolformen der Gärten zum Teil in das rein Dekorative wandelte.

Allgemein war man sich seiner großen Tradition bewußt, aber genau wie der junge Drache »voll spannungsvoller Ruhe, bereit zum Frühlingsbeginn«. Es war eine Zeit der einfallsreichen Vervollkommnung des bereits erworbenen Wissens und Könnens. Die Kunst, auch die Gartenkunst, war eine Kunst der Gebildeten, die eingeweiht genug waren, auch den unausgesprochen bleibenden Hintergrund zu verstehen. So sagen bereits die Zeitgenossen, daß die Möglichkeit des Verstehens dieser Gärten abhängig ist von dem Bildungsstand des Betrachters.

Denn aus der Erkenntnis, daß nichts, auch nicht das kleinste Ereignis, das geschieht, ohne Bedeutung ist, hatte sich eine Ikonographie entwickelt, in der alles eine symbolische Aussagekraft hatte. Der Wunsch nach der Ausdeutung der Symbolkräfte steht bereits ganz am Anfang der chinesischen Kunst, ja aus ihr formte sie sich, wie es an den erhaltenen Bronzen der Shang- und Zhou-Zeit deutlich wird.

Die Verfeinerung der Song-Epoche erwuchs aus einer allgemeinen Intellektualisierung der Oberschicht, die körperliche Tätigkeit, Kampf und Sport verachtete, ein Söldnerheer aus den untersten Bevölkerungskreisen rekrutierte und sich selbst den Genüssen der Literatur, Kalligraphie, Malerei und der Gartenkunst hingab.

Der Staatsrat, der nach seinem Bildungsstand ausgewählt wurde, ließ sich von allen Seiten, auch aus dem Volk, beraten, bevor er seine Entschlüsse faßte. Der Staat war ein Staat der Mandarine, die ihre Aufgaben mit Klugheit und Weisheit ausfüllen sollten. Einige Teile der Führungsschicht und auch die Bauern entwickelten ein Ideengut, das manche Sinologen als »sozialistisch« bezeichnen.

Behindert wurde die Kontinuität der Mandarin-Gärten durch die Verordnung, daß die hohen Beamten nie länger als drei oder vier Jahre auf demselben Posten verbleiben durften. So ist das Bekenntnis des Bai Juyi in seinem Tang-Gedicht Dao Zhi zu verstehen:

»Seit meiner Jugend habe ich in den verschiedensten Lebensumständen gelebt, manchmal in Hütten, manchmal in eleganten Behausungen. Aber wo ich auch lebte, auch wenn es nur für eine kurze Zeit war, habe ich eine Terrasse gebaut, Steine gesetzt und einen Teich gegraben, denn meine Leidenschaft für einen Garten mit Wasser und Bergen war unzerstörbar.«

Die Mandarine, und zwar sowohl die militärischen wie auch die Zivilmandarine, brauchten keine Steuern zu zahlen, deren Last ausschließlich von Bauern und Kleinbauern getragen werden mußte. So blieben ihnen ausreichende finanzielle Mittel für die Anlage und Pflege großer Gärten. Im ganzen Land blühten

Der Pavillon im See
In leichter Gondel fahre ich dem teuren Gast entgegen
Weit, weit dort draußen kommt er übern See ...
Auf der Veranda sitzen wir mit einem Krug voll Wein,
Während sich ringsumher die Lotusblüten öffnen.
Wang Wei

Städte auf, in denen sich industrialisiertes Handwerk, Handel und Verwaltung konzentrierten. Die zahlreiche Dienerschaft der Reichen nahm auf ihre Weise teil am Leben und Vermögen der führenden Familien.

Durch die Verteilung des Reichtums auch in bürgerliche Handelskreise, Kleinindustrie und Großbauerntum, wurde die Basis des Bedarfs an Luxusgütern (zu denen auch die Gärten zu zählen sind) sehr verbreitert. Zuvor waren Hof und Adelsschicht fast die Abnehmer gewesen. Die Kunsthandwerker, zu denen in China auch die Gärtner zählten, standen in solcher Abhängigkeit zu ihnen, daß dies fast einer Leibeigenschaft gleichkam. Sie durften nur für ihren Herrn arbeiten.

Doch es war auch eine Zeit, die gerne sammelte, sowohl die Dinge wie das Wissen, aber nur das Letztere gerne und auf breiter Basis weitergab. Es entstanden die ersten großen Pflanzenmonographien über Pilze, Bambus, Chrysanthemen, Paeonien und Obstbäume. Das erste große Architekturwerk, das erhalten blieb, das Yingzhao Fashi des Architekten Li Jie, wurde reich illustriert gedruckt. Er baute in Kaifeng Tempel und offizielle Gebäude. Leider enthält das Buch nach meiner Information keine Gartenbilder.

Das Interesse für Archäologie, das in dieser Zeit aufkam, führte die Menschen zu den Resten der Gärten des Kaisers Wudi in Chang'an, die damals bereits mehr als eintausend Jahre alt waren. Man konnte noch außerhalb der Stadt Chang'an zehn künstliche Hügel besichtigen, jeder über dreißig Fuß (ca. 10 m) hoch, die einst Pavillons trugen und mit dem Stadtpalast durch Brücken verbunden gewesen waren. Die Erkenntnis der bereits in dieser Epoche weit zurückliegenden Gartentradition muß den Ehrgeiz und die Phantasie der Gartengestalter befeuert haben.

Sima Guang (Hsi Ma Kuang), der ein großer Staatsmann und Literat des 11. Jahrhunderts war, galt späteren Zeiten als ein »Wohltäter seines Jahrhunderts durch Weisheit, Wohlwollen und Milde«. Offenbar schrieb er gerne, denn außer einem umfangreichen historischen Werk hinterließ er auch eine äußerst genaue Schilderung seines Landsitzes:

». . . Der kleine Vogel im Wald benötigt nur einen Zweig für sein Nest, der Tapir trinkt nicht mehr vom Fluß, als nötig, seinen Durst zu stillen. Jedermann nimmt, was erforderlich und ist dann zufrieden. In dieser Weise fand auch ich stupider alter Mann meine Freude. Im Jahre 1071 ließ ich mich in Luoyang nieder und in den sechs folgenden Jahren kaufte ich 20 Mu im Norden von Zunxian mit dem Entschluß, es in einen Garten zu verwandeln. In die Mitte baute ich eine Bibliothek für fünftausend Bände. Südlich davon ein weiteres Gebäude, inmitten eines Sees, der drei Chi (ca. 1 m) tief war und sich in fünf Ströme teilte, geformt wie eine Tigerpranke. Am Rande des ersten Baches, der in Kaskaden herabfällt, erhebt sich ein steiler Fels, dessen Gipfel, gekrümmt und vorne überhängend wie der Rüssel eines Elefanten, einen luftigen, offenen Pavillon trägt, damit man sich darin erfrischen kann. Der zweite Arm teilt sich nach wenigen Schritten in zwei Kanäle, welche sich um eine Galerie schlängeln, die von einer doppelten Terrasse begrenzt ist. Der östliche Arm fließt gegen Nord zurück, auf den Bogen einer isolierten Säulenhalle zu, danach bildet er eine Insel, 3 Zhang (ca. 9 m) im Umfang, in der Form eines Jadestückes. Ein Teil ist mit Bambus bepflanzt, der andere ist mit einer Hütte aus Stroh und Schilf geschmückt, wie die der Angler. Die beiden anderen Arme scheinen sich abwechselnd zu fliehen und zu suchen, indem sie der Neigung einer mit Bambus geschmückten Wiese folgen, die sie frischhalten.

Der Grund östlich des Sees ist in einhundertzwanzig schmale, rechteckige Beete eingeteilt, auf denen Medizinpflanzen wachsen, alle mit Etiketten versehen! Im Norden dieses Kräutergartens ist Bambus zu einem Quadrat gepflanzt, jede Seite ein Zhang lang. Bindet man die Spitzen der Bambussprossen zusammen, so hat man eine Hütte. Von hier weg führt eine Pergola aus Bambusstangen, die mit Kletterpflanzen überwachsen ist. Ganz besondere Medizinkräuter schließen die andere Seite ab. Dieser Punkt heißt der Medizingarten. Südlich davon sind sechs Einfriedigungen für Stauden- und Strauchpaeonien und viele andere Blumenarten, aber jede Spezies ist nur mit zwei Pflanzen vertreten, um Form und Name deutlich zu machen. Im Norden dieses Gartenteiles ist ein gedeckter Sitzplatz, die Blumen zu genießen (Qiao Hua Ting). Die Stadt Luoyang liegt nicht fern von den Bergen, aber man kann diese nicht sehen, da die Laubbäume bereits hoch gewachsen sind. So baute ich in meinem Garten eine Terrasse mit einem Pavillon, damit ich den Wan'an, Huan Yuan und weit entfernt die Faishi-Berge sehen kann. Dieser Platz heißt »Versenkung in die Berge«, Qian Shan Tai.

Ich verbringe viel Zeit in der Bibliothek, wo die großen Meister mich lehren und ihr Wissen mir Gesellschaft leistet. Wenn ich müde werde, gehe ich meinen Weg und fische oder sammle Heilkräuter in meinem langen Mantel oder ziehe kleine Kanäle, den Blumen Wasser zu geben oder schlage mit einer Axt Bambus. Ich wasche meinen Kopf, spüle die Hände und ersteige eine Höhe, die mir einen weiten Blick freigibt. Der Mond steht oft klar am Himmel und der Wind bringt Kühle. Ich kann wählen, zu schlendern oder zu rasten. Ohren, Augen, Lungen und Inneres sind vollkommen mein eigen und ich verlasse mich ausschließlich auf mich selbst. Ich kenne keine größere Freude zwischen Himmel und Erde, daher nannte ich meinen Garten Du Le Yuan, Garten zu meinem eigenen Vergnügen.«

So schön und vollkommen plastisch sich diese Gartenbeschreibung in seinem Buch Du Le Yuan liest, so sehr sie fast 1000 Jahre Leitbild chinesischer Gartenarchitekten war, sie ist entweder eine Fälschung oder zumindest nicht von ihm persönlich verfaßt. Bei einem Symposium im Herbst 1980 mit verschiedenen Professoren der Peking-Universität, Abteilung für Garten- und Landschaftsarchitektur, erklärte mir Professor Sun Xiaoxiang: »Sima Guang war Politiker, nicht Gärtner. Der Garten diente ihm als Treffpunkt für politische Gespräche. Man sagt, daß man den Garten in 20 Minuten durchwandern konnte, aber daß er ihn in den 20 Jahren, in denen er in ihm lebte, niemals ganz gesehen hat.«

DIE GÄRTEN DER YUAN-ZEIT — MONGOLISCHE EROBERER UND MARCO POLO

Dschingis Khan zog nicht nach Peking, um vor seinen Mauern Halt zu machen — doch es gelang ihm nicht, sie zu überwinden. Er hat sich vor Peking, das von den Jin regiert wurde, lange in der für die mongolischen Reiter nicht typischen Belagerungskunst geübt und mußte zweimal aufgeben. Gewiß war dies hart für diesen brutalen, aber genialen Eroberer, auf seinem Hengst entlang den Stadtmauern zu reiten, sie zu inspizieren, aber nicht überwinden zu können. Erst seinem Nachfolger Kublai Khan gelang die Einnahme. In diplomatischen Verhandlungen erreichte er von den südlichen Song-Herrschern die Genehmigung, mit seinen Truppen durch ihr Land marschieren zu dürfen und er konnte, von Süden kommend, Peking erobern. Kublai Khan machte es unter dem Namen Kambaluh zu seiner Hauptstadt. Er hatte bei dem Durchzug durch das Südreich genug gesehen, um die Sorglosigkeit, mit der man hier sein

*Folgende Seiten:
Beihai Park, Peking in seiner heutigen Gestalt, im Vordergrund links die kleine runde Stadt mit der berühmten Pinus bungeana*

GESCHICHTE DER GÄRTEN CHINAS

GESCHICHTE DER GÄRTEN CHINAS

Leben genoß, nicht als die große Chance zur Okkupation auch dieses Landesteiles zu nutzen und China unter seiner Herrschaft wieder zu vereinen.

Gleich seinen Vorgängern und Nachfolgern aus den Steppenvölkern hatte er bald keinen anderen Ehrgeiz, als chinesischer zu sein als die Chinesen. Er kopierte ihre Sitten und Trachten, ihre Paläste — und vor allem ihre Gartenleidenschaft. Der Beihai-Park von Peking, den die Jin begannen, wurde durch ihn in hervorragender Weise ab 1274 ausgebaut.

Die westliche Welt erfuhr zum erstenmal durch Marco Polo von den für sie unvorstellbar großen und phantastischen Gärten. Er berichtet, mit welcher Begeisterung der Herrscher auf seinen Reisen besonders schönen Bäumen begegnete, sie ausgraben ließ und auf eigens dafür hergestellten Transportfahrzeugen in den Beihai-Park brachte, damit der große künstliche Hügel das ganze Jahr grün sei. So nannte man ihn den grünen Berg. Auf raffinierte Weise hatten die Baumeister auch die Farbe des Palastes, der den künstlichen Berg krönte, in Grün gehalten, sowohl innen wie außen, damit er den Namen Grüner Hügel wahrhaft verdiene. In dem See, der den Grund füllte, aus dem der Hügel aufgeschüttet war, schwammen in großer Anzahl Fische, durch bronzene Gitter gehindert, den See durch den Zu- oder Abfluß des Wassers zu verlassen.

Besonders beeindruckt war Marco Polo von den gepflasterten, rund aufgewölbten Fußwegen, von denen Regen abfloß, so daß man keine schmutzigen Schuhe bekam — und das Wasser kam den umstehenden Pflanzen zugute.

Auf einer jetzt verlandeten Insel entstand die bis heute erhaltene kleine runde Stadt — Bild einer Miniaturgemeinde — mit hochgegürteten Mauern, Häusern und Gärten. Dort stehen, vermutlich noch aus der Zeit des Kublai Khan, die beiden herrlichen Exemplare der Kiefern *Pinus bungeana* und *Pinus tabuliformis*. Am Eingang ein riesiger Jadekessel, den unterworfene Völker ihm zum Geschenk machten.

Dieser gesamte Park ist in seiner Grundtendenz sehr chinesisch, nichts in ihm erinnert an Steppennomaden. War Kublai Khan bereits in seinem Wissensstand so weit davon entfernt, oder war er klug genug, seinen chinesischen Beratern weitgehend freie Hand zu lassen? Der leitende und planende Architekt der gesamten Park- und Palastanlage war allerdings ein Mohammedaner.

In der Monumentalität seiner Ansprüche hielt Kublai Khan Schritt mit den alten Kaisern der Han-, Tang- und Song-Zeit. Die riesigen Paläste, die er in Peking schaffen ließ, waren wahrhaft repräsentativ für einen Mann, der sich als Weltherrscher fühlte — wenn auch die einzelnen Gebäude immer auf ein menschliches Maß reduziert blieben. Innerhalb der großen Anlagen waren separierte intime Gartenräume, auf der einen Seite die Weite des Blickes über eine fast unendliche Seefläche, auf der anderen Seite Abschließung und Möglichkeit zu Stille und Meditation.

Die Mongolen hatten sich das alte chinesische Wort »man erobert die Welt auf dem Pferderücken, aber man kann sie nicht vom Pferderücken aus regieren« als Richtschnur genommen und auf das System der chinesischen Verwaltung zurückgegriffen, lediglich die Leitung der höchsten Verwaltungsstellen übertrugen sie Mohammedanern. Es wäre grundfalsch, anzunehmen, daß die mongolischen Reiter ihre Brutalität sofort verloren hätten, nachdem sie von den Pferderücken gestiegen waren. Sie beuteten das chinesische Reich mit der gleichen kaltblütigen Machtentfaltung aus, mit der sie es zuvor erobert hatten. Han-Chinesen, vor allem die im südlichen Song-

Reich beheimateten, dem Zentrum aller Kultur und des gepflegten Geisteslebens, die sie einerseits ständig versuchten zu kopieren, waren für die Mongolen andererseits Menschen zweiter Klasse. Das Volk und der Mittelstand verarmten schneller als die Reichen, die leichter kollaborierten. Von fast allen großen Gärten der Tang- und Song-Zeit blieb nichts mehr als ihre Geschichte, als einziger, vor der Jahrtausendwende entstandener Privatgarten ist mir in Suzhou der Garten der dunkelgrünen Welle bekannt. Er war Sommersitz von Sun Chengyou, einem Beamten des Staates Wu-Yue. Dieser Garten, der in seiner Größe und in seinem Bestand immer wieder dezimiert wurde, weist trotzdem heute noch eine ganz überraschende Ähnlichkeit mit alten Bildern auf, die von ihm gemalt wurden.

Die berühmten Kaisergärten von Hangzhou fand auch Marco Polo schon verfallen und fast zerstört, aber gerade dieser wohl etwas morbide Anblick beflügelte seine Phantasie, die ihm so reichlich das Mißtrauen seiner Zeitgenossen eintrug. Er nannte diese Stadt des Sees, der Pagoden und Seidenbrokate die feinste und nobelste Stadt der Welt, ein irdisches Paradies. Der von dieser Stadt und ihrer Lage ausgehenden Bezauberung, der sich auch heute noch kaum ein Besucher verschließen kann, ist Marco Polo offenbar vollkommen erlegen.

»Rings um den See«, schreibt Marco Polo, »sind die schönsten Häuser und Paläste errichtet, von ausgesuchter Bauart, den Vornehmen der Stadt gehörig, auch Heidentempel sind viele an den Ufern. In der Mitte des Sees sind zwei Inseln, auf jeder steht ein reiches, schönes Gebäude, das eines Kaisers würdig wäre. Wenn einer der Städter ein Fest geben will, so tut er das in einem der Paläste. Und alles nötige Silbergeschirr, Teller usw. findet er dort.

Zahllose Boote sind auf dem See für alle Arten von Vergnügungsfahrten ... und wahrlich eine Fahrt auf diesem See gehört zu den größten Erholungen, die man finden kann. Auf der einen Seite liegt die Stadt mit ihrer ganzen Ausdehnung, so daß die Leute in ihren Barken von ferne den vollen Anblick ihrer Schönheit haben, mit den zahllosen Palästen, Tempeln, Klöstern und Gärten mit hohen Bäumen, die sich an die Ufer herabsenken.«

Der verfallende Kaiserpalast mit seinen Gärten war in der Stadt selbst. Marco Polos Führer gaben ihm offenbar in bildhafter Sprache Erläuterungen über die einstige Schönheit und Vollkommenheit dieser Anlage. So berichtet er davon:

»Der andere Teil des eingefriedeten Grundstückes war bedeckt mit Schluchten und Seen, wundervollen Gartenpflanzen und Fruchtbäumen und behütete viele Tierarten. Hier erging sich der Herrscher in Heiterkeit mit seinen jungen Damen ... Manchmal ließ der König im Spiel die Mädchen mit Hunden um die Wette laufen und wenn sie müde waren, dann ging man in die Grotten am See, die Mädchen entledigten sich der Kleider und kamen vollkommen nackt, um in das Wasser zu gehen. Sie schwammen hin und her, während der Herrscher versuchte, sie zu fangen, dann gingen alle heim. Manchmal ließ man das Essen in einer Grotte servieren, welche von hohen Bäumen beschattet war, und die jungen Damen bedienten ihn.«

Kaum jemand in Europa wollte diese Berichte glauben, und doch fraßen sie sich fest in den Gedanken mancher Abenteurer, Händler, Schiffskapitäne. China begann, nach eintausendjähriger Abschließung, für Europa wieder interessant zu werden.

DIE GÄRTEN DER MING-ZEIT

Nach der chinesischen Regel, daß der äußerste Druck die größte Kraftentfaltung nach sich zieht,

Folgende Seiten:
Westsee
bei Hangzhou

begann der Aufstand gegen die mongolischen Herrscher Mitte des 14. Jahrhunderts in den südlichen Provinzen. Er wurde vor allem von den einfachen Bauern getragen, während sich die Intelligenz ihm erst nachträglich anschloß.

1368 ließ sich einer der Führer der aufständischen Bauern Zhu Yuanzhang unter dem Namen Hongwu, das heißt großartiger Militärführer, zum Kaiser der neugegründeten großen Ming-(großes Licht)Dynastie ausrufen. Sein Vater war ein wandernder Landarbeiter und seine Mutter die Tochter eines Hexenmeisters. Zum erstenmal in der chinesischen Geschichte hatte ein Angehöriger der untersten Volksschichten den Kaiserthron errungen. In einer verblüffenden Form war dieser Kaiser zugleich weitsichtig und engherzig. Er erkannte, daß eine grundlegende Besserung nur durch eine rasche Rekultivierung der verwahrlosten Böden, eine durchgreifende Aufforstung und ein weitgehend gerechtes Steuersystem möglich sei. Eine Rekultivierung setzte eine Reparatur und Neuschaffung von Bewässerungs- und Flußregulierungskanälen voraus. Allein im Jahre 1395 (drei Jahre vor dem Ende der Regierungszeit des Hongwu) wurden in China 40 987 Wasserreservoire neu gebaut oder ausgebessert. So konnten innerhalb weniger Jahre nach der Vertreibung der Mongolen sich die Getreidesteuern verfünffachen.

Am erstaunlichsten liest sich jedoch für einen auf seine geregelte Forstwirtschaft so stolzen Deutschen der Bericht des Forstministeriums des Kaisers Hongwu.

1391 wurden im Gebiet der Metropole Nanking über 50 Millionen *Sterkulien* (ein Malvenbaum), Palmen und Lackbäume gepflanzt, mit dem ausgesprochenen Ziel, daraus später eine Hochseeflotte zu bauen. Diesen Plan hat man gut fünfzig Jahre danach tatsächlich verwirklicht.

1392 verpflichtete ein kaiserliches Dekret in den Kolonisationsgebieten von Anhui jede Familie, 200 Maulbeerbäume, 200 Brustbeerbäume und 200 Dattelpflaumen anzupflanzen. Unter Verzicht auf die Datteln wurde dieser Erlaß zwei Jahre später auf ganz China ausgedehnt. Das bedeutete, daß in dem Jahre 1396 z. B. in den heutigen Provinzen Hunan und Hubei etwa 84 Millionen Obstbäume gepflanzt wurden. Man schätzt, daß in der Ära dieses baumliebenden Kaisers die Bauern etwa 1 Milliarde Bäume in China aufforsteten.

Der Bauernsohn Hongwu hatte erkannt, daß die Dauerhaftigkeit eines Wohlstandes für China nur über eine funktionierende Agrarwirtschaft zu erzielen sei. Was Chinas Ruf in der Welt begründet hatte, sein Handel mit Seidenerzeugnissen (einer Nebenproduktion der Agrarwirtschaft), Kunsthandwerk und technischen Geräten konnte das Riesenvolk auf die Dauer nicht satt machen.

Eine andere Seite seines Wesens war sein ängstliches Mißtrauen, sowohl den alten Kampfgefährten wie den Intellektuellen gegenüber, deren Unterstützung er für seine hochfliegenden Pläne dringend benötigte. Seine gefährlichste Gründung war die »Garde mit den Brokatkleidern« (ein innenpolitischer Spitzeldienst), die sich bald als bestechlich erwies und von Eunuchen beherrscht wurde.

Diese ohne Zweifel bedeutende Kaisergestalt Chinas, die am Beginn einer wichtigen Epoche des Landes steht, scheint westlichen Betrachtern zu den Menschen zu gehören, die Maos Vorbild waren. Fragt man 1980, zwei Jahre nach dem Sturz von Maos Witwe, Chinesen, was sie zu diesem Thema denken, so bekommt man die verschmitzte Antwort: »Es gibt einen entscheidenden Unterschied, Hongwu erließ ein Gesetz, das seinen Frauen und Konkubinen jede Einmischung in die Regierungsgeschäfte verbot.«

Glück erhebt sich aus Unglück,
und Unglück ist bereits im Glück verborgen.
Lao Dse

Vom Bauerntum getragener Wohlstand ermöglichte in einer zweiten Phase auch eine Neuorientierung der alten Werkstätten aller Zweige des Kunsthandwerks. Überall in den städtischen Zentren müssen neue Gärten entstanden sein. Die heute alten Gärten von Suzhou, Nanking, Shanghai und Kunming führen sich auf die Ming-Dynastie zurück. Die Malerei der Blumen und Schmetterlinge erlebte einen neuen Höhepunkt, die berühmtesten Gärten waren den Zentren der Malerei unmittelbar benachbart. Neben zahlreichen bedeutenden Pflanzenmonographien über Paeonien, Chrysanthemen und Orchideen entstanden Lehrbücher der Gartenkunst. Das im Westen am meisten bekannte, das Yuan Ye, wird auch in China hoch bewertet. Alte Gartenbücher wurden nachgedruckt, wie man auch die Bilder der großen Maler der früheren Zeiten kopierte.

Das ganze Lebensgefühl dieser Epoche schien mir schon immer unserem Barock verwandt; zeitlich beginnt es etwa zweihundert Jahre früher. Auch Größe und Pracht der Gärten werden von diesem Zeitgeist geprägt. Doch gerade aus dem ausgehenden 14. Jahrhundert stammen auch die Stimmen, die vor zu großer Prächtigkeit der Gärten warnen. (Wie dies 1600 Jahre zuvor schon Lü Buwei getan hatte.) Die zu große Pracht verstelle den Blick auf das Eigentliche. Tatsächlich scheint in der Ming-Zeit — ebenso wie die Nation sich mit ihrer Vormachtstellung zur See, den Eroberungen entfernter Nomadenzonen und bei der Befestigung ihrer Steppengrenzen nach außen wandte — auch der chinesische Mensch sich unter dem gefestigten Wohlstand mehr veräußerlicht zu haben.

So wie die Maler die alten Meister kopierten, dürften auch die zahlreich neu entstandenen Gärten dieser Jahre letztlich nichts anderes gewesen sein als eine Kopie der früheren, vergangenen Gärten.

Die Gartenarchitekten, die sich als selbständiger Berufszweig damals von den Malern abspalteten (wie auch die ersten »Berufsmaler« aufkamen, die nicht als Gelehrte die Malerei nur zur Entspannung pflegten), hatten große Aufgaben zu bewältigen. Neben den zahlreichen Gärten, die für reiche Familienverbände zu gestalten waren, brachte auch die Verlegung der Hauptstadt von Nanking nach Peking und der Bau der dort noch heute zu sehenden gewaltigen Palast- und Gartenanlagen der Verbotenen Stadt wichtige Aufträge und die Möglichkeit, seinen Einfallsreichtum und sein Können zu dokumentieren. Damals wurden alle die *Thuja orientalis*-Bäume im strengen Waldgeviert um den Himmelstempel gepflanzt, die Anlagen des kaiserlichen Blumengartens in der Verbotenen Stadt entstanden.

Was die Mongolenherrscher an Parkanlagen, z. B. den Beihai-Park, hinterlassen hatten, wurde gründlich verändert und erweitert.

Die Ming-Ära war zu ihrem Beginn vielleicht von einer gewissen Stagnation gekennzeichnet, von einem Rekapitulieren der intellektuellen Leistung früherer Epochen. Sie war gezwungen, ihre ganze Kraft auf die Wiederherstellung menschenwürdiger Lebensumstände für das gesamte Volk zu konzentrieren, und das bedeutete zunächst eine etwas einseitige Förderung der Land- und Forstwirtschaft. Die Gegenbewegung kam im letzten Drittel der Regierungszeit der Herrscher des Großen Lichts. Wanli (1573—1620) öffnete das Reich jesuitischen Missionaren, um von dem technischen und geistigen Wissen der damaligen westlichen Welt zu profitieren. Wanli ist jener Ming-Kaiser, dessen 1959 geöffnetes Grab den Reisenden nordwestlich von Peking gezeigt wird.

Der Jesuitenorden hoffte, China zum Christentum zu bekehren, tatsächlich aber wurden fast alle Missionare Bewunderer des Reiches der Mitte. Nur Pater Matteo Ricci beeindruckte die Chinesen so nachhaltig, daß sie ihn zum Heiligen der Uhrmacher erhoben. Durch Briefe der Jesuiten erfuhr Europa erstaunliche Neuigkeiten aus China, von seiner Kunst, seinen Menschen, seinen Gärten. Diese Begegnung zweier Welten veränderte zunächst die chinesische kaum tiefergreifend — wohl aber die europäische Denkungsart und wirkt bis in unsere Zeit fort. So erfuhren die Deutschen Leibniz und Hegel durch die Jesuiten vieles von der chinesischen Philosophie. Beide hielten Vorlesungen darüber und wurden von dem chinesischen Prinzip des Yin-Yang zumindest beeinflußt — wofür Hegel als Vater des dialektischen Prinzips noch heute in China bewundert wird und neben Marx und Lenin als einziger Nicht-Chinese die Amtsstuben ziert. Auf jeden Fall hat dieser Re-Import chinesischen Gedankengutes die chinesische Welt dann tiefgreifender und nachhaltiger verändert, als es das Christentum jesuitischer Prägung jemals vermochte.

Keiner der damals Beteiligten hat diese Entwicklung geahnt, gewollt oder gefördert. Aber es wurden Kräfte in Gang gesetzt, die sich verselbständigten. Zunächst ging es um den Austausch von Kunst und Wissenschaft.

DIE GÄRTEN DES LETZTEN KAISERREICHES

Das Ende der Ming-Dynastie kündigte sich durch zahlreiche Bauernaufstände, Piratenüberfälle an den Küsten und Hofintrigen, vor allem der Eunuchen, an.

Nach dem chinesischen Motto, daß ein von inneren Kämpfen geschütteltes Reich am leichtesten von außen zu erobern ist, griff der im Norden reich und stark gewordene Dschurdschen-Stamm, der sich später Mandschu nannte, China an und eroberte es in verhältnismäßig kurzer Zeit zu Beginn des 17. Jahrhunderts.

Als eine der Quellen des Reichtums der Mandschus, der sie zu so großen Feldzügen fähig machte, gilt übrigens der Anbau von Ginseng, der nirgends in so hoher Qualität wachsen soll wie in der Mandschurei. Die in der Mitte des 17. Jahrhunderts nahezu abgeschlossene Eroberung des Landes war mit äußerster Grausamkeit vor sich gegangen. 1645 wurde ein Gesetz erlassen, das allen Chinesen das Tragen eines Zopfes zur Pflicht machte — wollte man nicht mit dem Tode bestraft werden. Zumindest in den ersten Phasen wurden die Bauern enteignet und als Sklaven behandelt und gehandelt.

Das Verhältnis von Angriff und Widerstand konsolidierte sich erst unter den drei bedeutenden Mandschu-Kaisern Kangxi (1662—1722), Yongzheng (1723—1735) und Chenglung (Qianlong) (1736—1796). Allen Liebhabern vorzüglicher Porzellane wie den Freunden schöner Gärten sind diese Namen wohl vertraut. Aber auch den Kennern der Jesuiten-Mission in China bedeuten sie die wichtigste Epoche — Höhepunkt und Ende.

Hatten die ersten Mandschu-Kaiser ihre Paläste und Gärten in Shenyang errichtet, das sie unter dem Namen Mukden zu ihrer Hauptstadt machten, so verlegte Kangxi diese nach Peking. Er begann in den »duftenden Westbergen« mit dem Bau eines Sommerpalastes. Beamte und Eunuchen hatten schon lange ihre Sommersitze dort. Am berühmtesten wurden die Gärten des Qing Hua Yuan und der Shao Yuan, die heute in die Peking-Universität integriert sind. Mönche folgten mit Klöstern und Tempeln.

Doch der Bau der ganz großen Parks dieses Gebietes begann erst unter dem Kaiser Kangxi, wurde von seinem Sohn Yongzheng fortgesetzt und unter dem Enkel Chenglung vollendet. Alle drei Herrscher

GESCHICHTE DER GÄRTEN CHINAS

Grabanlage des 1. Kaisers der Mandschu-Dynastie in Shenyang, der eigentliche Tumulus liegt als runde Sonnenform in dem Grundriß eines Halbmondes

waren der seltene Typ des hochgebildeten, intelligenten, musisch begabten Despoten. Sie versuchten, im Unterschied zu der Eroberergeneration, ihre Regierung mit hohen ethischen Grundsätzen zu untermauern, das Land milde zu besteuern (ein Grundsatz, den erst Chenglung in seiner zweiten Lebenshälfte durchbrach) und Handwerk und Künste zu fördern. Damit erreichten sie, daß das 18. Jahrhundert in China eine Zeit ganz ungewöhnlichen Wohlstands war und der Lebensstandard der Gesamtbevölkerung weit über dem der europäischen lag. Auch die Naturwissenschaft war der europäischen voraus. Eine Tatsache, die sich im 19. und 20. Jahrhundert radikal, nicht zuletzt durch die Opium-Kriege, veränderte.

Diese drei Kaiser bauten aber nicht nur die Gärten des Sommerpalastes in Peking, sondern zugleich eine sehr umfangreiche Garten- und Palastanlage in Chengde, in der ehemaligen Provinz Jehol (jetzt Hebei). Aus politischen Gründen, vor allem um seine Regierung zu festigen, führten Kaiser Kangxi sechs Reisen in den Süden seines Landes. Er sah die berühmten Gärten und brachte von dort nicht nur zahlreiche Anregungen, sondern auch Steine und Pflanzen in den Norden. Der Enkel Chenglung, dem Kangxi vor allem in seiner Jugend das große, nachahmenswerte Vorbild war, reiste ebenfalls sechsmal in den Süden, offiziell um die Dammbauten zu inspizieren. In Wirklichkeit liebte er die Zusammenkünfte und anregenden Gespräche mit den künstlerischen Gelehrten dieses Landesteils, ihre Gärten und ihre Bilder. Zur Information des Herrschers und des Hofes entstanden, gewissermaßen als Reiseführer, die berühmten Bildalben zu den Südreisen des Kaisers Chenglung, die von ersten Künstlern des Landes gemalt und dann als Farbholzschnitte gedruckt wurden. Die Besuche Chenglungs haben in vielen Gärten des Gebietes von Hangzhou, Wuxi und Suzhou Spuren hinterlassen, denen man heute noch begegnet, aber sie haben vor allem die Gestaltung der Sommerpalastgärten und die riesigen Anlagen von Chengde entscheidend beeinflußt. In Chengde wurden zahlreiche der »Gärten im Garten«, die nach den Suzhou-Gärten kopiert waren, während des Bürgerkrieges zerstört. Nur der Garten der kaiserlichen Bibliothek ist noch ein deutliches Beispiel.

Dem strengen, kühleren Norden ein Flair des heiteren Südens zu geben, war schon Jahrhunderte zuvor ein erklärtes Lieblingsziel der Pekinger gewesen. Gerade in dem Gebiet, das später die drei kaiserlichen Lustgärten, die Sommerpaläste, aufnahm, hatte man in der Ming-Dynastie Reisfelder angelegt und im Krugbergsee, dem kleinen Vorläufer des Kunming-Sees, den Lotos gepflanzt. Da der Krugbergsee im Westen der Stadt lag, nannten die Pekinger Bürger ihn liebevoll »Westsee« und fühlten sich bei seinem Besuch in Hangzhou.

In der Nähe baute Kangxi in der ersten Dekade des 18. Jahrhunderts zunächst den »Garten des fröhlichen Frühlings«, den Chang Chun Yuan, auf den Resten des zerstörten Ming-Gartens Qing Hua Yuan. Dieser Park wurde seine bevorzugte Residenz. Es war eine sehr ausgedehnte Anlage, die der Kaiser für seine umfangreiche Familie (allein 45 Söhne wuchsen ihm heran) voll beanspruchte. In seinem Testament sagt er: »Ich bin die Wurzel von 150 Söhnen und Enkelsöhnen. Meine Töchter sind ohne Zweifel noch nicht gezählt.«

Nach seinem Tod bewohnte seine Witwe den Garten, nach ihr einer ihrer Söhne, den der neue Kaiser dorthin verbannt hatte, da er bessere Thronansprüche besaß als er selbst. Doch wird diesem der »Garten des fröhlichen Frühlings« kaum ein solcher gewesen sein.

Kaiser Yongzheng verlegte die Residenz in den Nachbarbezirk, den er sich weiter ausbauen ließ und nannte ihn Yuan Ming Yuan, den »Garten der Gärten«, den »vollkommenen Garten« — er war ihm Bild des Strebens nach dem vollkommenen Menschen. Da das Vollkommenheitsstreben nur dann eine gewisse Aussicht auf Erfolg hat, wenn es kontinuierlich durchgehalten wird, hielt sich der Kaiser fast das ganze Jahr, auch in den strengen Pekinger Wintern, dort auf. Sein Vater hatte 1709 mit dem Bau dieser Gartenanlage als Palastgebiet begonnen. Im Vergleich mit dem Chang Chun Yuan und dem Sommerpalast, wie er sich unter Chenglung darstellte, war dies ein bescheiden zu nennender Sitz. Als Yongzheng Kaiser wurde, standen etwa zwanzig Gebäude um einen kleinen See, der den Namen »Der ferne See« führte. Das Hauptgebäude war eine prächtige Audienzhalle, die direkt innerhalb des monumentalen Zentraltores lag.

Die größte Gartenleidenschaft — in Verbindung mit dem Wunsch nach Repräsentation — hatte jedoch Chenglung. Er sagte, er könne nicht leben ohne den Genuß von Bergen und Wasser (den Landschaftsgarten). Er ließ nicht nur den Chang Chun Yuan seines Großvaters aus- und umbauen, ebenso wie den Yuan Ming Yuan, er begann auch den Bau des Yi He Yuan, des heutigen Sommerpalastes. Um diese großen Bauwünsche seinen Ministern (die in China fast zu allen Zeiten eine viel strengere Kontrolle über die Herrscher ausübten als man sich das in Europa vorstellt) verständlich und schmackhaft zu machen, war er gezwungen, sie theoretisch zu unterbauen. So schrieb er bereits kurz nach seiner Thronbesteigung: »Jeder Kaiser und Herrscher muß, wenn er seine offiziellen Audienzen und Pflichten erledigt hat, einen Garten haben, in welchem er müßig schlendern kann, sich umsehen und Ruhe für Herz und Gedanken finden. Hat er einen brauchbaren Platz dafür, so wird er sein Selbst erfrischen und seine Gefühle regulieren. Hat er es aber nicht, so verliert er seinen starken Willen und versinkt in wollüstigen Freuden. Füllen Gedanken an Paläste, Garderoben, absonderliche Leistungen, Wunderlichkeiten und andere Attraktionen sein Selbst, wird sein Interesse an offiziellen Treffen, an der Verarbeitung erhaltener Kritik, der Eifer in der Regierung und in der Vorsorge für sein Volk bald erlahmen. . . .«

Dann rühmte der Kaiser seinen Vater und Großvater für ihre Selbstbescheidung mit einfachen Gebäuden in friedvoller und schöner Lage — »beschützt vom Himmel und der Erde, ein Fleck, würdig eines Kaisers. Spätere Generationen werden es natürlich nicht aufgeben, neue Gärten zu planen und anzulegen (und so doppelt den Reichtum des Volkes zu verbrauchen), aber es wäre besser, sie folgten aufrichtig meinen Ratschlägen und den Beispielen von Einfachheit und Sparsamkeit, die mein Vater und mein Großvater gaben.«

An diesen klugen Ratschlag hielt er sich selbst in seiner zweiten Lebenshälfte nicht. Nur ein von Gartenwahnsinn Besessener kann so umfangreiche Anlagen ausdenken und bauen lassen, wie es Kaiser Chenglung tat.

Um öffentlichen Unmut zu verhindern, mußte die Theorie noch weiter untermauert werden. Die zahlreichen Seen, die gegraben wurden, dienten angeblich der Regulierung des Flusses. Nach der gleichen Beschwichtigungspolitik entstanden im heutigen Gebiet des Sommerpalastes einige Pavillons und Tempel. Für den »Getreidetransport« und die »Entwicklung der Reisfelder« hatte man den ehemaligen Krugbergsee bereits zweimal vergrößert und die ausgegrabene Erde auf den Krugberg aufgehäuft, der langsam an Majestät und Mächtigkeit zunahm.

Wer seine Lebenskraft täglich zu erneuern vermag
und es versteht, alle hinderlichen Einflüsse zu verdrängen,
ist wahrhaft fähig, sein Leben richtig zu leben.
Lü Buwei

1749 bekam der Innenminister den Auftrag, persönlich den Ausbau des neuen Gartens zu leiten. Er setzte im folgenden Winter über zehntausend Arbeiter ein, die in zwei Monaten den See erneut vergrößerten und die Erde auf der Ostseite des Berges aufhäuften. 1751 war das Jahr des 60. Geburtstages der Mutter Chenglungs, der er zu diesem Anlaß den Park schenkte. Der Name des Sees wurde in Kunming-See geändert, und der Krugberg heißt seitdem »Berg des Langen Lebens«. Im Hochsommer dieses Jahres erhielt die ganze Anlage den Namen »Park der klaren Wellen« — Yi He Yuan. Doch vollendet war die Anlage erst nach fünfzehnjähriger Bauzeit 1764. Sie hat 4,5 Mill Liang Silber gekostet. Aus alten Bauzeichnungen ist zu ersehen, daß die Gärten ursprünglich noch viel ausgedehnter geplant waren.

Nachdem Chenglung das Gebiet der Sommerpaläste übernommen und ausgebaut hatte, war der ganze Garten von Seen und gewundenen Wasserwegen durchzogen, die sich weiteten und verengten, so daß alle Gebäude auf Inseln oder Halbinseln lagen, jedes vom anderen isoliert. Die Lage auf der Spitze einer Landzunge war besonders begehrt. Die künstlichen, mehr oder minder hohen Hügel wurden mit blühenden Sträuchern und Bäumen überzogen und mit dekorativen Steinen besetzt.

Durch die Unterteilung erhielt der Park eine große Menge voneinander fast völlig unabhängiger Landschaftsszenen und Wohngebiete. Der Plan des Ganzen war in gleichem Maße überaus praktisch für die Bewohner und verbürgte zudem vollkommene Kontinuität. Die verschiedenen Haushalte des Kaisers konnten in relativer Abgeschiedenheit und doch in der Gemeinschaft leben.

Hier wurde das Traumziel aller chinesischen Gartenarchitektur erreicht, durch höchste Künstlichkeit zu vollkommener Natürlichkeit zu gelangen.

Der französische Jesuitenpater Jean Denis Attiret, von Beruf Maler, war am Hofe des Kaisers Chenglung (Quianlong) akkreditiert und sollte die chinesischen Künstler in der dort unbekannten Kunst der Perspektive unterrichten. Er gab als erster Augenzeuge nach Marco Polo eine umfassende Beschreibung chinesischer Gärten. Da er sie nicht wie dieser mit erotischen Details würzte, galt er als glaubwürdig, wurde wieder und wieder gelesen und man versuchte, seine Mitteilungen in die Gestaltung der europäischen Gärten zu übersetzen.

Über die Palastgärten von Peking schrieb er: »Die Gärten sind ungemein köstlich. Auf ausgedehntem Gelände angelegt, wurden darin kleine, zwischen zwanzig und sechzig Fuß hohe Hügel aufgeschüttet, so daß eine Unmenge winziger Täler entstanden ist. Die Sohle dieser Täler benützen künstliche Wasseradern, die sich an mehreren Stellen vereinigen, um Teiche und Seen zu bilden. Diese Teiche, Kanäle und Seen werden mit wundervollen und sehr ansehnlichen Barken befahren. Ich habe eine solche gesehen, die eine Länge von 26 m und eine Breite von 8 m aufwies, und auf der sich ein prächtiges Haus befand. (...)

Sämtliche Berge und Hügel sind mit Bäumen bedeckt, vor allem mit den hier sehr häufigen Blütenbäumen. Wahrhaftig, es ist ein irdisches Paradies. Die Kanäle sind mit roh behauenen Felsstücken umsäumt, die abwechselnd vor- und zurücktreten und so kunstvoll gesetzt sind, daß man sie für ein Werk der Natur halten könnte. (...)

Die Gebäude, die sich von zwei bis acht Fuß über den Boden erheben, besitzen meist nur ein Erdgeschoß, einige von ihnen auch noch ein weiteres Stockwerk. Zu diesem gelangt man nicht etwa über kunstvolle steinerne Stufen, sondern über Felslagen, die wie von der Natur gebildete Treppen aussehen. Nichts könnte stärker an die Feenschlösser erinnern, die inmitten einer Einöde und auf Felsen errichtet sind, und zu denen der Zugang holprig und gewunden ist. In gewissen Abständen spannen sich Brücken über die Kanäle hin; sie sollen eine leichte Verbindung zwischen den einzelnen Teilen der Anlage schaffen. Diese Brücken bestehen im allgemeinen aus Ziegeln oder behauenen Steinen, einige sind aus Holz und alle von einer Höhe, die genügt, die Durchfahrt der Barken nicht zu behindern. Das Brückengeländer bildet Balustraden aus kunstvoll bearbeitetem und mit Reliefs geschmücktem Marmor, doch gibt es auch hier stets Abweichungen und Abwechslungen; entweder sind sie im Winkel oder geschwungen angelegt. Man sieht Brücken mit kleinen Pavillons, die auf vier, acht oder sechzehn Säulen ruhen. Diese Pavillons stehen immer dort, wo sie den schönsten Ausblick bieten. Andere Brücken wieder tragen zu beiden Seiten Triumphbögen aus Holz oder weißem Marmor. (...)

Das wahre Juwel ist eine Insel, fast nur ein Fels, rauh und öd, welcher in der Mitte des Sees sechs Fuß aus dem Wasser emporragt. Auf diesem Felseiland ist ein kleiner Palast errichtet, welcher aber mehr als hundert Räume umfaßt. Er überblickt alle vier Seiten und ist von unbeschreiblicher Schönheit und Anmut. Von ihm aus hat man wunderbare Aussicht — man sieht alle Paläste nebeneinander am Ufer und dahinter die Berge, die Kanäle, die Brücken über die Kanäle, die Pavillons, die Triumphbögen über die Brücken und die Baumgruppen, welche die Paläste gegeneinander abschirmen und trennen, sodaß die Bewohner des einen von jenen des anderen nicht gesehen werden.« Aber nicht allen hat dieses mit so großem Aufwand hergestellte Palastgebiet gefallen. Sein Leben lang, so sagen die Chinesen, habe der Kaiser Chenglung neben dem Bau des Yi He Yuan mit der Verbesserung des Yuan Ming Yuan zugebracht. Jedes Jahr wurden Veränderungen an dem Park vorgenommen, Steine und Bäume versetzt, Wasserwege umgeleitet. Um so überraschender liest sich der Bericht von Aeneas Anderson, einem Reisebegleiter des Lord McCartney, in seiner altertümlichen »Geschichte der Brittischen Gesandtschaft nach China in den Jahren 1792, 1793 und 1794«:

»Alles zeigte an, daß diese Residenz längst verlassen oder vernachlässigt worden war; und in der That, eine unschicklichere Lage für die Kaiserliche Wohnung konnte nirgends gefunden werden. Die Lage war natürlich morastig und zwey Teiche mit stehendem Wasser theilten ihren mephitischen Gestank jedem Zimmer mit. Einige kleine Grasfelder gehören zum Pallast, allein selbst diese waren eine Ausnahme von dem übrigen besser cultivirten Lande. Kurz, Centipedes, Scorpionen, Musquito-Fliegen und andere Insecten befeindeten jeden Theil des Pallastes, und für solche Einwohner schickte er sich auch nur.«

Ich vermute, daß man die englische Gesandtschaft aus Höflichkeit in den von Jesuiten gebauten europäischen Gebäuden des Sommerpalastes unterbrachte, die schon Jahre zuvor als nicht mehr bewohnt beschrieben wurden.

Bezeichnend für die Zeit ist, daß der 46 köpfigen englischen Delegation auch zwei Gärtner angehörten. Diese Delegation, die China dem englischen Handel öffnen sollte, scheiterte.

Die britischen Delegationsmitglieder, die den Kaiser Chenglung gesehen hatten, gaben eingehende Schilderungen seiner Person. Er trug ein langes, gelbseidenes Gewand, mit einem blauen Gürtel, eine Samtkappe, die von einer roten Kugel mit einer Pfauenfeder geziert war. Die seidenen Stiefel waren mit Goldfäden gestickt. Sein Gesicht sei von großer Regel-

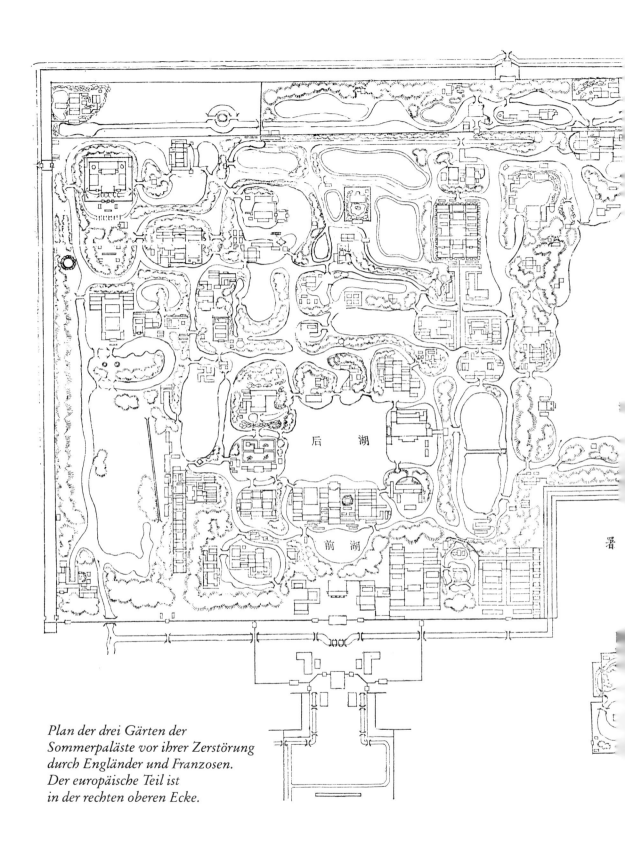

Plan der drei Gärten der Sommerpaläste vor ihrer Zerstörung durch Engländer und Franzosen. Der europäische Teil ist in der rechten oberen Ecke.

Xi Yang Lou   Die europäischen Bauwerke

福

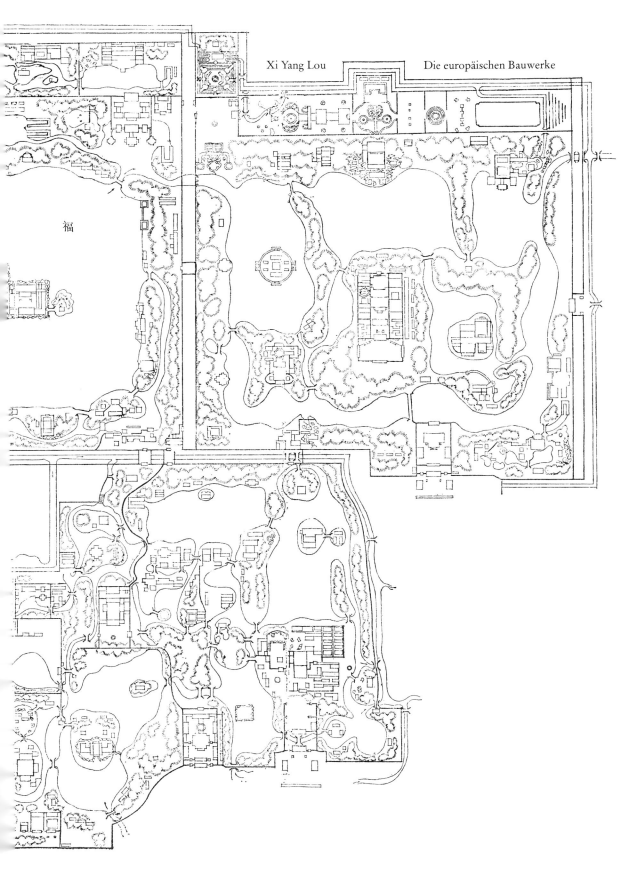

mäßigkeit gewesen und habe sein hohes Alter nicht verraten, aber eine starke Ausstrahlung von Güte und Weisheit gehabt.

Zu einem wirklichen Verstehen und Begreifen der gegenseitigen Positionen ist es nicht gekommen, was man leicht aus dem Brief, den Kaiser Chenglung Lord McCartney auf die Heimreise für seinen König mitgab, sehen kann, in dem er u. a. schrieb:

»Was Eure Anfrage betrifft, einen Eurer Untertanen an meinem Himmlischen Hof zu akkreditieren, so würde dies allen Gebräuchen meines Hauses zuwiderlaufen und kann keinesfalls in Betracht gezogen werden.

Als Herr über die gesamte Welt sehe ich nur ein Ziel, ein vollkommener Herrscher zu sein und die Pflichten des Staates zu erfüllen; fremde Unternehmungen interessieren mich nicht. Ich habe Euren Abgesandten, die mir Tribute brachten, befohlen, in Frieden die Heimreise anzutreten. Es ziemt Euch, oh König, meine Gefühle zu respektieren und mir künftig größere Treue und Loyalität zu beweisen, damit Eurem Land von nun an Friede und Wohlstand durch die immerwährende Unterwerfung unter Unseren Thron gesichert sei.«

Die Briten rächten sich für diese Schmach, indem sie im folgenden Jahrhundert mit zahlreichen Kriegen China überzogen. Sie zerstörten nicht nur die Gärten der Sommerpaläste, verbrannten oder plünderten unschätzbare Kunstwerke, sondern durch die Dauer der Kämpfe und das Kriegsmittel Opium richteten sie das gesamte chinesische Kaiserreich zugrunde.

In dieser Zeit begannen sich Europas Gärten unter dem Einfluß der Reiseberichte aus China zu verändern.

Aber auch die Gärten des Kaisers Chenglung wurden durch Europa verwandelt. Zwar hatte man in China und vor allem am Kaiserhof wenig Bewunderung für europäische Baukunst, doch sah Chenglung 1747 ein Gemälde, auf dem ein Springbrunnen war. Der italienische Jesuit Giuiseppe Castiglione mußte ihm diese nie zuvor gesehene Sache erklären und erhielt den Auftrag, auf jeden Fall jemanden ausfindig zu machen, der in der Lage sein würde, solche Wasserspiele für ihn zu bauen. Castiglione, der selbst Maler war, sich dazu ganz auf den chinesischen Stil (zwangsweise) eingestellt hatte und die volle Wertschätzung des Kaisers genoß, hatte Glück; er fand in dem französischen Patre Michel Benoist, der als Mathematiker bereits seit zwei Jahren am Hof weilte, den richtigen Mann. Patre Benoist hatte in Frankreich neben Physik auch Hydraulik studiert. Er fertigte Pläne und ein Modell an, das den Herrscher so begeisterte, daß er es als Spielobjekt mit in seine Privatgemächer nahm. Unverzüglich wurde die Originalausführung begonnen und im Herbst des gleichen Jahres vollendet. Dieser Gartenteil, den man Xi Yang Lou (die europäischen Bauwerke) nannte, liegt an der Nord-Ostmauer des Yuan Ming Yuan und wurde in den folgenden Jahren zu einem eigenen kleinen Palastgebiet erweitert.

Am 28. November 1749 berichtet der deutsche Pater Florian Bahr in einem Brief aus Peking:

»Frater Castiglione haben sie die Sorg aufgetragen, einen Lust-Pallast in einem der kaiserlichen Gärten aufzubauen, und Pater Benoist die Wasser in selben einzuleiten.«

Am 15. Dezember des gleichen Jahres schreibt Pater Simon Gumb aus Makao:

»Frater Castiglione hat durch seinen wohlgestellten Grund-Risz eines europäischen Sommer-Pallastes bey den Monarchen heuer so grosze Ehre eingeleget, dasz er ihm die oberste Aufsicht über den Bau desselben aufgetragen.«

Obwohl auch jesuitische Architekten zum Kirchenbau in Peking anwesend waren, bevorzugte der Kaiser einen Maler, da dies chinesischer Tradition entsprach, Gärten und die dazugehörigen Gebäude von Malern planen zu lassen.

Am 11. Mai 1753 schildert eine portugiesische Gesandtschaft diese Bauten als vollendet.

Die ganze Sache scheint dem Kaiser großes Vergnügen bereitet zu haben, denn er ließ die Anlage zwischen 1755 und 1759 nochmals wesentlich erweitern zum großen Bedauern, ›au grand regret‹, aller an diesem Projekt beschäftigten Missionare. Damals entstand der Palast Hai Yan Tang — Halle des ruhigen Meeres — über dem Wasserreservoir. Ihm vorgelagert eine Brunnenanlage, aus der die zwölf Symboltiere des Tages zu ihrer Zeit Wasser spieen — die alte chinesische Idee der Wasseruhr in veränderter Form wieder aufnehmend. Das Ganze war von einem stark gegliederten Barockgarten umgeben.

So eindrucksvoll und prächtig die Ruinen noch heute wirken, so nahmen diese europäischen Gärten doch nur 2% der Gesamtfläche des Yuan Ming Yuan zu seiner Blütezeit ein.

Zunächst gab es eine romantische Liebesaffäre dort. Der fast fünfzigjährige Kaiser entbrannte für die schöne Xiang-fei. Noch heute geht ein Lächeln über die Gesichter, wenn man in China ihren Namen erwähnt. Sie war eine Fürstin aus Ostturkestan, die ihren Mann im Kampf gegen China verloren hatte. Sie selbst wurde gefangen oder durch eine List nach Peking gebracht und erregte sofort die Aufmerksamkeit Chenglungs. Er wies ihr Wohnung im Bereich des Hai Yan Tang zu und ließ das Belvedere für sie als Moschee umgestalten (sicher nicht zur Begeisterung der jesuitischen Missionare).

Um die Sehnsucht der schönen Konkubine nach ihrer fernen Heimat zu stillen, mußte Pater Castiglione im Pekinger Sommerpalast ein großes Schaugerüst im Osten des Sees konstruieren, in das je nach den Wünschen der traurigen Prinzessin zehn verschiedene perspektivische Ansichten aus der Stadt Aksu in Ostturkestan, ihrer Heimat, eingeschoben wurden. Neben Pater Castiglione und Pater Sichelbarth waren noch drei weitere chinesische Hofmaler mit der mühsamen Herstellung des vermutlich ersten open-air Breitwandkinos der Welt beschäftigt. Aber alles war umsonst, knapp zwei Jahre später entleibte sich die Schöne selbst. Ob es ihr eigener Wunsch oder der der Kaisermutter war, wird ewig ein Geheimnis bleiben.

Aber nach dem Tode des Pater Benoist im Herbst 1774 verfiel die ganze Anlage. Niemand konnte die Hydraulik reparieren. Wünschte der Kaiser wirklich noch einmal diesen abgelegenen Gartenteil zu besuchen, so wurden zuvor die Becken aus Eimern mit Wasser aufgefüllt, damit die Springbrunnen für kurze Zeit tätig werden konnten.

Am 17., 18. und 19. Oktober 1860 zerstörten Engländer und Franzosen im zweiten Opiumkrieg zusammen mit dem ganzen Gebiet des Sommerpalastes dieses Denkmal europäischer Kunst in China. Die Franzosen begannen am 7. Oktober 1860 mit der Plünderung. Alle Kostbarkeiten wurden gestohlen, die nicht transportfähigen Dinge zerschlagen. Nach einer schlechten Behandlung ihrer Unterhändler sandten die britischen und französischen Kommandeure die Kavallerie, die mit brennenden Fackeln in das Palastgebiet einritt und alle Paläste durch Brand zerstörte und die Gartenanlagen verwüstete. Das Feuer fraß sich durch Wälder und Gehölze, sprang über die zierlichen kleinen Kanäle von Ufer zu Ufer. Tagelang sollen schwarze Qualmwolken die Stadt Peking verhüllt haben. Graue und schwarze Asche fiel als Regen über die Stadt, er legte sich auf Häuser und Menschen und machte die Augen tränen.

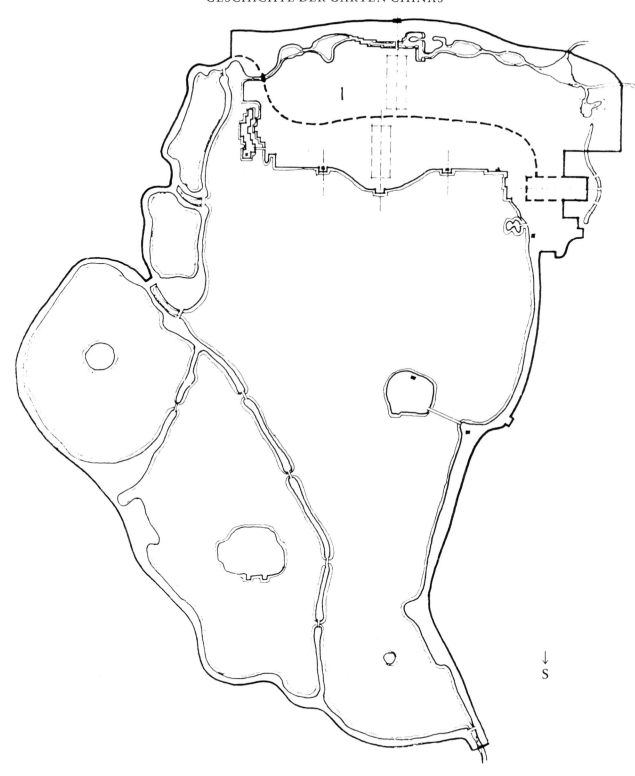

Plan des Sommerpalastes in seiner heutigen Gestalt nach seiner Restaurierung durch Kaiserin Cixi

Ein Gedicht aus diesen Tagen drückt den Schmerz der Chinesen über dieses schreckliche, völlig unnötige Ereignis aus:

»Die Jadequelle schluchzt,
verstopft ist der Kunming-See,
nur die Hecken schützen den Bronze-Ochsen.
In der Nacht heulen Füchse.
Im Tal des grünen Sesams unter der Brücke der gestickten Wellen
weinen die Fische.«

Erst wenn man das einstige Gartengebiet mit dem Wagen durchfährt, wenn man den Versuch unternimmt, die riesige Fläche abzuschreiten, gewinnt man eine Vorstellung von dem zähen Fleiß und der gründlichen Beharrlichkeit, mit der hier geplündert, gebrandschatzt und zerstört wurde. Fast alles fand ich 1979 dem Erdboden gleich und zur Reiskultur genutzt.

Psychologen könnten feststellen, daß diese Kriege mit Europa, die am Ende den Sturz Chinas herbeiführten, ihre Wurzel in der übergroßen Begeisterung für alles Chinesische haben, die im 18. Jahrhundert den Westen erfaßt hatte. Im 19. Jahrhundert hatte sich dann das Interesse an China auf den Bereich von Wirtschaft und Politik verlagert, die Kolonialmächte der Zeit teilten sich den Subkontinent gegenseitig als Kontingente zu. Der deutsche Kaiser fand, sein Volk habe in China »seine heiligsten Rechte zu verteidigen«.

In einer Rede am 27. Juli 1900 in Bremerhaven an das abgehende Expeditionscorps zur Niederwerfung des Boxeraufstandes, der eine Gegenbewegung gegen die Überfremdung durch Ausländer in China bzw. gegen den gewaltsamen Import von Opium war, sagte Kaiser Wilhelm vor den Truppen:
»Pardon wird nicht gegeben, Gefangene werden nicht gemacht. Führt eure Waffen so, daß auf tausend Jahre hinaus kein Chinese es mehr wagt, einen Deutschen scheel anzusehen.«
Am 19. Juli hatte er bereits aus Oldenburg an den Kanzler Bülow telegraphiert:
»Peking muß regelrecht angegriffen und dem Erdboden gleichgemacht werden. . . . Peking muß rasiert werden.«
Helmut von Moltke, der den Kaiser damals begleitete, schrieb:
»Wenn wir ganz ehrlich sein wollen, so ist es Geldgier, die uns bewogen hat, den großen chinesischen Kuchen anzuschneiden. Wir wollen Geld verdienen, Bahnen bauen, Bergwerke in Betrieb setzen. . . . Darin sind wir keinen Deut besser als die Engländer in Transvaal.«

DIE GÄRTEN DER REGENTIN CIXI

In diesen schwierigen Jahren des Niederganges wurde China von einer Frau mehr repräsentiert als regiert. Die meisten ihrer wichtigen Entscheidungen entbehren der Folgerichtigkeit und der Konsequenz der Durchführung. Trotzdem ist sie in dem Thema »Chinas Gärten« eine fast ebenso brillante Gestalt der Neuzeit wie die Kaiser Kangxi und Chenglung (Qianlong) im 17. und 18. Jahrhundert. Einzig die Konsequenz, mit der sie ihre eigenen Wünsche und Vorstellungen durchsetzte, ist bewundernswert, wenn auch die Mittel, die sie dazu benützte, keineswegs immer als gut zu bezeichnen sind.

Sie kam 1852 als Hofdame in den Palast, um am Ende der Trauerzeit für den verstorbenen Kaiser Daoguang zu einer Konkubine fünften Ranges für den neuen Herrscher Xianfeng zu werden. Da sie ihm den einzigen Sohn gebar, schaffte sie es durch Glück, raffiniertes Taktieren und manches auf alle Zeiten undurchschaubar Gebliebene, die Zügel des Reiches immer mehr in ihre Hände zu nehmen und tatsächlich bis zu ihrem Tod 1908 zu behalten.

Sie war die Tochter eines nicht sehr reichen Mandschu-Beamten. Als junges Mädchen zwar keine Schönheit, aber ihre schmalen mandelförmigen Augen konnten im Lächeln mit großem Charme aufstrahlen. Das ovale Gesicht hatte eine breite Stirn und ein festes, rundes Kinn, das im Alter zu einem kräftigen Doppelkinn wurde. Sie war von kleiner, nur 1,50 m hoher Gestalt und hatte zierliche Hände und Füße. Nach Art der chinesischen Intelligenz ließ sie an Zeige- und kleinem Finger die Nägel 10 cm wachsen und schützte sie durch unendlich lange Fingerhüte aus Goldfiligran.

Der Haushalt, dem die junge Konkubine fünften Ranges eingegliedert wurde, umfaßte ca. 6000 Personen. Es waren dreitausend Frauen, der Rest Eunuchen. Der einzige »Mann« im Haus war der Kaiser. Die psychologische Reaktion des jungen Kaisers Xianfeng auf diese »Erwartungshaltung« seiner Umgebung kann man vorsichtig nur als Nervosität bezeichnen.

Dieser Hof, der in totaler Abschließung in der Verbotenen Stadt lebte, war ein Staat im Staate, mit eigenen Werkstätten, Schulen, Theatertruppen, Hundezwingern (zur Pekinesenzucht), Palastgestüten, Gartenbauabteilungen und vielen anderen. Alles wurde von Eunuchen geführt und beherrscht.

Cixi, die 16jährig in diese Hierarchie kam, war im Süden in relativer Freiheit und in großer Liebe zu den vielfältigen Erscheinungsformen der Natur aufgewachsen. Sie hatte starke mystische Neigungen und brachte in ihrem Innern, wie fast alle Chinesen, einen verwegenen Synkretismus von dem Glauben an das Tao und an die heiligen Gestalten des Buddhismus zustande. Ihre Achtung vor den Lehren des Konfuzius war fast grenzenlos.

Die Zerstörung des Sommerpalastes, in dem sie einen verhältnismäßig großen Freiraum genossen hatte, erlebte sie zusammen mit dem Kaiser in Chengde in der Provinz Jehol. Dorthin waren fast alle Mitglieder des Hofes vor den alliierten Kriegshandlungen geflüchtet. Alle empfanden Brand und Plünderung des Sommerpalastes als nationale Schande und Schmach. Für Cixi war es noch mehr — es war der Verlust eines Palastgebietes, das sie weit mehr geliebt hatte als die relative Enge der Verbotenen Stadt.

Aus Kummer oder welchen Gründen auch immer starb der zarte, schwächliche Kaiser Xianfeng kurz darauf in Jehol, nicht ohne zuvor Cixis sechsjährigen Sohn Tongzhi als seinen Nachfolger zu bestimmen. Durch einen geschickten Coup wurde Cixi gemeinsam mit der kinderlosen Kaiserin Regentin.

Cixi hatte ihre bisherige Freiheit von Pflichten unter anderem damit verbracht, ihre chinesische Bildung auf der Basis der alten Klassiker grundlegend zu verbessern, sich zu einer achtbaren Kalligraphin zu entwickeln und ästhetisch schöne Blumenbilder zu malen.

Was ihr total fehlte, war jegliche Kenntnis dessen, was jenseits der chinesischen Grenzen geschah. Gemäß ihrem völlig traditionalistischen Denken, empfand sie sich als absolutistische Weltherrscherin, bar jeden Interesses an Reformen und am Wohlergehen ihres Volkes. Die guten (lange vor Europa gemachten) Ansätze zu einer Industrialisierung des Landes versiegten am Ende ihrer Herrschaft vollständig. Ihr Hof lebte sein Eigenleben des Luxus, der Theateraufführungen, der Gärten und Intrigen.

Im Februar 1873 hatte ihr Sohn Kaiser Tongzhi den Thron bestiegen. Seine Mutter verstand es geschickt, ihm die großen Vorgänger Kangxi und Chenglung (Qianlong) als Vorbild hinzustellen, die ihren Müttern (allerdings jeweils zum 60. Geburtstag) große Gartenanlagen geschenkt hatten. Was lag näher, als ihren 1874 bevorstehenden 40. Geburtstag zum Anlaß zu nehmen, den zerstörten Sommerpalast zumindest in Teilen wieder zu erneuern? Im August des gleichen Jahres hielten Handwerker Einzug und Prinz Gong und andere Großen des Reiches beteiligten sich mit je 20.000 Tael Silber an den Kosten. Aber es gab ganz erheblichen Widerstand gegen die Restaurierung, denn das Volk befand sich durch zahlreiche Kriege und den blutigen Taiping-Aufstand in großer Not. Überall im Land bildeten sich neue Zentren der Rebellion der Minderheiten. Empört schrieb ein Zensor, daß das Land sich eine solche Verschwendung nicht leisten könne, da das Volk jeden, auch den kleinsten Geldbetrag nötig habe, seinen Hunger zu stillen, seine Not zu lindern. Er wurde mit seiner Klageschrift abgewiesen.

Doch 1874, als bereits viel Geld ausgegeben worden war, gab es Streit um einige Materiallieferanten, die der überhöhten Preise und der Unterschlagung bezichtigt wurden. Der Skandal war so groß, daß die Prinzen Gong, Chun und der Lehrer des Kaisers Wen Xiang diesen baten, die Arbeiten zumindest vorläufig einzustellen. Nach Hofkämpfen, die sich in Tränenströmen, Entlassungen, Degradierungen und Wiedereinsetzungen manifestierten, setzte sich die Gruppe der Vernünftigen durch und die Arbeiten wurden — zumindest im Augenblick — nicht weitergeführt.

Cixi soll »vor Wut gekocht« haben und hat ohne Zweifel nicht eine Minute den Plan aufgegeben, wieder einen Gartenpalast zu haben. Wahrscheinlich sind sogar die Baupläne in der Zeit des Aufschiebens gewachsen.

Im folgenden Januar 1875 starb, 19jährig, der Kaiser »an den himmlischen Blumen«, den Pocken. Wieder hatte Cixi eine fast unbeschränkte Macht, denn ihr vierjähriger Neffe Zai Tian wurde unter dem Namen Guangxu Kaiser, sie blieb Regentin. Geduldig wartete sie einige Jahre, ließ die Pläne reifen, bis sie 1884 begann, zunächst die Parks der drei Meere innerhalb Pekings, Beihai, Nanhai und Zhonghai, zu restaurieren. Die Proteste blieben klein, außerdem hatte sie im Frühling des Jahres 1884 die größten Gegner des Gartenprojektes im Staatsrat an die Luft gesetzt. So wurde 1885 mit dem Wiederaufbau des Sommerpalastes begonnen. Der Bruder ihres verstorbenen Mannes und Gatte ihrer Schwester, Prinz Chun, der Vater des Kind-Kaisers Guangxu, war damals Marineminister. Er war von schmächtiger Gestalt und zarter Gesundheit. Als sein Sohn nach dem Tod des Kaisers Tongzhi zum Thronerben ernannt wurde, fiel er in Ohnmacht.

Das unter seiner Leitung neu geschaffene Ministerium erhielt als Sitz den Sommerpalast. Alle Ausbauarbeiten wurden offiziell durch und für das Ministerium der Marine durchgeführt. Um der Sache noch mehr militärisches Gewicht zu geben, wurde eine Trainingsschule der Marine an den Kunming-See verlegt. Am 27. Januar 1887 wurde sie mit einer großen Zeremonie vor dem Palast der reinen Wolken eröffnet. Alle hohen Militärs und der gesamte Hof nahmen an dieser Einweihung teil.

Dies war keineswegs eine neue Idee, Staatsgelder für kaiserliche Lustgärten lockerzumachen.

Warum sollte Cixi es ihren großen Vorgängern nicht gleichtun? Wie diese Vorgänger stellte sie nach kurzer Zeit offiziell fest, daß der See für militärische Übungen doch ungeeignet sei und übernahm ihn zusammen mit dem Park. Als einziges »Schiff« hatte die Marine mit ihrem Geld den steinernen Raddampfer bezahlt, auf dem Cixi mit ihren Gästen zu dinieren pflegte.

Zwar hat sie immer behauptet, daß Ersparnisse aus der Schatzkammer der Hofhaltung die umfangreichen Arbeiten finanziert hätten, aber daran ist kein Wort wahr. Die Maßlosigkeit ihrer Luxusansprüche ließ gar keine Mittel dafür übrig. Vielleicht vermutete der Marineminister Prinz Chun zu Recht, daß sein kaiserlicher Sohn niemals wirklich seine Macht als Kaiser ausüben könnte, wenn Cixi ständig in seiner Nähe in der Verbotenen Stadt sei. Der Gartenpalast schien ihm vermutlich eine Möglichkeit, die energische Dame etwas kaltzustellen.

An die Gestaltung war man mit großer Umsicht und Sorgfalt herangegangen. Für jedes einzelne Gebäude gab es mindestens zehn verschiedene Entwurfszeichnungen. Sie wurden von ersten Künstlern des Landes gemacht, in kostbaren Alben gesammelt, die in gelbe Atlasseide gebunden waren, um sie der Kaiserin vorzulegen. Jedes dieser Alben war ein Kunstwerk für sich. Durch die zehn Jahre, die der Baubeginn verzögert wurde, hatte man ausreichend Zeit, alle Probleme immer wieder zu durchdenken.

In der Mandschu-Dynastie schufen sich die Herrscher ein eigenes, kaiserliches Modellbaubüro, ihre hochfliegenden Pläne zu verwirklichen. Sie zogen darin die tüchtigsten Meister des Landes zusammen. Die Leitung dieses Modellbaubüros war fast erblich. Unter Kangxi war der berühmte Schreinermeister Lei Fada nach Peking gekommen und hatte für den Kaiser gebaut. Seine glänzende Technik ließ ihn bald zum Leiter des Modellbaubüros aufsteigen. Bei der Restaurierung des Sommerpalastes arbeitete bereits die sechste Generation der Familie Lei für die kaiserlichen Bauherren.

Zunächst wurde immer eine Zeichnung aus der Vogelperspektive der Gartenlandschaftssituation und des geplanten Gebäudes angefertigt. Dann entstanden (nach der Schule der Jesuiten im 18. Jahrhundert) perspektivische Ansichten von allen Seiten. Erst dann folgte die Konstruktion der Innenräume und ihrer Details. Man ging also schrittweise von der äußersten Gartenzone bis in den innersten Raum. Erst nachdem sehr feine dreidimensionale Modelle gebaut waren, wurden diese zusammen mit den gelbseidenen Bänden der Entwurfszeichnungen Cixi vorgelegt.

An entscheidender Position arbeitete als Architekt der Palastgärten Kuai Xiang. Da er zugleich auch zahlreiche private Gärten in der Stadt Peking gestaltete, die mit besonders schönen Steinen besetzt wurden, bekam er einen etwas zwiespältigen Ruf.

Das Grundkonzept ging von einer notwendigen Ergänzung von See und Berg aus. Für die Gestaltung des Berges gab der Potala-Palast in Lhasa Anregungen, für den See hatte sich bereits Chenglung für das Vorbild des Hangzhouer Westsees entschieden. Die Insel, die durch die Siebzehn-Bogen-Brücke mit dem Ufer verbunden ist, ist wie ein Langlebenssymbol geformt, eine stilisierte Schildkröte.

Der Berg, der beherrscht wird von der »Pagode des weihrauchverströmenden Buddha« heißt Langlebensberg. Hier vereinigt sich die gesamte Landschaft des Umkreises zu einem Bild. Auf großzügigste Weise wurden die Berge, Flüsse und Felder der Umgebung in den Eindruck des Parks einbezogen. Entwürfe solcher Einmaligkeit und Kraft müssen getragen werden von dem geistigen und materiellen Potential der ganzen Nation.

Mit Sicherheit entsprangen diese neun Jahre andauernden Kraftleistungen der Garten- und Bautechnik nicht nur dem enormen Repräsentationsbedürfnis der Cixi, sondern mindest in gleichem Maße auch ihrer Liebe zur freien Natur und ihrer Achtung vor den ewig gleichbleibenden Naturgesetzen (wenn sie diesen auch gelegentlich versuchte, nachzuhelfen).

Ihr Leben im Sinne des Neu-Konfuzianismus erfüllte sie mit einer großen Hochachtung vor den Riten. Im dritten Monat des chinesischen Mondkalenders, wenn der Frühling in Peking schon beginnt, in den unerbittlich heißen Sommer hinüberzugleiten, opferten die Kaiserinnen für die Beschützer der Seidenwürmer. Im Seepalast war der Altar des »kaiserlichen Seidenwurms«. In einer alten Ritualhandlung kamen die Kaiserin und ihre Hofdamen in kostbare Gold- und Silberbrokatroben gekleidet mit Körben aus feinstem Bambus und Seide, die ersten Maulbeerblätter zu pflücken. Diese Zeremonie soll zu dem Schönsten gehört haben, was der an Zeremonien nicht arme Pekinger Hof zu bieten hatte. Dies war der Tag, an dem Cixi die von ihr geliebte Pracht der Kleider und des Schmuckes ganz entfalten konnte. Doch soll die letzte Zeremonie bereits etwa 1890 stattgefunden haben. Siren fand in den zwanziger Jahren dieses Jahrhunderts im Park der Meere den Platz des Heiligtums und das Zeremonialpodest von Wildwuchs und Unkräutern überzogen. Der See, in dem die Kokons gewaschen wurden, war ausgetrocknet. Doch Gebäude und Bäume waren noch recht gut erhalten und gaben ihm das sichere Gefühl, auf einem sakralen Grund zu stehen.

Nachdem der Sommerpalast fertiggestellt war, verbrachte Cixi die meiste Zeit dort (worauf auch das Aufhören der Opferung an den Gott der kaiserlichen Seidenraupen in Peking schließen läßt).

Es klingt nicht ganz glaubhaft, wenn geschildert wird, wie sie zusammen mit den Eunuchen-Gärtnern im Frühling bis zu den Hüften im Schlamm gestanden habe, die neuen Lotos-Setzlinge zu pflanzen. Oder wie sie im Herbst Kürbisranken beschnitt oder im Sommer Rosen. Wohin in einem solchen Fall mit 10 cm langen Fingernägeln?

Doch eine bäuerliche Verkleidung ist historisch. Als sie 1900 zum zweitenmal vor alliierten Truppen aus Peking fliehen mußte, fuhr sie auf einem Mauleselkarren in groben Bauernröcken zum Sommerpalast. Sie wollte, daß ihre unermeßlichen Schätze (allein dreitausend Kisten Schmuck) nach Jehol geschafft würden, aber es gelang nicht mehr. Als sie mit dem Mauleselwagen vorfuhr, erkannten sie die Wachen, wagten nicht, zu salutieren, ließen sie jedoch ungehindert passieren. Die Soldaten berichteten, daß sie nur wenig mitgenommen, aber sich niedergebeugt habe, Wasser aus dem Brunnen des langen Lebens zu trinken.

Am 15. August 1900 marschierten russische Truppen in den Sommerpalast. Engländer, Franzosen, Amerikaner folgten ihnen. Wie vierzig Jahre zuvor wurde geplündert und zerstört was möglich war, doch kein Brand gelegt.

Als Cixi nach zweijähriger Flucht zurückkehrte (bei der sie zum erstenmal seit ihrer Kindheit auch wieder das Landschaftsgebiet südlich von Peking gesehen hatte) war sie eine alte Frau geworden. Ihr starrer Herrschersinn hatte sich noch verfestigt. Sie lebte noch sechs Jahre in dem Garten, den sie erneut und mit großem Aufwand restaurierte, ohne daß das Glück zu ihr zurückgekehrt wäre.

Von den berühmten Privatgärten der Zeit, z.B. dem des Prinzen Gong in Peking, ist heute keiner mehr erhalten, bzw. nicht der Öffentlichkeit zugänglich.

Nach dem Sturz der Dynastie 1911 lebte der Kind-Kaiser Pu-I noch bis 1924 im Sommerpalast. Ab 1914 wurde er ein öffentlicher Park, den man gegen einen Eintritt von einem Yuan besichtigen konnte. Da er nur ungünstig von Peking aus zu erreichen war, hat man ausgerechnet, daß ein Besuch dort fünf Yuan Silber gekostet hat, wofür man ebenso 125 Pfd. Weizenmehl kaufen konnte.

In den folgenden fünfundzwanzig Jahren wurde der

Wer nicht kleine Übel erdulden kann,
wird nie Großes vollbringen.
Chinesisches Sprichwort

Park von der Regierung, den Japanern und der Kuomintang verwaltet. Die Truppen allein hatten freien Zutritt. So wurde viel geplündert und zerstört, Bäume gefällt und wertvolle Antiquitäten gestohlen. Zahlreiche Riesensteine verließen auf bis heute rätselvolle Weise den Park.
Alles versank in Schmutz, der See verschlammte und die Dächer wurden durchlässig. Der mangelhafte Zustand ist bereits deutlich an den Photos, die in den zwanziger und beginnenden dreißiger Jahren von Oswald Siren aufgenommen wurden, zu erkennen.

DIE GÄRTEN NACH 1949

Als Mao Tse Tung am 25. März 1949 von Shijiazhuang in Hebei kommend nach Peking flog, das kurz zuvor von der Roten Armee erobert worden war, gab er noch am gleichen Abend ein großes Bankett im Sommerpalast im Saal des guten langen Lebens, zu Ehren der demokratischen Parteien und der demokratischen Parteilosen in Peking. In jenen Tagen schrieb er ein Gedicht an Liu Yazi, der lieber in seiner südlichen Heimat geblieben wäre, statt sich an Regierungsgeschäften in Peking zu beteiligen: »Sag nicht, daß der Kunming-See zu seicht wäre. Um die Fische zu betrachten ist er besser als der Fuchun-Fluß.«
1951 und 1959 und von da an laufend restauriert man am Sommerpalast. Während bei Gründung der Volksrepublik nur noch sieben Paeonien im Park waren, und es von achtzehn Pflanzenarten insgesamt fünftausend Exemplare gab, sind es jetzt über 50.000 Bäume: Pfirsiche, Kiefern, Magnolien, Aprikosen, Zieräpfel, *Cassia*.
Es wurden spezielle Obstgärten angelegt, Heilpflanzenbeete in reicher Zahl und auf einer Insel im Hintersee ist ein Pfirsichgarten, dessen Früchte spät, erst zum Herbstmondfest reifen, der schönsten Zeit des Pekinger Jahres.

Über fünf Millionen Menschen besuchen jährlich den Park. 1978 zählte man an einem Tag 170.000 Besucher. So ist der Garten der Kaiserin zu einem echten Volksgarten geworden.
Nicht ganz so dramatisch, aber in irgendeiner Weise ähnlich liest sich das Schicksal vieler anderer kaiserlicher oder adliger Parks. Die großen kaiserlichen Parks und Grabanlagen in den nördlichen Landesteilen in Chengde und Shenyang erlitten Zerstörungen während des Bürgerkrieges oder des Antijapanischen Krieges. Doch keine Zerstörung war so präzise und umfassend wie die der Europäer im Gebiet der Sommerpaläste. Auch im Norden wurde ein Teil der kaiserlichen Gärten bereits während der Zeit der Kuomintang gegen hohe Eintrittspreise für die Bevölkerung geöffnet, in den Zwanziger Jahren entstanden in einigen größeren Städten »Sun Yatsen Parks«, doch das Problem fast aller chinesischen Städte war bis 1949, daß sie Städte ohne »Bürgerparks«, ohne »öffentliches Grün« waren. Die Bewegung, die bereits rund 150 Jahre zuvor Europa erfaßt hatte, meist stilistisch den chinesischen Landschaftspark kopierend, hatte China nicht erreicht.
Unmittelbar bei Ende des Bürgerkrieges nahm man so friedliche Aufgaben wie die Schaffung großer öffentlicher Grünflächen in Angriff. Durch das Gesetz zur Aufforstung des Landes, das Mao erließ, als dessen stiller, stetiger Förderer in China aber Zhou En Lai angesehen wird, wurde eine der Grundlagen geschaffen — die andere war die in diesen Jahren erfolgte Neuordnung des Grundbesitzes.
Da man von Anfang an eine weitmöglichste Dezentralisierung anstrebte, war es den örtlichen Führungsgremien und Bauverwaltungen, denen die Gartenbauabteilungen unterstehen, überlassen, ob die Auflagen zur Aufforstung in Form von Wäldern, Straßenbäumen (oft bis zu acht Reihen) oder Parks

Der Xingqing Garten in Xian, 1958 auf dem Gelände eines Tang-Palastes gebaut, zeigt das Suchen nach neuen Gestaltungselementen

erfolgte. Waren in dieser Zeit die örtlichen Bürgermeister oder andere einflußreiche Persönlichkeiten Gartenfreunde, so konnten überraschend großzügige Parks innerhalb sehr kurzer Zeit entstehen wie in Xian oder Kanton.

In Xian, der alten Kaiserstadt Chang'an, baute man u. a. auf dem 50 ha großen Gelände eines Palastes aus der Tang-Zeit des Kaisers Xuanzong, das bis 1958 landwirtschaftlicher Nutzung diente, z.T. auch Sumpfgelände und eine Baumschule war, einen öffentlichen Park, den Xingqing Park. Um die Tradition Xians, das zur Tang-Zeit die strahlendste Metropole der Welt gewesen war, zu betonen, unternahm man den Versuch, den Park im Stile eines kaiserlichen Tang-Gartens zu gestalten. Kurioserweise (aber nur aus unserer Sicht) wurde der Entwurf eines Professors für Metallurgie ausgewählt und, allerdings etwas verändert nach den Wünschen und Ideen des leitenden Ingenieurs des nordwestchinesischen Bauinstituts, ausgeführt. Im Herbst 1958 ging man an die Bauarbeiten und in dem ungeheuren Schwung, zu dem sich China damals motivierte, waren die gesamten Arbeiten einschließlich künstlicher Seen und Berge und umfangreicher Pflanzungen in drei Monaten abgeschlossen, obwohl alle Arbeiten ohne Maschinen ausgeführt wurden. Der Park hat jährlich über 1 Million Besucher bei 1,4 Mill. Einwohnern der Stadt.

Ähnlich war die Situation in der Stadtregierung von Kanton im Jahr 1949. Gab es damals nur drei kleinere öffentliche Parks von insgesamt 37 ha, so sind es jetzt 18 Parks, die eine Fläche von über 660 ha bedecken. Rechnet man die umliegenden Naherholungsgebiete ein, so sind es 3400 ha Grünfläche, die die Stadtverwaltung für ihre Bürger pflegt.

Die Naherholungsgebiete sind in den die Stadt umgebenden Bergen, in denen das Klima entscheidend besser ist als in der drückend schwülheißen Flußebene, angesiedelt. Diese Berge waren während des Krieges vollkommen abgeholzt worden, was eine weitere spürbare Klimaverschlechterung für die Stadt mit sich gebracht hatte. Im Jahr 1950 begann man mit der Aufforstung und war 1953 damit fertig. Doch erst 10 Jahre später wurde der Bevölkerung das Betreten des Gebietes erlaubt, um die jungen Bäume vor Schäden zu bewahren. Diese damals gewiß als hart empfundene Maßnahme hat sich jedoch unbedingt bewährt, ebenso, daß man das Fällen von Bäumen bei hohen Strafen verbot.

Das Problem ist, daß 1950 Mangel an geeigneten Samen bestand und man zu einem großflächigen einheitlichen Kiefernbestand kam, der sich durch die Monokultur nun als krankheitsanfällig erweist. So ist man im Augenblick dabei, auf Mischwald umzustellen.

Aber man baute auch kaiserliche Parkanlagen so aus, daß sie als Erholungsgebiete für die Stadtbevölkerung geeignet sind. In der Industriestadt Shenyang, dem alten Mukden, in der Provinz Liaoning, der früheren Mandschurei, gestaltet man z.Z. die 540 ha große Grabanlage des 1. Mandschu-Kaisers (genaugenommen des Vaters des 6jährigen Gründers der Dynastie) zu einem Volkspark im klassischen chinesischen Gartenstil mit Seen und Bergen aus. Da das Gebiet über den Schatz von 3800 alten Bäumen aus dem 17. Jahrhundert verfügt, die man achtsam und schonend behandelt, wird es bestimmt in Kürze ein sehr schöner Park sein. Meist sind es Kiefern der Varietät *Pinus tabuliformis*, die mir aber nicht ganz den klassischen Wuchscharakter zu haben scheinen. Die Chinesen nennen die Sorte Yousong, was in wörtlicher Übersetzung Ölkiefer heißt.

Doch die Entwicklung der Parks war nicht geradlinig. Zwar wuchsen fast alle Bäume in stiller Stetigkeit

Wenn man die richtige Ernährung verabreicht,
gibt es nichts, das nicht wächst,
entzieht man sie, gibt es nichts, das nicht dahinwelkt.
Mong Dse

gemäß ihrem Rhythmus — doch die ganze Idee der grünen Erholungsgebiete für die fast ohne Ausnahme in engen und überalterten Wohnverhältnissen lebenden Chinesen erlitt in der Kulturrevolution einen schweren Rückschlag. Blumen, Gärten und Parks wurden als reaktionär und bürgerlich verteufelt, obwohl Jiang Jing nach dem Bericht der Amerikanerin Roxane Witke selbst in einem märchenhaften Garten voller Orchideen lebte und von hier aus regierte.

Tatsächlich wurden fast allen neu geschaffenen Parks schwere Schäden zugefügt. Sei es, daß man die sie pflegenden und schützenden Gärtner zur Landarbeit in die Provinz verschickte, wo sie z.T. durch die Diskriminierung ihrer bisherigen Lebensarbeit schwere seelische und körperliche Schäden erlitten, oder man ebnete die Parkflächen ein und pflanzte Heilkräuter (wie im Botanischen Garten Kanton) oder Getreide, dem im Botanischen Garten Peking alle Stauden und Sträucher geopfert wurden. Insgesamt scheinen mir die Zerstörungen dieser Zeit in der Metropole die schlimmsten gewesen zu sein. Städte in weit entfernten Provinzen, wie z.B. Kunming in Yunnan, konnten sich einen viel größeren Besitz an alten Penjings (Bonsai) einschließlich ihrer wunderschönen, kostbaren Gefäße erhalten.

Aber bereits vor Maos Tod und dem Sturz der »Viererbande« begann man den Unsinn der Zerstörung der Erholungsgebiete zu begreifen, zu stoppen und die Gärten zu regenerieren. Der Zustand der Gärten, die ich im Herbst 1980 im Abstand von zwei Jahren wiedersah, war deutlich besser. Man hat den Eindruck eines Neubeginns nach einer Krise, in der ein großer Stau an Schönheitssehnsucht entstanden war. Zu Beginn der achtziger Jahre verfolgt man in ganz China ehrgeizige Gartenpläne. In Xian erzählte man mir, daß die Planung besteht, das Gebiet der alten Klostergärten bei der großen Wildganspagode, das z.Z. als Baumschule genutzt wird, als Park wiederherzustellen, die Teiche des Zickzackflusses und die Grabanlagen des 2. Herrschers der Qin-Dynastie einzubeziehen, so daß das Ganze dann die Ausmaße eines wahrhaft kaiserlichen Gartens von über 500 ha hätte.

Anfang Oktober 1980 fand in Peking aus Anlaß des 120. Jahrestages der Zerstörung des Sommerpalastes ein Symposium von 200 Historikern, Gartenarchitekten, Archäologen, Ingenieuren und Geographen statt, bei dem geprüft wurde, wie weit seine Wiederherstellung möglich sei. Einstimmig wurde die Restaurierung beschlossen, für die 10—15 Jahre veranschlagt werden. Man hält sie deswegen für möglich und verantwortlich, da fast alle alten Pläne, Modelle und Daten in den Archiven des Kaiserpalastes vorhanden sind. Zunächst will man mit dem Ausbaggern der verschlammten Seen beginnen, um sie wieder für Bootsfahrten, Fischzucht und Lotoszucht zu nutzen. (Beijing Rundschau 43/1980)

Wenn zu Beginn des letzten Abschnitts gesagt wurde, daß im 19. Jahrhundert in Europa zahlreiche Bürgerparks entstanden, die, ohne daß es uns bewußt war, chinesische Stilelemente enthalten, so soll es einen europäischen Reisenden nun nicht verwundern, wenn er in einigen öffentlichen Parks des neuen China so klassisch europäische Elemente wie geschnittene Hecken oder ornamental gepflanzte Blumenrabatten findet. Das Pendel schwingt nach beiden Seiten.

Oben:
Der E-Pang Palast des Kaisers Qin Shi Huang. Seidenstickerei des 17. Jahrhunderts nach einem Bild der Song-Dynastie, dem Maler General Li zugeschrieben.

Nächste Seite:
Blumengarten der Kaiser in der Verbotenen Stadt, Peking. Bambussprossensteine mit jungen Paeonia suffruticosa und winterhartem Bambus.

Übernächste Seite:
Wohnhof der Kaiser im Gebiet der Verbotenen Stadt, Peking. In der Ming-Dynastie erbaut und laufend restauriert.

Links:
Stein aus dem Taihu-See, in der Verbotenen Stadt, Peking

Oben:
Paeonienterrasse im Sommerpalast bei Peking südöstlich der großen Pagode, bepflanzt mit Paeonia suffruticosa.

Nächste Seite:
Der große See der kaiserlichen Sommerpaläste in Chengde, früher Provinz Jehol, der englischen Landschaftsgestaltern als Vorbild diente.

Übernächste Seite:
Lotos ist eine der wenigen Zierpflanzen, an deren Verbesserung in China züchterisch gearbeitet wird. Foto: Bi Chuchan, Wuhan.

Links:
Ein »Garten im Garten«, erst vor wenigen Jahren restauriert, im Gebiet der kaiserlichen Sommerpaläste in Chengde, früher Provinz Jehol.

Oben:
»Die zärtlichen Bäume« im Hof der Wohnung der Kaiserin in den kaiserlichen Sommerpalästen in Chengde, früher Provinz Jehol.

Nächste Seite:
Verwilderter lamaistischer Tempelgarten in Chengde, früher Provinz Jehol, aus dem 18. Jahrhundert.

Übernächste Seite:
Ein Buddha aus der Tang-Zeit bewacht das Drachentor des Gelben Flusses bei Luoyang.

Links:
Über diese Treppe des Tang Kaisers Xuanzong in der Nähe der heutigen Stadt Xian flüchtete General Tschiang Kaischek vor dem Attentat seiner Generäle auf ihn im Jahre 1936

Oben:
Garten des Tang Kaisers Xuanzong und seiner Konkubine Gugifei Yang bei den heißen Quellen von Chang'an, nahe Xian.

Nächste Seite:
Hofteil im Garten der Ergötzung in Wuxi am Taihu See, der in seiner Gesamtanlage Chenglung (Qianlong) zum Vorbild eines »Gartens im Garten«, im Sommerpalast in Peking diente.

Übernächste Seite:
Auf der Schildkrötenkopf-Insel bei Wushi sind die ehemaligen privaten Gärten zu einem Landschaftspark zusammengefaßt.

Links:
Neun-Drachen-Stein der Insel »Kleines Paradies« im Westsee bei Hangzhou, der schon seit der Song Zeit hier stehen soll.

Oben:
Westsee bei Hangzhou, Insel »Kleines Paradies« mit Durchblick auf die Mond-Pagoden im See.

Links:
Tal der Verborgenen
Seele bei Hangzhou.
Eingang zu der Grotte
»Ein Faden Himmel«.

Oben:
Botanischer Garten bei
Hangzhou. Kleiner See
in dem Gartenteil:
»Die Pflanzen
genießen«.

Oben:
Fensterdurchbruch im Garten der Dunkelgrünen Welle, Suzhou

Rechts:
Der Blumengarten der Familie Ling in Taipeh. Die Natur nimmt das Werk der Menschen zurück.

*Links:
Für den Gartenstil von Suzhou typische Gestaltung.*

Oben: Eingang zum Orchideengarten in Kanton, in dem sich ein originalgroßes Modell des chinesischen Gartens befindet, der auf der Internationalen Gartenschau in München 1983 gezeigt wurde.

Links:
Yü Garten in Shanghai, der in seinen Seen reichlich Goldfische birgt, für die die Chinesen eine ganz besondere Vorliebe haben.

Oben:
Der feuerrot blühende Pfirsich Chinas, der mit den Weiden um die Gunst des Frühlings kämpft, der Schönste zu sein. Prunus persica Magnifica (Schueldt).

Links:
Innenhof im neu erbauten Messegebiet von Kanton mit einer klassischen Zickzack-Brücke.

Oben:
Yü Garten in Shanghai, in der Ming Zeit begonnen, aber laufend bis in unsere Zeit hinein verändert.

Nächste Seite:
Typischer Wandelgang, den Garten bei jedem Wetter zu genießen, in Suzhou in einem buddhistischen Kloster.

Übernächste Seite:
Vorbild der Steinsetzungen in Gärten gab ohne Zweifel auch das »Steinmeer« in der Provinz Yunnan, nahe Kunming.

Oben:
Blick in einen Wohnhof in der Nähe der heutigen Stadt Xian.

Rechts:
Taoistische Einsiedelei im Gebiet der »Tausend Berge« in der Provinz Liaoning, nahe Anshan.

Oben:
Chinas Jugend in einem kaiserlichen Garten der Tang-Dynastie in Luoyang.

Rechts:
Die Durchschnittstemperaturen (oben) und die Niederschlagsmenge pro Jahr (unten) zeigen die extremen klimatischen Unterschiede innerhalb Chinas.

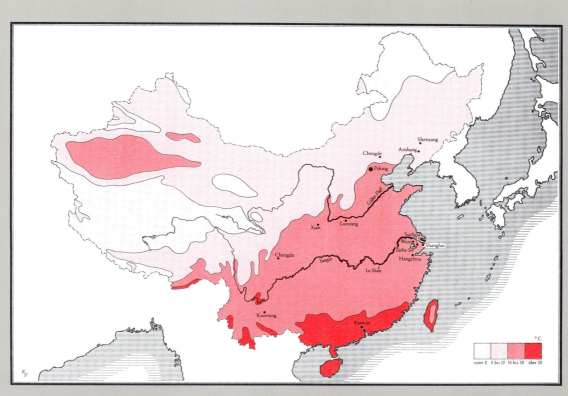
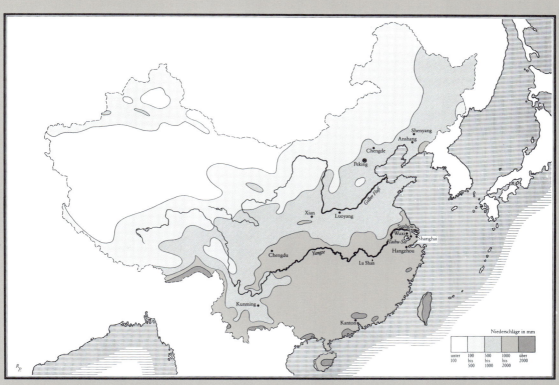

ALTE GÄRTEN IN WUXI, HANGZHOU UND SUZHOU

Die Gärten von Wuxi und Hangzhou haben viel Verwandtes. In erster Linie ist es die Lage an einem hügelumkränzten See, die sie auszeichnet und vergleichbar macht. Der Taihu-See, in dessen unmittelbarer Nähe Wuxi liegt, zählt mit 2200 qkm Fläche zu den fünf größten Seen Chinas. Das andere Ufer ist von Wuxi aus nicht sichtbar, doch der Blick über den See wird immer wieder begrenzt durch einige der zweiundsechzig Inseln, die sich als begrünte Hügel aus ihm erheben.

Wuxi, das in einer besonders harmonisch geformten Landschaft liegt, hat eine über 3000 Jahre aufgezeichnete Geschichte. Ruhe und Beschaulichkeit suchende Menschen haben sich aus dem Getriebe der großen Städte und des Hofes immer wieder hierhin zurückgezogen. Dies trifft auf das ganze Gebiet zu und führte zu einer verfeinerten Kultur der Häuser und Gärten. Landschaft und Gärten verströmen die Heiterkeit des gelassenen Nichtstuns. Einige der Gartenanlagen schienen mir mehr als Feriensitze gebaut, kaum zum ständigen Aufenthalt. Sie haben nicht das Zurückgenommene der Suzhouer Gärten, von denen man sich lebhaft vorstellen kann, daß sie den Japanern als Vorbild ihrer Tempelgärten dienten. In Wuxi und Hangzhou ist alles bewegter, voll farbiger Poesie. Die Gärten sind sichtbar gewordene Lebensfreude. Die Gedanken, nach denen sie gestaltet wurden, sind verträumt, märchenhaft oder zärtlich.

KIRSCHHÜGELGARTEN AM TAIHU-SEE

Ein örtlicher Mandarin baute sich im 17. Jahrhundert den Meihua Yuan, den Kirschhügelgarten. Er war so lange Privatbesitz, bis er »freiwillig« der Öffentlichkeit übergeben wurde. Sein letzter Besitzer, ein überaus kluger und gebildeter Mann, wie meine Begleiter versicherten, ist jetzt an entscheidender Stelle in der Gemeindeverwaltung tätig.

Dieser Winterkirschgarten, der schöne Ausblicke auf den See bietet, ist am Nordufer gelegen; er hat mit seinem Südhang ideale Bedingungen für eine frühe Blüte. Die Art *Prunus mume* ist hier in sehr großen Beständen angepflanzt, die man als Plantage bezeichnen könnte, wenn die Bäume für etwas anderes genutzt würden als das Auge zu erfreuen.

Am Eingangstor mahnt eine Kalligraphie den Gast: »Das ganze Jahr den Kopf verneigen vor den Blumen.« Die Poesie dieses Gartens benötigt für den Europäer jedoch einen geschickten Interpreten, um sich ihm ganz zu erschließen. Durchwandert er den Garten ohne diese Erklärungen, so kann es geschehen, daß er ihn verläßt mit dem Gefühl, man habe ihm eine Obstanlage ohne Früchte gezeigt.

Zwar findet er die bizarren Steine, Mondtore, phantasievoll gepflasterte an- und absteigende Wege, Pavillons, eine Pagode, kurz eine Fülle dessen, was den chinesischen Garten kennzeichnet, aber die Schneekirschbäume beherrschen doch das ganze Bild.

Ein eingeschossiger Bau an erhöhter Stelle heißt »Duftendes Schneemeer« und gewiß bietet der in sanften Wellen abfallende Hang zur Blütezeit den Anblick einer Meeresbrandung vor dem silberfarbenen Spiegel des Taihu-Sees. Der Duft von *Prunus mume* ist intensiv und fein zugleich.

Im April war in der Haupthalle eine Azaleenschau aufgebaut, in der prächtige, vollblühende, sehr alte Exemplare gezeigt wurden — vor nußbraunen Holzwänden. In einem Nebenraum bat man mich zum Tee. Der Tisch war mit einem purpurvioletten Tuch gedeckt. Alle Topfpflanzen, die den Raum schmückten, Fuchsien, englische Pelargonien, Azaleen und eine im Topf gezogene Strauchpaeonie, blühten in der gleichen Farbstimmung, die das Tischtuch hatte. An der Schmalseite des Raumes hingen vier Rollbilder mit den »Blumen der vier Jahreszeiten« auf feinen Bambus gemalt. Man erklärte mir, daß die vier Bilder unbedingt zusammen hängen müßten, da erst aus ihrer wechselseitigen Ergänzung sich das Ganze forme. Wenn auch in diesem Garten die Hauptbetonung auf der Winterkirsche liege, weil sie in so mannigfacher Hinsicht dem Menschen Vorbild sein könne, so würden die anderen Blumen nicht weniger geachtet und hätten hier ebenso ihren Platz.

Und beim frisch gepflückten Tee erzählt man das Märchen dieses Gartens: Es war einmal eine Mutter, in Gestalt eines Schneekirschbaums, und sie wohnte in diesem Meihua Yuan. Ihr einziger Sohn war ein Vogel. Er lebte in Hangzhou, etwa 400 Kilometer entfernt, aber täglich flog er nach Wuxi, seine Mutter zu besuchen.

In Hangzhou steht tatsächlich ein »Pavillon des ausgeflogenen Vogels«, und im Winterkirschgarten in Wuxi baut man jetzt ein neues großes Vogelhaus, damit der Sohn bei seiner Mutter wohnen kann. Es war bei meinem Besuch noch nicht ganz fertig, und als ich am Abend am still gewordenen See saß, und ein einsamer Vogel nach Südosten zog, schien er mir wie der abschiednehmende Besucher, Sohn einer Schneekirsche.

SCHILDKRÖTENKOPF-EILAND BEI WUXI

Das Schildkrötenkopf-Eiland ist ein gutes Beispiel dafür, was man im heutigen China eine »klassische Gartenkonzentration« nennt. Dem Nordostufer des Sees vorgelagert und durch eine Brücke mit dem Festland verbunden, ist diese Insel bewachsen mit einer ungewöhnlich vielfältigen Flora. *Photinia serrulata*, ein 5—7 m hoher, immergrüner Strauch mit rhododendronähnlichem Laub, blühte im April mit 12—15 cm breiten, weißen Dolden, die entfernt an Holunder erinnern. Duftender Schneeball, *Viburnum japonicum*, hat sich mit 4—5 m hohen Sträuchern in die Felsen eingenistet. Die großen weißen Blütenbälle hüllen ihren Standort in eine Duftwolke unnennbarer Süße. *Sophora japonica Pendula* wird in Hausnähe so geschnitten, daß ihr bizarrer, tafelförmiger Wuchscharakter noch deutlicher wird. Viel *Zelkova serrata*, ein Ulmengewächs, gedeiht hier, ihre Blättchen werden nur etwa 2 cm groß und man schneidet sie gerne zu Penjings (Bonsais) zurecht. *Wisteria sinensis*, die Glycinie, auf einer Insel des Taihu-Sees heimisch, durchschlingt mit violetten und weißen Blütenkaskaden *Thuja orientalis*. *Osmanthus fragans* zeigt seine dunkellackgrünen Blätter. Er wächst häufig im chinesischen Süden. Seine aromatischen Blüten dienen als Gewürz für Süßspeisen. Im Herbst feiert man Osmanthusfeste und lädt seine Freunde ein, die letzten milden Abende gemeinsam zu genießen. Keiner ist dann traurig oder melancholisch, weil der Sommer zur Neige geht, alle genießen die Schönheit, die der Herbst zu bieten hat. Dies »carpe diem«, »nütze den Tag«, freue dich der Stunde, in der du gerade bist, sei jetzt und hier, durchzieht die gesamte chinesische Lebensphilosophie.

Das Schildkrötenkopf-Eiland war immer ein Villengebiet und ist es auch heute noch. Nur sind diese Villen kein Privatbesitz mehr. Es ist schwer zu beurteilen, was von dem vielfältigen Pflanzenwuchs echter Wildstandort ist und was aus den Gärten ausgewandert oder von längst vergangenen Gärten zurückblieb. Denn überall begegnet dem Besucher die glanzvolle Vergangenheit von Wuxi. Zu allen Zeiten hat man sich bemüht, die Erinnerung daran wachzuhalten. In der Ming-Dynastie kalligraphierte man mit riesigen Schriftzeichen in das Felsgestein der

Insel »Wu und Yue hoffen auf Frieden«: mahnende Erinnerung an die Epoche der Frühlings- und Herbststaaten und der »Streitenden Reiche« (770 bis 221 v. Chr.), in der manche Schiffskämpfe auf dem See und wilde Uferschlachten zwischen den Staaten Wu und Yue ausgefochten wurden.

LI-YUAN-GARTEN IN WUXI

Der Name des vielleicht bedeutendsten Gartens von Wuxi, der Li Yuan-Garten, erinnert ebenfalls an diese kriegerischen Ereignisse. Ein König des Reiches Wu hatte einen Kriegsminister mit Namen Fan Li. Dieser sah eines Tages bei einer Reise in ein neues Heerlager — man lebte gerade im Jahr 470 v. Chr. — eine beunruhigend schöne Dame am See. Seine Kriegspflichten ließen ihm keine Zeit, um sie zu werben, er mußte weiter. Fan Li kämpfte und kämpfte, gewann alle Schlachten und kehrte als Sieger an den Hof zurück. Dort fand er die schöne Unbekannte, die er am Ufer gesehen und deren Bild ihn durch alle Kämpfe begleitet hatte, als neue Konkubine des Königs vor. Sein Selbstvertrauen und auch das Vertrauen in die Dankbarkeit des Herrschers waren so groß, daß er es wagte, die Schöne dem König zu entführen. In einem prächtigen goldenen Schiff, das mit roten, bestickten Seidenfahnen geschmückt war, fuhr er mit ihr über den See und landete an der Stelle, an der heute der Li Yuan-Garten ist.

Dieser Garten entstand erst zu Beginn dieses Jahrhunderts, bietet aber viel Interessantes. Ihn anzulegen, bereitete bestimmt gestalterische Schwierigkeiten, denn es ist ein sehr schmales, langgezogenes Grundstück, das sich an das Seeufer schmiegt. Die Lösung, die die Architekten fanden, schien mir vorzüglich, obwohl oder weil sie höchst ungewöhnlich ist. Wird in China sonst grundsätzlich jeder Garten von einer hohen Mauer umschlossen, sind die Eingänge vor allem in Suzhou so versteckt, daß für den Nichtkundigen gar nicht zu erahnen ist, welch köstlicher Reichtum an Schönheit sich dahinter verbirgt, so ist der Li Yuan-Garten in Wuxi, zumindest im östlichen Teil, in dem zwei mehrgeschossige Wohngebäude liegen, zur Straße hin völlig offen. Nadelgehölze, *Pinus, Thuja* und *Juniperus* umstehen die erste, etwa 200 qm große Wasserfläche, die, von einer eleganten Brücke überwölbt, den direkten Kontakt mit dem See herstellt. Wenn das goldene Schiff des Ministers Fan Li klein genug gewesen ist, konnte es in diesem stillen Hafen landen. In westlicher Richtung führt von hier ein etwa 300 m langer gedeckter Wandelgang, der zur Straße hin gewissermaßen die Mauer bildet. 89 Fenster durchbrechen diese Mauer, jedes in einer anderen Weise, phantasievoll geschmückt, so daß es den Durchblick freigibt, aber den Einblick verwehrt. Unter den Fenstern sind kalligraphierte Gedichte von Su Dongpo.

Am Ende des Wandelganges erweitert sich der Garten zu seiner größten Ausdehnung in die Breite. Dies ist der Teil, der im Augenblick noch zusätzlich nach Plänen der Gartenarchitekten des Pekinger Institutes für Investbau erweitert wird. Bei meinem Besuch 1979 gelangte man von dem Wandelgang kommend zu einem großen quadratischen See, der eigentlich Teil des Taihu-Sees ist. Schmale Dämme sind in den Taihu-See hinaus gebaut, die den Gartenraum vergrößern und einen Binnensee schaffen. Dieser Teil heißt »Garten der vier Jahreszeiten«, und jeder Dammwinkel wird von einem kleinen Pavillon markiert, der mit den Blumen einer Jahreszeit umpflanzt ist. Die Dämme tragen abwechselnd Trauerweiden und rotblühenden Pfirsich. Man sagt, daß Weide und Pfirsich miteinander um den Preis der Schönsten streiten, die Gunst des Frühlings zu gewinnen. Grün und Rot sind auch die Symbolfarben des chinesischen Südens. Der nördliche Teil dieses Gartenabschnittes, fast der einzige, der gewachsenen Boden hat, ist dem Thema »Steine« gewidmet — denn der Taihu-See und die umliegenden Hügel liefern die begehrtesten Steine für Chinas Gärten. Um die Jahrtausendwende gehörten sie zu den teuersten Dingen des Landes. Im Sommerpalast in Peking wird ein Stein gezeigt, dessen Transport so kostspielig war, daß mit seinem Erwerb eine ganze Familie sich finanziell zugrunde richtete.

Die Felsen des Taihu-Sees sind höchst ungewöhnlich geformt und regen die Phantasie zu den seltsamsten Vergleichen an. Sie sind ohne jede scharfe Kante und von Kanälen durchbrochen. Große Löcher kontrastieren mit gebuchteten Steinflächen, deren Textur auf große Härte hindeutet. Die Qualitätsmerkmale eines Taihu-See-Steines sind: man muß längs hindurchsehen können, man muß quer hindurchsehen können, er muß mager sein, und der Stein muß faltig sein wie ein Hundertjähriger. Der Dichter Su Dongpo sagte im 11. Jahrhundert von den Taihu-See-Steinen, sie wären eigentlich häßlich, aber Häßlichkeit sei eine Form der Schönheit.

Alles, was ich vor meiner Abreise über die Taihu-Steine gehört hatte, war so zu verstehen, daß man sie aus dem See holt. In einem englischen Buch fand ich eine Notiz, wonach in der Ming-Zeit regelrechte »Steinplantagen« unter Wasser angelegt wurden, für zukünftige Generationen; das aggressive Wasser gäbe den Steinen im Laufe einiger hundert Jahre die interessantesten Figurationen. Davon war der Gartenverwaltung von Wuxi, die ich eingehend darüber befragte, nichts bekannt. Im Gegenteil, man versicherte mir, daß fast alle berühmten Taihu-See-Steine von den Hügeln der Umgebung stammen, wo sie aus der Erde ausgegraben wurden und noch werden. Gelegentlich berge man bei Arbeiten am See auch Steine aus dem Wasser, aber das sei Ausnahme, nicht die Regel. Die seltsame Formation der Steine, mit ihren markanten großen Löchern, die sie ganz durchziehen, kann daher nicht in geschichtlicher Zeit durch Wasser hervorgerufen sein. Es sind Kalksteine, mit höheren Mineralstoffanteilen als die »Kalkknollen« der Schwäbischen Alb. Die Intensität ihrer Färbung bestimmt gemeinsam mit ihrer Form den Wert. Darüber hinaus werden »alte« Steine, das sind solche, die man schon lange in Gärten aufgestellt hatte, weit höher bezahlt als neu gefundene. Chinesen wünschen mit dem Stein auch seine Geschichte zu besitzen.

Im Li Yuan-Garten sind die skurril geformten, für unser Auge oft deformiert aussehenden Felsen nur sehr gezielt an bestimmten Punkten verarbeitet. Die mit fast 2 m hohen, aufrechtgestellten Steinen begrenzten Wege und der lange kühle Wolkengrottenweg, durch den man eine halbe Stunde oder mehr wie in einem Labyrinth wandern kann, sind aus großen scharfkantigen Blöcken erbaut, die fast alle eher gebrochen als ausgegraben auf mich wirkten. Nur an einem Punkt sind in verschwenderischer Fülle die kostbaren Lochsteine fast 8 m hoch zu einem transparenten Gebirge aufgetürmt.

Dieser Gartenteil, der völlig ohne Blumen ist und in dem weder Sträucher noch Bäume eine dominierende Rolle spielen, ist einem Europäer sicher der fremdeste Teil dieser sonst heiteren und üppig bepflanzten Anlage. Aber sein Erbauer wollte hier die Größe und den Ernst des Gebirges erleben, jene Kargheit und Öde, in der das Gebiet der Unsterblichen beginnt.

Der ganze Garten steht unter dem Motto »Heiter-Rot — Rauchgrau — Grün« und meint damit die so völlig unterschiedlichen Stimmungen, die man hier erleben kann. Es meint das Landschaftsbild des Sees,

Das neue Heim
Beim Paß der Großen Mauer liegt mein Haus,
In einem Tal, wo morsche Weiden trauern.
Wer wird es sein, der einmal nach mir kommt?
Getrost, er wird mich ohne Grund bedauern.
Wang Wei

das fast von jeder Stelle des Gartens aus sichtbar ist, das sich in den verschiedenen Jahreszeiten und den unterschiedlichen Beleuchtungen ständig wandelt und doch immer das Gleiche ist. Meine Gastgeber sagten mir, der Spruch meine auch, der Betrachter solle das Leben mit seinen wechselnden Ereignissen so erleben, wie er die wechselnden Stimmungen am See erlebt.

GARTEN DER ERGÖTZUNG IN WUXI

Der Jichang Yuan in Wuxi ist fast schon ein kaiserlicher Garten, obwohl er nur etwa 1 ha groß ist. Er wurde Mitte des 16. Jahrhunderts von dem Minister Qin Jin erbaut. Später hat man ihn größer und prächtiger umgestaltet, als dies sonst üblich war. Die Mandarine legten begreiflicherweise großen Wert darauf, den Kaisern bei ihren häufigen Inspektionsreisen in den Süden eine vorzügliche Unterkunftsmöglichkeit und angenehmen Aufenthalt zu bieten. Tatsächlich gefiel es Kaiser Chenglung (Qianlong) im 18. Jahrhundert hier so gut, daß er im hinteren Teil des Sommerpalastes einen »Garten im Garten« baute, der in vielen Details Ähnlichkeit mit dem Garten Jichang Yuan in Wuxi hat.

Jener kluge, doch von einer etwas einseitigen Weltsicht geprägte schöngeistige Herrscher entfloh offenbar gern und oft dem strengen Reglement des Palastes in Form einer Inspektionsreise in die südlichen Provinzen. In erster Linie folgte er mit seinen sechs Südreisen dem Beispiel seines von ihm sehr verehrten Großvaters Kaiser Kanxi, aber er suchte auch ständig nach Anregungen für seine überdimensionierten Gartenpläne.

Der Jichang Yuan, der ihn in Wuxi aufnahm, war bequem, in seinem Wohnteil auf sehr menschliche Maße reduziert, und doch herrschaftlich. Der Garten großzügig, malerisch, voller Noblesse und trotzdem von einer stillen Intimität. Die Bäume, die dem mit feinen Kieselsteinen gepflasterten Eingangsteil Schatten spenden, müssen schon zu Lebzeiten Chenglungs (Qianlongs) eine stattliche Größe gehabt haben. *Ginkgo*, Amberbaum und Ulme sind vorherrschend. Der mächtige *Ginkgo* am Portal, dessen Stammdurchmesser über einen Meter beträgt, soll in der frühen Ming-Dynastie, im 14. Jahrhundert, gepflanzt worden sein.

Der etwa 400 qm große, in einem langgestreckten Oval angelegte See ist an seiner Längsseite im Süden von einem gedeckten Wandelgang begrenzt, aus dessen Mitte ein Sitzplatz etwa 4 m in den See vorspringt. Dieser über das Wasser hinausgeschobene offene Pavillon ist etwa 20 qm groß. In seiner Mitte steht ein mächtiger Steintisch mit vier aus Stein ausgehauenen Trommelhockern. Dies ist der Platz, an dem Kaiser Chenglung gerne saß und Schach spielte. Ein Mönch mit Namen Jing Hai war sein bevorzugter Partner. Er hat berichtet, wie schwer es gewesen, den Kaiser so gewinnen zu lassen, daß dieser nicht die Absicht bemerkte. Chenglung soll keinerlei Unehrlichkeit geduldet haben, daher mußte der Mönch Jing Hai fürchten, den Kopf zu verlieren, wenn er ertappt würde.

Die Mauer, die den Wandelgang begrenzt, ist noch nicht die Grenze des Grundstücks. Diese ist nochmals etwa 10 m weiter südlich. So entstehen zwischen den weißen Mauern kleine Gartenhöfe, in denen eine Gruppe Bambus, ein schönes Exemplar *Nandina domestica* und die in Ost-China heimische *Pseudolarix kaempferi* feine grüne Linien malen. Im Schatten der hohen Bäume finden Azaleen Schutz vor der Mittagshitze. Die durchbrochenen Fenster des Wandelganges geben mit ihren Durchblicken die Illusion einer fast unendlichen Fortsetzung dieses Gartens. Der Boden ist hier mit unregelmäßigen Steinplatten

ALTE GÄRTEN IN WUXI, HANGZHOU UND SUZHOU

Garten der Ergötzung, Wuxi; er diente dem Kaiser Chenglung als Vorbild für einen Garten im Garten des Sommerpalastes in Peking

ausgelegt, die gewundene Wegführung von kleinen Felsen begrenzt. Niemand kann schnell einen solchen Gartenhof passieren. Gerade Weglinien, die kürzesten Verbindungen zweier Punkte, gibt es im chinesischen Garten fast nicht.

Durch ein Wolkentor zum See zurückgekehrt, findet man seine schmalste Stelle von einer zierlichen Brücke überspannt, die zu einer kleinen künstlichen Schlucht hinführt; dort entspringt das Bächlein der Acht Töne. Man durchwandert gewundene Grottenwege, kann an einem kühlen, steinernen Sitzplatz ausruhen und gelangt so langsam zu dem Wohntrakt. In dem Gebiet der Grotten sollen bis vor einiger Zeit noch mächtige Bäume gestanden haben, die aber das Ende ihres Lebens erreicht hatten.

DIE ALTEN GÄRTEN AM WESTSEE

Sobald ich versuche, über den traditionellen chinesischen Garten zu sprechen oder zu schreiben, bin ich in Versuchung, den Satz mit »schon seit« zu beginnen. Der Europäer ist immer wieder verblüfft über das Alter der Gärten, zugleich auch über ihre fast ungebrochen fortgeführte Tradition, von der man spürt, daß sie über »Heute« hinaus in das Morgen führen wird.

Der Westsee von Hangzhou, dieses »vom Himmel gefallene Juwel«, ist seit fast eineinhalb Jahrtausenden das Lieblingskind der experimentellen Landschaftsgestaltung. Mehrmals, aber jeweils nur kurz, war Hangzhou Hauptstadt des chinesischen Kaiserreiches — bezeichnenderweise immer dann, wenn die Verfeinerung der Kultur einen neuen Höhepunkt erreicht, ja überschritten hatte. Die weiche Luft des Südens schafft Philosophen, aber keine Kämpfernaturen, die Weltreiche steuern.

Bereits vor der Tang-Dynastie, in den letzten Jahren der Sui-Dynastie, als der große Kanal nach Peking 581 bis 618 erbaut wurde, legte man einzig zur Ergötzung der Besucher den ersten schmalen Damm über den See.

Ob es nur zweckmäßig war, das bei der Entschlammung des Sees gewonnene Material in den Dämmen unterzubringen, oder ob der magische Gedanke vieler Religionen des »Wandelns über dem Wasser« zu dieser Gestaltung führte, konnte oder wollte mir niemand in China sagen.

Bai Juyi (auch Bo-Djü-I oder Po-Chü-Jü geschrieben), 782 bis 846, war ein überragender Poet, ein großer Gartenfreund und ein mäßiger Politiker. Von 822 bis 825 lebte er als Präfekt in Hangzhou. Sein Sinn für Schönheit und Bequemlichkeit des Lebens ließ ihn diese Stadt besonders lieben.

Frühling am See
Wie ein Gemälde ist es am See, seit der Frühling gekommen.
Wirr durcheinander die Gipfel umkränzen die Fläche des Wassers.
Immer mit anderem Grün vor die Berge die Kiefern sich drängen
Und in die Wellen der Mond zeichnet den Perlenball.
Fäden aus blaugrünem Teppich, so zieht es den Reis aus dem Boden.
Neues Schilf sich entrollt als seidene Schürzenbänder.
Ach, noch immer vermag ich es nicht, mich von Hangzhou zu trennen.
Was zur Hälfte mich hält, ist es doch dieser See.
        Übersetzt von Günter Eich

KLEINE PARADIESINSEL

Noch vor der Lebenszeit von Bai Juyi, im Jahr 607, wurde die reizvollste Anlage geschaffen, Xiao

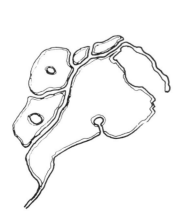
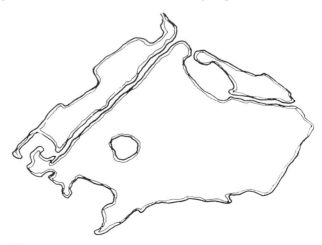

Yingzhou, eine Insel im See mit Seen in der Insel. In einer chinesischen Sage ist Yingzhou der Name eines Eilandes im nördlichen Meer, auf dem die Unsterblichen leben. Xiao heißt klein — ein kleines Paradies. Dieses Kunstwerk der Landschaftsgestaltung liegt im südlichen Drittel des 5,6 km langen Sees und ist nur mit einem Boot erreichbar. Nähert man sich ihr, so glaubt man, eine Insel voller Bäume und Blumen zu betreten. Nach 30 Metern steht man jedoch erneut einer Wasserfläche gegenüber und erkennt, daß die ganze Insel eigentlich nur aus kleeblattförmig angeordneten Seen besteht, die durch Dämme voneinander und vom See getrennt sind.

Die Gestalter haben versucht, jedem der Seen einen eigenen Charakter zu geben. Doch alle bergen Fische und Lotospflanzen. Wie in der chinesischen Gartengestaltung üblich, sind die Bäume so gepflanzt, daß sie weit über das Ufer hinausgreifend die Seen teilweise beschatten und sich in ihnen spiegeln. Zickzackförmige Brückenwege, deren Geländer nur Kniehöhe erreicht, laufen knapp über dem Wasser. Diesen flachen Seewegen Höhepunkte zu geben, die Augen von der Horizontale in die Vertikale zu leiten, sind an den Wendepunkten kleine dreieckige Pavillons über das Wasser hinausgeschoben. Von dort aus hat man einen guten Ausblick auf das Spiel der Fische und auf einen besonders ungewöhnlich geformten Taihu-Stein, der »Stein der neun Drachen« heißt. Die kleinen Pavillons tragen als Dachreiter fröhliche Tierfiguren.

Am Schnittpunkt der Dämme, welche die leicht unregelmäßigen Seen teilen, steht eine Gruppe luftiger großer Pavillons, die zum Teil sehr alt sind, von denen einer jedoch erst nach 1949 erbaut ist. Ich war ganz überrascht, ihn als den elegantesten zu empfinden. In den Pavillon-Restaurants kann man Tee trinken, vor allem aber die Spezialität des West-Sees kosten: Lotoswurzelpudding mit *Osmanthus*-Zukker gewürzt. Es ist eine zarte Delikatesse; man sagt, der *Osmanthus*-Zucker entfalte seinen Geschmack im Mund wie eine Blüte ihre Blätter in der Morgensonne. Langsam läßt man den Lotoswurzelpudding auf der Zunge zergehen und erschmeckt so sein volles Aroma.

Zurück zu den Pavillons, die in ausgedehnten Azaleen-Beeten stehen. Im April sind sie in voller Blüte. Rot- und grünlaubige *Acer japonicum* spenden ihren lichten Schatten. Zu den klassischen Weiden gesellen sich Kampferbäume und schlank aufstrebende *Thuja orientalis;* die duftenden *Osmanthus*-Blüten kann man im Herbst von den immergrünen, *Ilex*-ähnlichen Sträuchern im Vorübergehen pflücken. Lotos bedeckt die Wasserfläche der Binnenseen. Auch kleine Staudenrabatten sah ich, denen die Füße der zahlreichen Besucher aber nicht gut zu bekommen scheinen.

Die Wege über die Dämme sind erfindungsreich mit Kieselsteinen gepflastert. Mauern, die Gartenteile abschließen und zugleich Durchblicke freigeben, haben Fensterlaibungen, deren Figuren voller mythologischer Anspielung und heiterer Lebensfreude sind. Diese fast kindliche Lust an der Phantasie, am Fabulieren, entbehrt trotzdem nicht der strengen Formgesetze und bewußter harmonischer Schönheit. Elefanten traben durch einen imaginären Wald mit Löwen und Panthern, Kamele ziehen unter Palmen, in einem anderen Fenster fliegen Vögel über Kiefern, und immer wieder ist das Mandarinenpärchen dargestellt, Symbol einer glücklichen, lebenslangen Ehe. Diese plastischen Fenster, Zeugen einer uralten Volkskunst, fand ich nirgends so vollkommen durchgebildet wie in Hangzhou. Um einen Eisendrahtkern werden die Figuren aus feuchtem Lehm modelliert und nur luftgetrocknet. Als Schutz

*Linke Seite:
Der Kunming-See im Sommerpalast, Peking (links) und der Westsee bei Hangzhou, dem er nachgebildet wurde (rechts).*

gegen Witterungseinflüsse erhalten sie einen Anstrich aus Naturlack. Alle 15 Jahre müssen die Fenster erneuert werden. Seitdem die Mauern, die sie unterbrechen, geplant und gebaut wurden, sind die Fensterlaibungen schon unzählige Male neu geformt worden. Ich kann mir nicht vorstellen, daß sie zu irgendeiner Zeit reizvoller gewesen sind, als ich sie jetzt sah.

»Das kleine Paradies« ist in der Tat nicht sehr groß. Ich schätze es auf etwa 400 m im Durchmesser, trotzdem kann man lange wandern, bis man alle Pavillons besucht, die Seen umrundet und die vielen überraschenden Ausblicke und Durchblicke entdeckt hat. Wohl niemand, der die Insel einmal sah, wird sie je wieder vergessen.

Fast 1400 Jahre ist es her, daß Menschen sich dieses Kunstwerk ausgedacht und geschaffen haben, zu keinem anderen Zweck, als die Natur zu feiern und ihre Schönheit zu genießen. Sicher gab es damals nicht weniger existentielle Sorgen als in unserer Zeit. China hat sich aber offenbar immer in der Kunst geübt, den Schleier der Schönheit über das unvermeidbare Leid der Erde zu breiten.

Weitere tausend Jahre zuvor faßte Konfuzius (551–479 v.Chr.) seine Lebensregeln in folgendem Satz zusammen: »Entschließe dich zum Weg, erweise dich in Tugend, übe dich in Menschlichkeit und erhole dich am Schönen« (Lun Yu 7.6).

Verläßt man nun die Insel im Westsee, traurig, daß die Zeit auf ihr vorüber, dennoch glücklich, sie erlebt zu haben, so entdeckt man an ihrer südlichen Küste vom Boot aus drei ihr vorgelagerte Steinpagoden, deren größte etwa 2½ m hoch ist. Sie gelten als heilig und stehen in Beziehung zum Herbstvollmond, der sich in ganz besonderer Weise zwischen ihnen spiegeln soll.

Vieles in der Gestaltung der alten chinesischen Gärten ist auf die Nacht bezogen. Immer wieder begegnen einem Pavillons oder Ruheplätze, erbaut, um eine ganz bestimmte Stellung des Mondes zu betrachten, den Duft einer einzigen Pflanze in warmer Sommernacht zu genießen. Das überrascht den Besucher des neuen China im Jahr 1979 um so mehr, als die Leute dort sehr früh schlafen gehen, allerdings spätestens um sechs Uhr von Großlautsprechern mit Musik und einem frohen Spruch von Mao geweckt werden.

Die Chinesen sagen von Hangzhou, es sei einer der »Fünf Öfen Chinas« und meinen damit seine hohen Sommertemperaturen, die mit 39° benannt wurden. Die Luftfeuchte sei im Sommer normal, die Hauptregenmenge falle im April und Mai zur Kirschregenzeit, insgesamt 1500 mm im Jahr. Tritt man am Morgen aus dem Hotel und es liegt ein leichter Nebeldunst über See und Landschaft, ein weicher Regen fällt, dann beglückwünschen die Begleiter den ausländischen Gast, denn »der Westsee ist am schönsten bei Regen«. Und dieser empfindet die sanfte Melancholie mit, die über dem Ganzen liegt und aus der heraus Chinas zarteste Naturpoesie und die bedeutendsten Gemälde entstanden.

TAL DER VERBORGENEN SEELE BEI HANGZHOU

In den vielen den See umschließenden Bergen liegen offenbar eine Reihe alter Herrensitze, aber auch zahlreiche Tempel, Klöster und Wallfahrtsorte. Die tiefen Schluchten, die hochgewachsenen Bäume machen das Sommerklima erträglicher.

Das »Tal der verborgenen Seele« mit dem Lingyin-Tempel liegt einige Kilometer westlich des Sees. Im 5. Jahrhundert wurde das Kloster von einem aus Indien kommenden buddhistischen Mönch gegründet. Der steile Berg südlich des Tempels bewahrt die

ALTE GÄRTEN IN WUXI, HANGZHOU UND SUZHOU

Die Insel Kleines Paradies im Westsee bei Hangzhou

Klosteranlage vor der Mittagssonne. Er ist im Gegensatz zu den übrigen geologischen Formationen des Westseegebietes aus Kalkstein. Man erzählt sich, dieser Berg sei aus Indien hierher geflogen, um das Kloster zu beschützen. Lächelnd und keineswegs ungläubig berichtet mir die Dolmetscherin von einem indischen Gast, der bei seinem Anblick ausrief: »Der Berg ist wirklich ganz indisch, wann fliegt er zurück?« In den offiziellen Landkarten steht er als »Peak, flown from afar« verzeichnet (der Berg, der von weit geflogen kam).

Das lange schmale Tal, dessen Eindruck gedrängter Enge noch gesteigert wird durch eine parallel zum Weg laufende terrakottarote hohe Klostermauer, ist vollständig überwuchert von Farnen und Moosen. Eschen, *Ginkgo*, *Sophora* und *Thuja* sind seit vielen hundert Jahren angepflanzt. Weißblühende Schneeballsträucher neigen ihre großen Dolden vor die roten Mauern. Aus den Felsen des Berges sind über 300 Buddha-Figuren herausgemeißelt, die den Weg des Pilgers begleiten. Viele von ihnen sind in jener kurzen Ära entstanden, in der die indische Kunst starken Einfluß auf die chinesische hatte. Dies vermutlich ließ dem indischen Besucher den Berg so vertraut erscheinen. Aber es fehlt auch nicht der prächtige, dicke, lachende Milo-Buddha — jene typisch chinesische Darstellung, die ganz einmalig in der buddhistischen Welt ist. In China erst lernte ich sie verstehen. Die Gläubigen dieses Landes schufen sich einen gegenwärtigen Buddha — er ist dick und fröhlich, er ißt gerne, er trinkt gerne und wenn Frauen sich Kinder wünschen, so beten sie zu ihm. Seine zutiefst irdische Natur ist von ungebrochener Vitalität. Vermutlich ist seine Ikonographie von einem taoistischen Fruchtbarkeitsgott übernommen.

In unmittelbarer Nähe des das Tal aufschließenden Torgebäudes ist die Grotte »Ein Faden Himmel«. Jeder, der die Wallfahrtsstätte besucht, will diesen Faden Himmel durch den Berg gesehen haben. Den Eingang der Grotte bewacht eine anmutige, schlanke, etwa 4 m hohe Pagode aus dem 8. Jahrhundert n.Chr. Sie ist von Moos überwuchert. Zwischen den Steinskulpturen schaukeln lange Lianen die Felsen hinab und überschlingen oft 20 m und mehr.

Die tief mystische Ausstrahlung dieses Platzes alter Gläubigkeit entsteht möglicherweise durch den Zusammenklang von Felsen, zartem Nebel, mächtigen Bäumen, Statuen, die aus den Felsen herauszutreten scheinen, und einer grünen Pflanzenwuchskraft, die den Sieg der Natur über alles Menschenwerk demonstriert.

Die Kloster- und Gartenanlage selbst hat in den 1600 Jahren ihrer Geschichte ihre eigenen Yin- und Yang-Zeiten erlebt. Während des Taiping-Aufstandes, in der Mitte des 19. Jahrhunderts, wurden die Gebäude schwer beschädigt, zum Teil völlig zerstört. Einhundert Jahre Schweigen legten sich über diesen Platz. Erst Ministerpräsident Zhou En-Lai, der hochgebildete Sohn eines Mandarins, betrachtete es als sein persönliches Anliegen, die Tempelanlagen und Gärten im Tal der Verborgenen Seele schnellstens wiederherzustellen. Da meine Begleitung mir sagte: »Wir haben sie nach 1949 zweimal restauriert«, ist anzunehmen, daß sie eigentlich zu rasch von Zhou En-Lai wieder aufgebaut wurden; offenbar mußte auch nach der Kulturrevolution einiges repariert werden.

Der Ministerpräsident soll persönlich die Arbeiten überwacht und aus einigen Modellen die ihm am geeignetsten erscheinenden Skulpturentwürfe ausgewählt haben. Auch das wäre keineswegs ungewöhnlich, er hätte damit nur die Tradition chinesischer Kaiser fortgesetzt.

Alle Mauern tragen von außen das typische Terrakottarot chinesischer religiöser Bauten. Dachziegel, Treppen und Fensterwangen sind tief anthrazitgrau, in zartem Hellgrau erscheinen die durchbrochenen Füllungen der Fenster. Der Hangzhouer Stil, Fensterlaibungen mit plastischen Darstellungen zu füllen, erreicht hier an Kunstfertigkeit vielleicht seinen Höhepunkt. Alle Heiterkeit, die sonst die Gartenfenster ausstrahlen, ist gewandelt in ernste Würde. Heilige Kraniche stehen unter Kieferbäumen, Doppelsymbole des langen Lebens und der Treue. Zwei Tempel, sich in Ausmaß und Ausstattung steigernd, folgen aufeinander. Die Buddhagestalt des ersten Tempels ist aus einem einzigen Stück Kampferholz geschnitzt, fast 5 m hoch und 2 m breit.

Bäume solchen Ausmaßes fand ich nur vor alten Palästen, Tempeln oder großen Privatgärten. Fast aller Wald und die Bepflanzung öffentlicher Anlagen sind nicht älter als 25 bis 30 Jahre. Die kommunistische Führung hat ein ähnlich schweres Erbe übernommen wie die Regierungen vieler arabischer Staaten. Alle zerstörten Waldregionen sind wieder aufzuforsten. Nirgends jedoch sah ich solche Erfolge der Forstarbeit wie in diesem Land, obwohl die Kulturrevolution viele teils neu angelegte, teils alte Waldgebiete zerstört hat.

Derartige Gedanken bewegen den Besucher, wenn er vom ersten Tempel zum Haupttempel kommt. Die Höfe sind locker bepflanzt mit *Thuja orientalis*, Kiefern, *Viburnum*, aber auch eine Rose schlingt ihre knospenden Ranken durch die steinernen Geländer. Der mit 33 m für China ungewöhnlich hohe Haupttempel ist flankiert von zwei noblen kleinen Steinpagoden, die 960 n.Chr. erbaut wurden und alle Dramen im und um das Kloster unversehrt überstanden haben.

Die 24 m hohe Buddha-Figur dieses gewaltigen Tempels ist geschmückt mit aller chinesischen Lust am Zierat, der aus dem übrigen Leben so ganz verbannt ist. Die Gestalt Buddhas krönt ein riesiger Schirm, aus dessen etwa 2 m langen Seidenquasten sich Blütenknospen entfalten, die in ca. 3 m langen Lampions enden. In der starken Farbigkeit herrschen Rot und Gold vor.

Den Altar umwandernd finde ich auf dessen Rückseite in der vollen Höhe der Halle eine ungeheuer bewegte Szene vor, auf der in großer Farbigkeit und Naivität die 53 Lebensstationen von Nezha, dem Sohn des Drachengottes, vollplastisch geschnitzt sind. Dieses mit magischen Kräften ausgestattete Kind wird nach vielerlei Abenteuern und nach einem gereiften Leben selbst zum Buddha.

Die ganze Anlage, überweht vom Weihrauchduft, der aus riesigen Bronzekesseln steigt, schien mir eine seltsame Mischung zwischen Ausflugsort und religiöser Wallfahrtsstätte. Viele Menschen opfern Weihrauchstäbchen oder Blumen, ich sah auch ganz junge Leute, in tiefem Ernst ins Gebet versunken. Andere freuten sich offenbar nur an der Schönheit der ausgedehnten Tempelanlage und des mystischen Tales. Man sagte mir, daß an einem so schönen Frühlingstag wie diesem bis zu 100 000 Besucher kommen. Zur Zeit des Herbstmondes, wenn die vielen Osmanthussträucher blühen und mit ihrem Duft, unter dem man alle Sorgen vergißt, das ganze Land überziehen, kämen noch mehr Menschen.

Das kommunistische Regime hatte bei seinem Regierungsantritt alle taoistischen Klöster geschlossen. Diese populäre Religion war wohl zu stark im Lauf der Jahrtausende in einen magischen Zauberglauben abgeglitten. Ohne Zweifel bot sie in diesem Zustand keine Möglichkeit, sie zu tolerieren und zugleich die für das Land dringend erforderlichen Reformen durchzuführen. Meine Dolmetscherin fügte hinzu,

Skizzen
Ein lichtes Grau, auf dem Dach ein sanfter Regen,
Das einsame Kloster, auch bei Tage nur selten geöffnet.
Ich sitze und schaue wie die grüne Farbe des Mooses
Allmählich hinaufwächst in die Gewänder der Mönche.
Wang Wei

daß die buddhistischen Klöster, als Stätten einer Weltreligion, erhalten blieben. Die Ausübung einer Religion sei in China nicht verboten, es dürfe jedoch keine gelehrt werden.

QUELLE DES LAUFENDEN TIGERS BEI HANGZHOU

Aus dem taoistischen Naturkult kann man die große Verehrung erklären, die Chinesen den Quellen entgegenbringen. Ihre stets wache Phantasie entzündet sich an allem Naturgeschehen. Märchen und Mythen ranken sich um Bäume, Berge und Quellen. Die innige Naturbeziehung formte sich in der taoistischen Religion zu einer magischen Welt der Baumfeen, Quellnymphen und Spukerscheinungen.

An Quellen, von denen bei uns das Wasser automatisch auf Flaschen gezogen und mit Gesundheitsexpertisen verkauft würde, ist in China ein taoistisches Kloster zu finden, in einem Garten gelegen, jetzt unbewohnt. Die Menschen kommen in Scharen hierher, bewundern mit der gleichen ehrfürchtigen Freude wie eh und je die besonderen Eigenschaften der Quelle und erzählen sich wieder und wieder die Geschichte ihres Entstehens.

Die Quelle des laufenden Tigers sollte für viele Beispiele stehen, die ich sah. Sie entspringt in den Hügeln um den Westsee bei Hangzhou. Die rauhen Steinschluchten in ihrer Nähe sind überblüht von wilden weißen, fünfblättrigen Rosen. Das ganz edle Weiß der Blütenblätter von *Rosa laevigata* bildet einen wirksamen Kontrast zu den goldbronzefarbenen Staubgefäßen. Die Sonne stand schon im Westen und aus dem feuchten übergrünten Waldboden neben dem steilen Weg leuchteten mir weiße *Iris tectorum* und *Iris japonicum* mit hellmauvevioletter Zeichnung entgegen. Sie sind in der Blütenform der japanischen *Iris kaempferi* verwandt.

An dieser, selbst für China ungewöhnlich schönen landschaftlichen Stelle lebte einst ein Eremit. Er wollte andere teilhaben lassen an diesem herrlichen Fleck Natur und hier ein Kloster bauen, doch er konnte kein Wasser finden und so entschloß er sich, den Platz zu verlassen, um einen anderen zu suchen. Vor seinem Aufbruch erschien ihm nachts im Traum ein weißes Tigerpaar. Es scharrte im Boden und eine Quelle sprudelte hervor. Im ersten Morgenlicht erwachte der Mönch, suchte sofort nach dem Platz, den er im Traum gesehen, grub nach und in wenigen Minuten sprudelte frischklares Wasser zu seinen Füßen.

Das Wasser dieser Quelle hat besondere physikalische Eigenschaften. Die Spannung seiner Oberfläche ist so groß, daß es Geldstücke trägt (das chinesische Hartgeld ist aus Aluminium) und ganze drei Millimeter über den Rand eines Gefäßes steigt. Füllt man eine Reisschale mit diesem Wasser, läßt sich ganz deutlich die gewölbte Trommelform der Oberfläche erkennen; aufgelegte Münzen rutschen an den Rand und stehen schräg, ohne daß ein Tropfen ausfließt. Die Begeisterung für solche ungewöhnlichen Naturerscheinungen ist sehr ausgeprägt. Viele Menschen, die zu dieser Quelle wandern, wollen das »Geldopfer« bringen, das Glück versuchen, daß »ihr« Stück getragen wird, aber die Schönheit der Umgebung und ihr Pflanzenreichtum haben die gleiche Anziehungskraft. Eine große Halle, die offenbar früher zum Kloster gehörte, nimmt die Gäste zu Tee und Imbiß auf. Es gibt Andenkenläden, in denen Kunsthandwerk zu kaufen ist, Holz- und Elfenbein-Schnitzereien, Steinschnitte, Malereien, Papercuts, Seidendamaste — immer wieder wird mir bewußt, bei welch kunstfertigem Volk ich zu Gast bin.

Alles ist sauber und gepflegt, selten wirft jemand Papier auf den Boden. Beinahe rätselhaft, wie es gelingt, eine so stark besuchte Anlage in so vorzüglichem Zustand zu erhalten. Der umgebende Wald, großenteils nach 1949 neu aufgepflanzt, ist in dem feuchtwarmen Klima schon recht mächtig geworden. Schräg fiel die Abendsonne durch Ahorn, Eschen, Palmen und *Euonymus,* die den Weg begleiteten; hinter dem verlassenen Kloster beginnt ein Bambusforst. Alle Gäste rüsteten zur Heimkehr, nur ein Trupp Schüler der bekannten traditionsreichen Hangzhouer Malschule blieb zurück, um die Einmaligkeit der Abendstimmung im Bambuswald festzuhalten.

SUZHOU UND SEINE GÄRTEN

Ein chinesischer Literat schrieb über Suzhou und seine Gärten:

»Wer die Gärten besucht, sollte einige Kenntnisse über ihren historischen Hintergrund haben. Das Gemüt sollte friedvoll und aufnahmefähig sein. Der Versuch lohnt, zuvor den Entwurf des Gartens und seine Pflanzen zu kennen. Für die unterschiedlichen Teile sollte man keine willkürlichen Sammlungen machen, aber man sollte vorsichtig eins gegen das andere abwägen wie die Paare von Schriftzeichen.« (Diese sind gekennzeichnet durch parallele Aussagen, die miteinander in Verbindung stehen in Achtung der jeweiligen Tonhöhe und Wortbedeutung.) Und der Literat fährt fort:

»Wenn man durchgängig ein Begriffsvermögen für die greifbaren Formen der Objekte hat, sollte man versuchen, eine innere Verbindung mit der Seele des Gartens zu bekommen, um die mystischen Kräfte zu verstehen, die die Landschaft schützen, und um die Zusammenhänge zu erkennen.«

Ich hatte das große Glück, von einem Bauingenieur und einem Historiker, der zugleich Restaurator ist, diese Zusammenhänge aufgezeigt zu bekommen. Herr Zhu Minquan ist in leitender Position in der Gartenbauverwaltung von Suzhou tätig.

Während Europas Gärten durch Pflanzen aller Art die Menschen erfreuen wollen, beabsichtigen Chinas Gärten durch ihre gesamte Gestaltung, durch das Zusammenspiel von Steinen, Erde, Licht, Wasser und Bewuchs ein Wohlgefühl, ein Gefühl der absoluten Harmonie im Menschen zu erzeugen. Damit dieses Gefühl innerer Harmonie nicht zu einem Nachlassen der Aufmerksamkeit führt, werden dem Gartenbesucher, so wie er beginnt, den Garten zu durchwandern, immer neue, überraschende Szenen geboten. Ruhe und Bewegung ergänzen einander. Dies wird in erster Linie erreicht durch die starke Gliederung dieser Gärten mit Hilfe von Mauern, Pavillons und Wasser.

Die Anwesen wurden meist von einem ganzen Familienverband bewohnt und auch finanziell getragen, doch hatte darin jede Generation ihren separaten Lebensraum: für alle erreichbar und doch in sich abgeschlossen. Diese zweckgebundene Gestaltung wurde bewußt genutzt als ästhetisches und auch philosophisch-ethisches Ausdrucksmittel. Als Europäer wird man vermuten, daß diese starke Gliederung die Gärten eher verkleinert, in Wirklichkeit ist es umgekehrt. Durch die vielen überraschenden Veränderungen, die das Auge erfährt, wird der Betrachter immer neu gefordert, Stellung zu nehmen. Die Zeit wird mit so viel Inhalt gefüllt, daß sie sich für den Gartenbesucher dehnt und ihr reales Maß verliert. Doch daß einem das Gefühl für die Zeit, die man im Garten verbracht hat und auch die Einschätzung seiner Größe abhanden kommt, entbehrt man gerne. Immer wieder hatte ich Sorge, durch meine Begeisterung und den dadurch entstandenen völligen Verlust des Zeitgefühls mein Besuchsprogramm total durcheinanderzubringen. Ich weiß heute noch nicht, ob

Konstruktion eines Garteneingangs in Suzhou

der reibungslose Ablauf nicht doch in erster Linie meinen chinesischen Freunden und ihrem gütigen Verstehen meiner Wünsche zu verdanken ist.
Besonders in den Suzhou-Gärten vermißt der Europäer zunächst schmerzlich die Stauden und Sträucher. Immer wieder mußte ich mich zwingen umzudenken und zu versuchen, mich in die einsamen Hochgebirgslandschaften, z. B. den Steinwald bei Kunming, zu versetzen, die diese Gärten reproduzieren wollen. Maler hatten diese Landschaften betrachtet und ihre Umsetzung in Gärten versucht. Gerade in Suzhou arbeiteten Künstler, die aufgrund ihrer Erkenntnis der ungeheuren Vielfältigkeit dieser Welt nur schwer der Versuchung widerstehen konnten, diese Vielfalt im Garten darzustellen. Für sie wäre es undenkbar gewesen, in einem Garten nur eine Pflanzensammlung zu sehen, er hatte Bild der Weltenlandschaft zu sein. Aber es sind Gärten, die ihre Besucher verwandeln und verzaubern möchten. Geisterglauben, Magie, Märchen und Romane sind in sie verwoben. Nur wer bereit ist, sich verzaubern zu lassen, kann diese Gärten verstehen.
Das Stadtbild von Suzhou ist das originellste, hübscheste und geschlossenste, das ich bisher in China sah. Die zwischen Nanking und Shanghai am großen Kanal gelegene Stadt (500000 Einwohner) hat zu allen Zeiten Schöngeister und pensionierte Politiker angezogen. Der schwarze Boden, das milde südliche Klima und der hohe Grundwasserstand ließen die Bauern Ernten erzielen, von denen die Grundbesitzer angenehm leben konnten. Durch den für China unverhältnismäßig großen Prozentsatz reicher Bewohner konnten Handwerker und Gärtner ihre Kunstfertigkeit in einem Maß entwickeln, das vielleicht einmalig auf der Welt ist. Alles waren kleine Familienwerkstätten, und bis Mitte dieses Jahrhunderts ernährten sie 95% der Bevölkerung.

Im Frühling 1979 fand ich das Stadtbild noch geprägt von diesen Kleinwerkstätten und den Kanälen, die wie in Venedig die Stadt durchziehen. Die zweistöckigen, in langen Zeilen aneinander gebauten Häuser haben fast alle über der Werkstatt eine verglaste, über die Geschoßbreite durchgehende Fensterfront. Dieses Obergeschoß unter dem grauen Ziegeldach teilt sich von der zu ebener Erde liegenden Werkstatt durch eine Holzverkleidung, die oft im Flachrelief geschnitzt ist oder alte Bemalungsreste zeigt. An der Rückfront der zur Hauptstraße orientierten Häuser liegt meist ein Kanal, über den heute noch die Händler in ihren Dschunken ziehen.
Die Mandschu-Herrscher ließen für ihre Frauen im Nordteil des Sommerpalastes eine Suzhou-Straße nachbauen, damit sie die Lust des Einkaufserlebnisses haben konnten, wie die Bürgerfrauen. Spätere Theoretiker der Gartenkunst haben gerade diese Partie des Sommerpalastes streng als Ausgeburt höfischer Phantasie kritisiert.
Heute stehen viele dieser kleinen Werkstattläden in Suzhou leer, obwohl die Versorgung der Bevölkerung mit wichtigen Konsumgütern ausreichend ist. Schmerzlich empfand ich, daß im Hintergrund dieses Ladenviertels bereits neue vierstöckige Häuser emporwachsen und der Abriß der alten malerischen, aber heute sicher nicht mehr bequemen Wohnungen absehbar ist.
Die Gärtner von Suzhou haben sich bisher darauf beschränkt, die zahlreichen berühmten Gärten der Stadt zu erhalten und zu restaurieren. Nun plant die Verwaltung auch neue Anlagen, um der Gartenbegeisterung der Bevölkerung weitere Wege zu ebnen. Die alten Gärten sind solche von einst reichen Leuten, sie haben alle eine lange, lange Geschichte; auch die Geschichte einzelner Bäume und wer sie einst pflanzte, ist in der Stadtchronik aufgezeichnet.

ALTE GÄRTEN IN WUXI, HANGZHOU UND SUZHOU

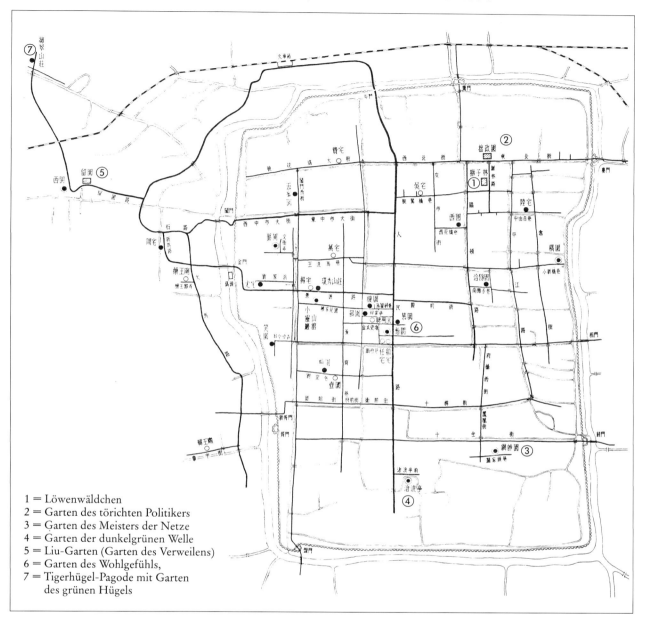

1 = Löwenwäldchen
2 = Garten des törichten Politikers
3 = Garten des Meisters der Netze
4 = Garten der dunkelgrünen Welle
5 = Liu-Garten (Garten des Verweilens)
6 = Garten des Wohlgefühls,
7 = Tigerhügel-Pagode mit Garten des grünen Hügels

Stadtplan von Suzhou mit Lage der Gärten

Genau wie in seinen Seidenstickereien hat Suzhou auch in der Gartenkunst einen ganz eigenen, kaum verwechselbaren Stil entwickelt. Auch Häuser vom Bautyp dieser Stadt sind mir sonst nirgends in China begegnet. Vielleicht kann man daraus schließen, daß die Menschen dieses Landstrichs nicht nur exzellente Handwerker, sondern zu eigenständiger künstlerischer Schöpfung ungewöhnlich begabt sind. Mit Hangzhou teilt sich diese Stadt den Ruhm, die besten Maler Chinas ausgebildet zu haben. Malerei und Gartenkunst haben sich verschwistert. Kein Zweifel, die Gärten hier sind Werke intellektueller Ästheten, die zu ihrer Ausführung perfekte Handwerker, aber kaum Gärtner im europäischen Sinne benötigen.

Bereits vor der Zeitwende war es in Mode gekommen, daß vom Hof ungeliebte Philosophen oder Künstler sich schmollend in eine strohgedeckte kleine Hütte im Gebirge zurückzogen, einen winzigen Garten um ihre Behausung bauend. Diese kleinen Gärten im Gebirge, die die Landschaft in das Bild einbezogen und doch eine gehegte, überschaubare Umgebung schufen, waren Vorbild für ungezählte Generationen chinesischer Gartenkünstler vor allem in Suzhou. Die alternden konfuzianischen oder taoistischen Philosophen, die sich vom politischen Tagesgeschäft zurückgezogen hatten, wollten zwar wie ihre Vorväter in einfachsten Verhältnissen in den Bergen leben und die Macht der Natur auf sich einwirken lassen, aber die Bequemlichkeit der Städte hatte sie längst verweichlicht. So gingen sie aus der Metropole in eine der heiteren, kleinen Städte des Südens und bauten sich den Ernst des fast unbewaldeten Gebirges in ihren Gartenraum. Immer ist gegenüber dem »Gebirge«, getrennt durch einen See, ein bequemer Pavillon, um in Ruhe zu sitzen und »Berg und Wasser«, kurz, die Landschaft zu betrachten.

Man erreicht die Gärten Suzhous fast ausnahmslos durch schmale Seitengassen, die von weiß geschlämmten Häusermauern begrenzt sind, so daß die Orientierung für den Ortsunkundigen sehr erschwert ist. Die meisten dieser Gärten liegen mitten in der Stadt, aber so versteckt, daß man sie ohne Führung selbst mit einem guten Stadtplan kaum finden würde. Die Betrachtung der versteckten Eingänge ließ mir oft die Operettenmelodie in den Sinn kommen: »... doch wie es drinnen aussieht, geht niemand was an.« Tatsächlich hat dieses operettenhafte »Land des Lächelns«, das so stark die Phantasie und Einbildungskraft angeregt hat, nichts mit der Wirklichkeit Chinas zu tun.

DAS LÖWENWÄLDCHEN

Der Garten, der am konsequentesten auf dem kleinsten Raum von 2 ha den typischen Suzhou-Gartenstil zeigt, ist das »Löwenwäldchen« der Shi Zi Lin. Dieser Garten erscheint am häufigsten in den raren, dem Westen zugänglichen Gartenbildern aus China. Meine Erwartungen waren entsprechend hoch gespannt. Die Gartenbegeisterung, die ich am gleichen Tag mit 19000 Besuchern teilte, machte es fast unmöglich, sich im Löwenwäldchen fortzubewegen. Einen tiefgreifenden Eindruck konnte er bei diesem Ansturm wohl kaum auf irgend jemand machen. Ich bat meine freundlichen Begleiter, den Besuch am nächsten Morgen gleich in der Eröffnungsstunde zu wiederholen, aber sie erklärten mir, daß dann bereits die ganze Straße durch eine Schlange Wartender blockiert sei.

Doch bei aller Menschenflut wird dem Besucher eines klar: nirgends ist die Durchdringung der Gartenräume mit philosophischem Geist und einer skeptisch-melancholischen Grundstimmung so deutlich wie in Suzhou. Betritt man dieses Löwenwäldchen,

ALTE GÄRTEN IN WUXI, HANGZHOU UND SUZHOU

Bergdorf Umfassendes Grün an der Tigerhügelpagode, Suzhou

so mahnt bereits vor dem ersten Pavillon eine Kalligraphie: »Lesen bildet!« Unter dieser Schrift hindurchgehend, betritt man die »Halle des Mandarinenten-Pärchens«, und jedem ist dabei bewußt, daß dies Symbol einer glücklichen, lebenslangen Ehe ist. Vor allem das Frauenbild soll mit diesem braven Pärchen geprägt werden. Die Ente folgt dem Erpel und auf das leiseste Locken von ihm, »Tsi, tsi«, ist sie bereits an seiner Seite. Mandarinenten sind ein altes Idol. Bei Hochzeiten wurden im Brautzug die Schrifttafeln mit dem Lockruf des Erpels vorangetragen. Enten in jeder Form waren beliebte Hochzeitsgeschenke. In Holz geschnitzt, aus Papier geschnitten, gemalt, auf Seide gestickt, in Kuchen gebacken — die folgsame treue Frau war das Leitbild der alten chinesischen Ehe, die dem Mann viel Freiheit ließ. Die neue Gesellschaft hat das verändert — aber nicht im Sinne der Freizügigkeit für beide, sondern, wie man mir sagte, der gegenseitigen, lebenslangen Treue. Diese Regierungsform, deren Maxime das »freiwillige Befolgen von Pflichten« ist, macht damit in der engsten zwischenmenschlichen Beziehung keine Ausnahme. Wobei der Begriff der Freiwilligkeit einer Sprache entnommen ist, in deren Wortschatz weder »Freiheit« noch »Individuum« vorkommen.

Nun, die »Halle des Mandarinenten-Pärchens« im Löwenwäldchen ist zwar spiegelbildlich, doch nicht konform, Symbol der ebenso ähnlichen wie ungleichen Partner, die vereint ein Ganzes sind.

In solchen oder ähnlichen Gedanken weiterschreitend kam ich zur Haupthalle des Shi Zi Lin. Sie ist so gebaut, daß sie einen guten Ausblick auf eine Kieferngruppe gibt. Innen- und Außenarchitektur bilden in China immer eine Einheit. Diese Halle, in der ich geruhsam sitzen und die Kiefern im Spiel des Windes betrachten konnte, heißt »Pavillon der wahren Interessen«. Der Mandschu-Kaiser Chenglung (Qianlong), der häufig diesen Garten besuchte, wollte die Halle »Es gibt wahre Interessen« nennen. Dieser Satz war den Chinesen zu direkt. Mit solcher eindeutigen Bestimmtheit drückt sich keiner gerne aus. So gab man in höflicher Anlehnung an die kaiserlichen Wünsche den Namen »Pavillon der wahren Interessen«. Eine Halle wie diese, nach mindestens drei Seiten offen, findet sich in den meisten Gärten, sie nimmt eine Schlüsselposition ein. Die elegant gelatteten Fenster werden nur in der kühleren Jahreszeit eingesetzt. Stets liegt vor der Haupthalle eine Terrasse, die einen besonders guten Ausblick, meist auf Wasser- und Felspartien, bietet.

Der zentrale Punkt ist wie fast immer in diesen südlichen Gärten der See, als Spiegel des Himmels. Die Ufer sind steil, steinig und schroff. Wie im Hochgebirge ist der Pflanzenwuchs äußerst sparsam. Es ist ein Landschaftsbild aus Felsen und Wasser, das hier gestaltet wurde. Einige *Ficus pumila* überziehen in Wassernähe die Steine, zarte Akzente setzend und zugleich Kieselsteinpflasterung und Felsen zusammenbindend.

Sehr ausgeklügelt plaziert neigen sich wenige *Jasminum mesnyi*, als Büsche gezogen, über den See; Ende April standen sie im vollen Flor der strahlend zitronengelben Blüten am grünen Holz. Diese Pflanzen sind ebenso wirkungsvoll vor den weiß geschlämmten Mauern, dem nußbraunen Holz der Bauten wie in ihrer Widerspiegelung im See.

Einzelne, vorwiegend alte Bäume überwölben die Wasserfläche. Zu den Kiefern gesellen sich *Cinamomum*, der Kampferbaum, *Ginkgo*, und in diesem Garten auch Magnolien. Weiden fehlen nie, denn überall sind Liebende, denen der Weidenbaum im Hin- und Herwehen seiner Zweige ihre Gedanken bestätigen soll. »Westwind, deine feuchten Schwin-

ALTE GÄRTEN IN WUXI, HANGZHOU UND SUZHOU

Yi-Garten, Suzhou

gen, wie ich dich um sie beneide...« schrieb Marianne von Willemer für Goethes West-Östlichen Diwan. Das Löwenwäldchen wurde zuerst in der Yuan-Dynastie (1280—1368) als buddhistischer Tempelgarten im Jahr 1342 von dem Mönch Wei Ze angelegt. Angeblich sollen mehr als zehn berühmte Landschaftsmaler der Zeit an der Planung und dem Bau des Gartens beteiligt gewesen sein. Seine malerische aber auch poetische Konzeption ist überall spürbar. Sie teilten den Garten in zwei Hauptteile, den östlichen Bergteil, der die höchstmögliche Übersteigerung der Vorstellung des »gebauten Gebirges« ist, die ich erlebte, und den westlichen, flachen, den die Wasserfläche beherrscht.

In dem Gebirgsteil ist alles zu finden, was die chinesische Gartenkunst an skurrilen Steinformationen, Höhlen, Grotten und aufgetürmten Bergen sich ausdenken konnte. Dazwischen heben sich wie Vogelschwingen die doppelten Dächer zum Himmel. Oberflächlich betrachtet, wie ich es leider tun mußte, erscheint das Ensemble zunächst wie ein gewaltig tönendes Furioso wildester Bewegtheit. Mitten aus den stark zerklüfteten Taihu-Steinen schießen drei bis vier Meter hoch schlanke Bambussprossensteine wie Kadenzen in die Frühlingsluft. Tonnenschwere, bizarre Felsen balancieren auf ihrer schmalsten Stelle wie Elefanten im Zirkus. Alles scheint in Aktion, alles in Bewegung zu sein, alle bekannten Naturgesetze heben sich gegenseitig auf und kommen letztlich doch zu einer gänzlich neuen, völlig überraschenden Harmonie, die die anfängliche Skepsis vertreibt. Sehr wesentlich für die Beurteilung dieses Gartens scheinen mir die Lichtverhältnisse zu sein, die während des Besuchs vorherrschen. Vielleicht ist die Zeit der untergehenden Sonne, sowohl von der Beleuchtung als auch von der Besucherzahl her, am günstigsten.

DER GARTEN DES TÖRICHTEN POLITIKERS

Dieser Park gilt als »Natürlicher Garten«. Damit ist gemeint, daß er nicht so stark stilisiert ist wie das Löwenwäldchen. Von dem in der Ming-Dynastie im 16. Jahrhundert entstandenen, ursprünglich 18 ha großen Garten blieben im 20. Jahrhundert nur noch 3 ha Fläche übrig. Die Geschichte dieses Gartens liest sich in manchen Abschnitten wie ein Kriminalroman. Jeder Besitzer hat den Garten verändert, aber keiner konnte sich lange an ihm freuen.

Der hohe Mandarin Wang Xianchen ist das klassische Beispiel des vom Hofdienst suspendierten oder von ihm angewiderten Intellektuellen, der sich in die Provinz zurückzog, um einen Garten zu bebauen. Er erkannte, wie töricht es wäre, Politiker zu bleiben, und fand es weiser, Gärtner zu sein. Wang Xianchen nannte seinen Garten nach dem eigenen Lebensschicksal. Immer schon legten die Chinesen ihre Weltanschauung in der Benennung ihrer Gärten und der Pavillons darin dar.

Wang Xianchen hat diesen Garten nie als ständigen Wohnsitz benutzt. Er war ihm Feriendomizil und ein Platz, um Freunde zu empfangen. So weicht der Plan grundsätzlich ab von dem des chinesischen Hofhauses — alle wichtigen Gebäude sind um den großen See und seine Seitenarme plaziert.

Verhältnismäßig kurze Zeit nach dem Tod des Gartenschöpfers verspielte sein Sohn beim Würfeln den ganzen Besitz in einer einzigen Nacht an einen hohen örtlichen Mandarin, der aber auch nicht viel davon hatte. Er starb ganz plötzlich. Offenbar wurde der Garten dann zum ersten Mal Regierungseigentum, wurde hälftig geteilt und von zwei Militärmandarins bewohnt. Sie trugen als Abzeichen ihres hohen Ranges, in Herzhöhe auf ihr Gewand gestickt, das mythische Einhorn im Erdquadrat. Das unterschied sie von den niedrigen Generalsrängen, die durch Raub-

ALTE GÄRTEN IN WUXI, HANGZHOU UND SUZHOU

Garten des Törichten Politikers, Suzhou

Plan des Gartens des törichten Politikers, Suzhou

tiere, Löwe, Leopard, Tiger und Bär gekennzeichnet waren, während man die zivilen Mandarins an ihren gestickten Vögeln erkannte (Pelikan, Wildgans, Pfau, als höchster Rang Goldfasan). Das mythische Einhorn nun, das den höchsten Militärrang bezeichnete, hat in China eine Verkündigungsrolle, ist aber auch Potenzsymbol und gilt als das absolut schnellste Tier. Es zu verfolgen heißt Unerreichbarem nachjagen. Offenbar jagten die beiden Generäle dem Unerreichbaren aber selbst nach, denn sie verloren den Krieg gegen die Mandschu-Eroberer und mußten 1644 den »Garten des törichten Politikers« mit dem Gefängnis tauschen.

Der Mandschu-Herrscher Shunzhi, der sich zum Kaiser von China machte und als Unterwerfungszeichen von jedem männlichen Chinesen das Tragen eines Zopfes forderte, nahm nun den Garten als Tribut und ließ ihn sofort gründlich verändern. Im undurchsichtigen Spiel von Deserteuren, Günstlingen und Rebellen kam der Garten schließlich wieder in Privatbesitz, aber der Besitzer verlor kurze Zeit danach seinen Kopf. So war die ganze üppig ausgestattete Anlage erneut zu haben, das heißt, sie fiel wieder einmal der Regierung zu. Die neuen in Peking etablierten Herren waren ganz überrascht über die Gartenpracht. Sie ließen seine wesentlichen Bauteile und die schönsten Steine kurzerhand demontieren und nach Peking schaffen, um diese Prunkstücke ihren Palästen einzuverleiben. Das Gelände mit den wenigen verbliebenen Gartenresten wurde in drei Teile zerspalten und einzeln verkauft.

1736 beim Antritt der Regierung des Kaisers Chenglung (Qianlong) waren die drei Gärten völlig verwahrlost. Ein chinesischer Beamter, der Gutsbesitzer war, kaufte den östlichen Teil, ließ ihn restaurieren und benannte ihn »Der wiederhergestellte Garten«. Offenbar hat er versucht, diesem Teil des Parks seine ursprüngliche Form zurückzugeben. Den westlichen Teil kaufte ein anderer Hofbeamter mit mehr literarischen Neigungen, er nannte ihn den »Garten der Bücher«. Von dem mit ihm geistesverwandten Tao Yuanming wird erzählt: »Oft schreibt er, um sich die Zeit zu vertreiben und zeigt, wo sein Ziel im Leben liegt, und vergißt dann ganz, was auf dieser Welt gelingen und versagen heißt. So stirbt er auch.« In schneller Folge wechselten die drei Gärten ihre Besitzer. Bei der Taiping-Revolte Mitte des 19. Jahrhunderts wurden Teile von Suzhou zerstört und die Gärten zeitweise konfisziert. Im Auf und Ab ihrer Geschichte wurden die drei Gärten während des japanischen Krieges Sitz der Provinzialregierung. 1949 kamen sie in den Besitz der kommunistischen Zentralregierung, die sie später dem Gartenverwaltungsbüro übergab, das die Vereinigung der drei Teilflächen zu einem Garten betrieb und seine völlige Wiederherstellung 1961 beendete. Damals gab man ihm den ursprünglichen Namen, den des törichten Politikers, zurück.

Kennt man die wechselvolle, über 400 Jahre lange Geschichte dieses Gartens, in der Liebe zur Prachtentfaltung, stille Philosophie, Vandalismus und völlige Verwahrlosung einander abwechselten, so überrascht die ruhige, klare Konzeption der jetzigen Anlage noch mehr als zuvor. Die Verkleinerung von 18 ha auf 3 ha, die zeitweilige Zerlegung in drei getrennte Teile — all das ist jetzt nicht mehr sichtbar. Man hat den Eindruck, in einem geschlossenen Gartenraum zu sein, dessen Charakter vor Jahrhunderten geprägt und nicht mehr verändert wurde. Die oft über das Wasser hinausgreifenden Pavillons, die fein gepflasterten Wege, der Kontrast zwischen dem braunen Holz und den weiß geputzten Wänden — all das ist von hoher stiller Noblesse. Die Gartenverwaltung Suzhou sagt, daß sie den Garten bewußt nach

ALTE GÄRTEN IN WUXI, HANGZHOU UND SUZHOU

Löwennetz-Garten, Suzhou

alten Landschaftsgemälden wiederhergestellt habe. Einige Bauteile, zum Beispiel eine zierliche grünfarbene Brücke mit ca. 35 cm hohem Marmorgeländer, sind noch original aus dem 16. Jahrhundert. Zwar fehlen die ganz sensationell geformten Steine (die hat man im 17. Jahrhundert für Peking gestohlen), doch es gibt eine reiche Anzahl schöner alter Pflanzen und Bäume. Am meisten überraschte mich eine 200–300 Jahre alte weiße *Rosa banksiae plena*, die ein pilzförmiges Eisengestell von 8 m Durchmesser vollkommen dicht überwuchert. Ende April waren gerade die ersten Blüten geöffnet und man konnte sich eine Vorstellung machen, daß die in diesem Gebiet wintergrüne Wildrose bei dem Vollflor ihrer etwa 1,5 cm großen, in meterlangen Doldenrispen erscheinenden Blütchen kein Teil ihres zartgefiederten Laubes mehr sehen läßt. Diese Rose blüht an ihren Wildstandorten in den südlichen Provinzen sowohl in Weiß wie in verschiedenen zarten schönen Gelbtönen.

In dem heutigen Garten nimmt Wasser 60% der Fläche ein. Von dem großen Hauptsee im östlichen Gartenteil mit seinen drei Inseln zweigen zahlreiche Seitenkanäle ab und erweitern sich zu neuen kleinen und größeren Teichen. Das Gesamtkonzept ist großzügig und klar, ungehindert der zahlreichen, liebevoll durchgearbeiteten Details. Sind an dem Hauptsee die Ufer, im Gegensatz zu fast allen anderen Beispielen, flach und betonen die Senkrechte durch Büsche, die das Wasser begrenzen, so sind die Seitenarme und Teiche mit den typischen Steinen, die bis 1 m hoch über die Fläche steigen, eng gefaßt. Offenbar ganz bewußt sind die kleineren Wasserflächen in den intimeren Gartenteilen auch in der Bepflanzung viel subtiler behandelt.

Aussichtsterrassen, offene Hallen und im westlichen Teil die größte »Halle der 36 Mandarinenten« mit den berühmten blauweißen Glasfenstern gliedern und binden zusammen. Immer sind über dem Wasser schwebende Pavillons am unteren Steinsockel von Rankpflanzen umschlungen. In der Nähe der Gebäude tauchen auch so kräftige Formen wie Bananenstauden auf, die aber stets von leichtem Bambuslaub kontrastiert werden, als deutlich betonter Gegensatz. Häufig fand ich die Steineibe *Podocarpus macrophyllus*, die die Engländer »Buddhist pine« nennen, deren schweres, sattes Grün an Farbtiefe kaum etwas Vergleichbares hat.

Die Pflanzen werden fast nie bodengleich gepflanzt, immer werden Beete durch Einfassung mit behauenen oder unbehauenen Steinen bis ca. 60 cm über dem Niveau angelegt.

Anschließend an den westlichen Hauptgarten des Zhuo Zheng Yuan erstreckt sich ein etwa 1000 qm umfassender Gartenhof, in dem eine Penjing-Sammlung in zahlreichen Varietäten und Großpflanzen von Azaleen ausländischen Besuchern gezeigt werden. Vor allem die Penjing, die in ganz verschiedenen Stilen erzogen sind, haben ein sehr hohes Alter. Auch hier gibt es übergroße Exemplare, bis ca. 2,20 m hoch, einige in wunderbaren alten Steingefäßen auf steinernen Tischen ausgestellt. Überraschend viele strauchförmige Pflanzen wie *Photinia serrulata* und *Osmanthus fragans* sind hier zu Penjing geformt, aber auch *Podocarpus macrophillus*, *Pinus tabuliformis*, *Prunus mume*, *Prunus persica*, Granatäpfel, Bambus und Zieräpfel. Zwei ungewöhnlich schöne *Wisteria* waren im Vollflor, eine blaue und eine weißblühende Pflanze. Besonders die weißblühende Glycinie faszinierte mich durch ihr offensichtlich hohes Alter und ihren schönen Wuchs. Man sagte mir, daß sie überhaupt keine Ranken mehr ausbildet und praktisch nicht mehr geschnitten werden muß. Ich mußte sofort an die Reisebeschreibung des engli-

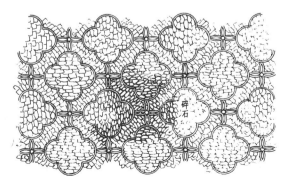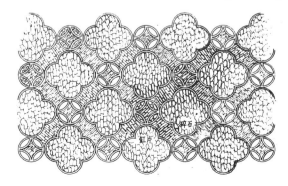

Typische Pflastermuster von Gartenwegen in Suzhou

schen Pflanzensammlers Fortune denken, der 1840 Suzhou besuchte, aber von keinem der berühmten Gärten berichtet, die er offenbar überhaupt nicht gesehen hat. Er schreibt:

»Die Anzahl der Gärtnereien in dieser Stadt wurde von meinen chinesischen Freunden in Shanghai sehr überbewertet. Aber nichtsdestoweniger, da waren den Umständen nach mehrere ansehnliche Existenzen, von denen ich einige neue und kostbare Pflanzen erwerben konnte. Von diesen möchte ich beiläufig notieren eine weiße Glycinie« *(Wisteria sinensis),* »eine feine neue, gefüllte gelbe Rose« (wahrscheinlich war es *Rosa xanthina plena* oder die gelbe Form von *Rosa banksiae plena),* »eine Gardenie mit großen weißen Blüten wie eine Camelia. Diese Pflanzen sind neu in England und werden sich schnell in allen Gärten des Landes einbürgern.« ... »Die Suzhouer Gärtnereien haben im Überfluß Serien von Zwerggehölzen. Viele von ihnen sind sehr kurios geformt und steinalt, zwei Merkmale, die für den chinesischen Geschmack von viel größerer Wichtigkeit sind als für den englischen.« Ob die weiße Glycinie die gleiche Pflanze war, die ich 139 Jahre später dort sah? Die Azaleen sitzen in schönen, glasierten Keramiktöpfen, die bis zu 80 cm Durchmesser haben. Sie erreichen eine Ausdehnung von 2 bis 2½ m und stehen im lichten Halbschatten hoher Bäume. Suzhou hat Wintertemperaturen bis −5 °C und etwa 1000 mm Niederschlag im Jahr. Auch winters bleiben die Pflanzen an ihrem Platz im Freien.

Überall spürt man die Bedeutung, die die Topfpflanze in China hat und immer schon hatte. Dieser Hof ist mit viel Überlegung und Sorgfalt geplant; es gibt Teile mit voller Sonneneinstrahlung und alle Abstufungen der Schattentiefe. Ein kunstvoll geflochtener Bambuszaun grenzt die Azaleen ein, damit die Luft gut ventilieren kann und Pilzerkrankungen verhindert werden, doch bilden weiß verputzte Mauern den rechten Hintergrund für die Penjing.

Was aber blieb dem Garten von der skeptisch-melancholischen Heiterkeit seiner ehemaligen Bewohner? Ich fand dort ein Gedicht: »Der Gesang der Vögel macht die Berge noch stiller, das Zirpen der Zikaden läßt den Wald schweigen.« So machen auch die vielen lebhaften Menschen, die auf den Gartenwegen wandern, den See und die Bäume noch stiller. Berg, See und Baum wandeln sich im Wechsel der Jahreszeit; der Wechsel der Generationen berührt sie nicht.

Chuang Tse sagt: »Der Geist des vollkommenen Menschen ist wie ein Spiegel, er reflektiert die Dinge, aber er behält sie nicht.«

Der Garten war der ideale Platz, sich darin zu üben. Kein Duft einer Blume, kein buntes Blatt läßt sich halten, alles entwickelt sich zu seiner Zeit, muß in dieser Zeit gesehen und gelebt werden, und vergeht. Die Gärten sind auf jahreszeitliche Höhepunkte hin angelegt, die den Rhythmus geben, die Zeichen setzen.

Der Spiegel, der in den religiösen Vorstellungen und in den Märchen vieler Völker von Bedeutung ist, er taucht auch in dem Garten des törichten Politikers mit einer gestalterischen Funktion auf. In einem offenen Pavillon, in den drei Wege münden, am Ende eines Seitenarmes des Hauptsees, hängt an der Rückwand ein fast raumhoher Spiegel. Je nachdem von welcher Seite ein Besuch kommt, an welcher Stelle des Pavillons er sitzt, gewinnt er ein anderes Bild. Nur in der absolut direkten Position sieht man sich selbst. Aus den meisten Blickwinkeln heraus glaubt man den Weg, auf dem man sich befindet, jenseits des Pavillons weitergeführt. Hat sich hier das Spitzbübische, das kaum einem chinesischen Menschen fremd

Wenn Du vor Regentropfen nicht davonläufst,
wirst Du finden, wie wunderschön sie sind.
Hsiao Shiwei

ist, ein Denkmal gesetzt oder ist hier eine tiefere, eine symbolische Bedeutung zu vermuten? Das Bild in einem Spiegel erscheint ja nicht auf seiner Fläche, sondern auf seinem Hintergrund, so wie ein Chinese selten die Dinge direkt oder konkret sehen möchte, weil er zuviel über die Hintergründigkeit des Lebens weiß. Man gab dem Pavillon den Namen: »Die Wahrheit finden«.

DER PAVILLON DER DUNKELGRÜNEN WELLE

Vor der Jahrtausendwende Sommersitz eines Beamten, war er später von dem Dichter Su Zimei, danach von dem General Prinz Han Shizong bewohnt. Der Garten wurde über Jahrhunderte gepflegt, bis die ganze Anlage während der Taiping-Revolution im 19. Jahrhundert starke Zerstörungen hinnehmen mußte. Erst 1927 wurde der 1 ha große Garten wiederhergestellt, und noch heute arbeitet man an seiner Restaurierung. Mir war fast nur der nordwestliche Teil zugänglich, der allerdings die wesentlichsten Gartenelemente enthält, während der südliche Wohnteil fast ganz von Handwerkern besetzt war, die mit großer Konzentration ihrer Arbeit nachgingen.

Allein der Name des Gartens ist schon eine Geschichte für sich. Er bezieht sich auf eine Gedichtzeile von Chu Ci, die auf die politischen Verhältnisse des Landes anspielt:

»Wenn das Wasser des Cang Lang-Flusses klar ist, wasche ich mir darin die Bänder meines (offiziellen) Hutes;
ist es dunkelgrün, so nütze ich es für meine Füße.«

Aus diesem Zusammenhang darf man schließen, daß auch der Namensgeber sich zu den »törichten Politikern« zählte.

Im Unterschied zu den anderen, von engen Straßen und hohen Mauern eingegrenzten Gärten, gibt dieser auch den Vorübergehenden ein Bild und eine Ahnung seiner Schönheit und mystischen Tiefe. An einem Kanal gelegen, wird auch dieser für den von Norden Kommenden mit einbezogen in das Gesamtbild. 2 m hohe Steinsetzungen begrenzen die Wasserfläche und tragen ebenso den Wandelgang wie märchenhaft schöne alte Bäume, von denen sich vor allem ein mächtiger Kampferbaum über die tatsächlich dunkelgrünen Wellen neigt. Der Wandelgang schirmt den Garten von der Straße ab.

Überschreitet man den Kanal und betritt die Anlage durch den Haupteingang, so findet man sich rasch konfrontiert mit der am großzügigsten gebauten, von Bambus und Rosen überwachsenen künstlichen Berganlage Suzhous, auf der einige höchst ungewöhnliche Steine zu finden sind. Der originellste, der den Hügel bekrönt, ist geformt wie ein auffliegender Adler, alle Gesetze der Schwerkraft verleugnend. Ein einziger Pavillon ziert diesen Berggarten. Auch sein Dach nimmt die Bewegung »weg von der Erde« schwungvoll auf. 100 Jahre nach der Fertigstellung verkaufte die Kaiserfamilie den Garten an einen Gelehrten. Er schrieb auf den Pavillon:

»Das Licht des Mondes und der kühle Wind haben keinen Preis,
aber das Wasser und die Weite des Himmels erfüllen mich mit Liebe.«

GARTEN DES MEISTERS DER NETZE

Der Wang Shi Yuan, »Garten des Meisters der Netze«, erschien mir als das eleganteste, in sich geschlossenste Besitztum von Suzhou. Er ist in dem heutigen Zustand, den er 1940 durch Herrn Wang erhielt, ganz deutlich ein zur Repräsentation gebauter Haus- und Höfekomplex. Man betritt ihn jetzt durch den ehemaligen Hintereingang, der direkt in die Wohnhalle führt. Offenbar befindet sich am

ALTE GÄRTEN IN WUXI, HANGZHOU UND SUZHOU

Pavillon der Dunkelgrünen Welle, Suzhou; im Jahre 1044 begonnen

anderen Ende der Anlage das eigentliche, sehr dekorative Torgebäude, dem sich eine Halle zum Absetzen der Tragsessel und Aussteigen der Gäste anschließt. Dort sind die Wände bedeckt mit Kalligraphien berühmter Gedichte. Diese Halle ist flankiert von zwei kleinen, etwa 12 qm großen Gartenhöfen, die mit jeweils einem Baum und Steinen zu einem Bild gestaltet sind. Der östliche Teil des Grundstücks beherbergt alle Wohngebäude, die dem Besucher komplett eingerichtet gezeigt werden, der westliche Teil den Garten, dem sich ein sogenannter »innerer Garten« anschließt. In die Gliederung der Wohngebäude eingeschlossen sind immer wieder mit Kieselsteinen gepflasterte Höfe, in die Steingruppen und einzelne Bäume oder Büsche von *Osmanthus fragans*, *Nandina domestica* (einer eleganten Verwandten der Mahonie) und schwarzgrüner *Podocarpus macrophyllus* geschickt plaziert sind. Die Steine sind so gesetzt, daß ihr malerischster Anblick sich nicht dem den Hof Durchwandernden bietet, sondern dem Betrachter, der aus dem Raum herausschaut und den Hof wie ein Gemälde bewundert. Ihre optische Anbindung an die ebene, kieselsteingepflasterte Fläche erfolgt ganz gleichmäßig durch *Ophiopogon japonicum,* eine immergrüne *Liliacee* mit feinem grasartigen Laub und kleinen lila Blüten. Vor den silberweißen Mauern, die sich nur schwach vom Farbton der Steine unterscheiden, gibt das wenige Grün lichter Bambusbüsche, einer Rankrose oder eines Granatapfelbaumes feingliedrige, noble Akzente. Die Höfe dieses Gartens erscheinen ungewöhnlich vornehm und still, aber mir drängte sich die Frage auf, ob sie nicht ein nur geschickt gewählter Hintergrund für den Auftritt prächtig in bunte Seide gekleideter Männer und Frauen waren? Blühte in diesen Gärten, in denen wir Europäer die Blumen so sehr vermissen, nicht als Farbigkeit der Glanz eleganter Frauen? Ist dieser Gartentyp, so wie er sich im Garten des Meisters der Netze darstellt, nichts anderes als eine raffiniert ausgeklügelte Bühne für die persönliche Prachtentfaltung seiner Bewohner? Für einzelne Teile zumindest dieses Gartens mochte ich die Frage nicht verneinen. Der in sich ungewöhnlich kompakte Wohnbereich, dessen zweigeschossige Wohnhalle als östlicher Abschluß des fast quadratischen Lotosteiches dient, ist ganz Repräsentation eines großen Lebensstiles. Der über 300 qm große See, der ca. 1 m hohe Uferwälle hat, ist dicht umfaßt von einem Wandelgang, der sich immer wieder zu offenen Pavillons, die zum Sitzen einladen, erweitert. Die Uferbegrenzung ist so gelegt, daß man an einigen Plätzen die Möglichkeit hat, über die Steine abzusteigen und auf einer großen Platte, dicht über dem Wasser, zu sitzen und das Feuerwerk der Goldfische und den Wolkenspiegel zu betrachten. Einige wenige kleine Bäume, vor allem lichte Kiefern, spenden Halbschatten. Über die Uferwälle hinab blühen die gelbgoldenen Wasserfälle von *Jasminum mesnyi*.

Das für europäische Augen Frappierendste an dem Garten des Meisters der Netze ist eine an die Westseite der etwa 10 m hohen Wohnhalle bis zu halber Höhe grau auf weißen Putz angeklebte Steinformation. An dieser Stelle wird der Theatereffekt dieses Gartens am deutlichsten. Da spielten in meinem Innern wieder die Melodien des »Land des Lächelns« und es verfälschte sich die Wirklichkeit. Die sonst so geliebte blaue Glycinie, die sich durch die Steine schlingt, und einige Palmen scheinen mir dieses Gefühl noch zu verschärfen.

Für diesen etwas zwiespältigen Eindruck entschädigt der letzte, sehr stille, nach Westen zu abgelegene »Innere Garten«, der den Paeonien gewidmet ist. Man nennt ihn: »Das Ende des Frühlings genießen«, denn die Paeonien blühen, wenn der Frühling zu

*Plan des Gartens der Dunkelgrünen Welle.
Siehe auch Schnitte S. 94/95.*

Ende geht. Dieser Teil ist der ausgeglichenste, den ich in Suzhou sah. Seine Proportionen sind nahezu ideal, seine Ausstrahlung die von großer ruhiger Kraft. $^9/_{10}$ der Fläche sind mit grauen und weißen Kieselsteinen im geometrischen Muster gepflastert. Die silberweiß geschlämmten Wände umziehen 50 cm hohe Bankbeete mit Paeonien und wenigen Oleander- und Prunus-Bäumen. Eine wahrhaft uralte Glycinie stützt sich auf einen Steinsitz. Es gibt viele Möglichkeiten, bequem zu ruhen und zu schauen, doch der Mittelraum bleibt vollständig frei. Die Pflasterung übernimmt hier die Rolle des Sees.

Zur Zeit meines Besuches wurde von dem Gartenbüro Suzhou eine Kopie dieses Hofes für das Metropolitan-Museum New York gebaut.

Einige Herren waren gerade zur Zwischenabnahme aus New York kommend in Suzhou eingetroffen. In Kürze würde eine 30köpfige Mannschaft einschließlich Koch und Barfußdoktor nach New York fliegen, um das Kunstwerk dort zusammenzusetzen.

Als ich wagte, nach dem Preis eines solchen Gartens zu fragen, besorgte man mir aus der Stadtgeschichte von Suzhou den Preis des Gartens des Meisters der Netze bei seiner Erbauung. Er wurde in der Sung-Periode in den Jahren von 1174 bis 1189 geschaffen. Sein Erbauer hieß Shi Zhengzhi. Er mußte damals für den Bau der Häuser und des Gartens 1,5 Millionen Guan aufwenden. Ein Guan waren 1000 Münzen. Seine Erben wollten nach seinem Tod das Anwesen verkaufen, doch lange Zeit fand sich kein Käufer. Schließlich wechselte es für 100 000 Guan den Besitzer. Sein neuer Herr erlöste bei dem Verkauf sogar nur noch 15 000 Guan. Doch da erinnert meine Begleitung mich daran, daß der kühle Wind und der helle Mond keinen Preis haben, d. h. daß für einen chinesischen Garten kein Geld zuviel sein kann.

Die Farbstimmung im Palastgebiet der einstmals »Verbotenen Stadt« in Peking ist von höchstem Raffinement, auch wenn sie an den zentralen Stellen völlig auf Pflanzen verzichtet.

1406 begann der Ming-Kaiser Yongli diesen Palast zu bauen, als er die Hauptstadt von Nanking nach Peking verlegte und damit die Verteidigungsbereitschaft gegen Einfälle der nördlichen Steppenvölker dokumentierte. Es ist heute der größte Gebäude-Komplex Chinas, der aus der Ming-Dynastie nahezu unverändert erhalten blieb.

Über 9000 Räume wurden einst vom Kaiser, seiner Familie und seinem riesigen Hofstaat beansprucht. Tagelang kann man durch die vorzüglich restaurierte Anlage wandern und findet immer noch neue, nie zuvor gesehene Plätze.

Begleiten den Besucher, der, nachdem er den Kanal überschritten hat, durch das südliche Wumen-Tor kommt, zunächst noch eine Formation *Diospyros kaki* (die Kakipflaume), gerahmt von *Salix matsudana*, einer kugelig wachsenden Kätzchenweide, so sind die folgenden drei einander sich steigernden Szenen nur auf das streng geometrische Muster der grauen Basaltpflasterung beschränkt, über ihr erhebt sich wahrhaft kaiserlich der weiße Marmor der Balustraden, das Vermillonrot der Gebäude, gedeckt von goldgelben Dachziegeln. Ein wenig Grün taucht nur in den sparsam gesetzten keramischen Wandbekleidungen auf. Erst wenn man die drei der Repräsentation dienenden, an Majestät kaum zu überbietenden riesigen Höfe durchschritten hat und in die privaten Gemächer der Kaiser gelangt, denen sich nach Osten die der Frauen und Konkubinen anschließen, stößt man auf friedliche, intime Gartenhöfe und »Den Blumengarten der Kaiser«, er schließt den Norden der Anlage ab.

Im Westen beherbergt der Palastkomplex den heutigen Sun Yatsen-Park, der mehr noch als der »Kaiserliche Blumengarten« ein Zentrum der Pekinger Gartenbaukunst ist.

Der östliche Park, spiegelbildlich zum Sun-Yatsen-Park gelegen, heißt jetzt »Kulturpark des werktätigen Volkes«.

Das Palastgebiet ist also von drei Seiten durch unterschiedlich ausgestattete Parks begrenzt. Die drei miteinander verbundenen, aber doch jede für sich charakteristischen Parkanlagen werden stark besucht. So unterschiedlich ihr Gartenprofil, so unterschiedlich auch die Bevölkerungsgruppen, die ich dort antraf. Der östliche Teil schien mir gekennzeichnet durch hohe, alte Bäume, teilweise noch aus der Ming-Zeit stammende *Thuja orientalis*, *Sophora japonica*, viel betäubend duftenden, kleinblumigen weißen Flieder, *Syringa sinensis*, und *Malus*, die in so vielfacher Form in China heimischen Zieräpfel.

Steinsetzungen gliedern die Länge des Gartens in verschiedene Landschaften, schaffen Höhen, Grotten und tiefe Täler, in denen kleine Seen von zierlichen Bächen gespeist werden. Die leidenschaftliche Freude der Kinder und Jugendlichen, solche Zwerg-Gebirge zu besteigen, macht fast alle Versuche der chinesischen Gärtner, sie teilweise zu begrünen, zunichte. Die Kletterkünste sind oft halsbrecherisch anzusehen. Dieser Parkteil scheint mir ein rechter Familienaufenthalt der Pekinger zu sein. Im Unterschied zu den anderen Teilen kostet er nicht die klassischen sechs Pfennige Eintritt, und so findet man an einem schönen Frühlingstag den Park gefüllt mit Kinderwagen schiebenden Großeltern, Jugendlichen und auch mit Liebespaaren. Die sitzen gerne an dem stillen großen Kanal, der den Garten im Norden begrenzt, schauen auf einen der Wachttürme jenseits des Wassers, auf die grünen Weiden und sind — wie

KAISERLICHE GÄRTEN IN EINER VOLKSREPUBLIK

alle Liebespaare in der Welt — mit sich und der Hoffnung auf ihr persönliches Glück beschäftigt. Gelegentlich kommt eine Kontrolleurin in diese entlegeneren Winkel, denn Zärtlichkeiten in der Öffentlichkeit auszutauschen, war im Frühling 1979 noch nicht erlaubt.

In diesem östlichen Teil fehlten damals Blumenrabatten und Grasflächen, es war ein schöner, von den alten Bäumen beschatteter Freiraum, dessen Fliederduft zu genießen ein Vorrecht der Kenner, d. h. aller Einheimischen, schien.

Ganz anders der nördliche »Kaiserliche Blumengarten«, der jedem Fremden gezeigt wird. Man betritt ihn von Norden kommend durch ein prächtiges, lackrotes Tor, das von neun mal neun vergoldeten Bronzenägeln geziert ist. Die Neun war als Potenz der Yang-Zahl drei die höchste Zahl überhaupt und vor allem dem Kaiser für seine Repräsentation vorbehalten. Die Zehn gilt in der chinesischen Zahlensymbolik lediglich als die Eins, der eine bedeutungslose Null zugesellt wurde.

Die Liebe der Kaiser zum heiteren Süden dokumentiert sich gleich zu Anfang in reichlich ausgepflanztem Bambus und in Palmen, die man auch heute noch in riesigen Kübeln dort aufstellt. Die etwa 10 m hohe Steinsetzung, die das Torgebäude von innen abschließt, ist eine beliebte Fotostaffage der chinesischen Besucher. Da sie nicht bestiegen werden kann, hat sich mit der Zeit einige Wildflora dort angesiedelt. Von der höchsten Spitze grüßten mich ungewöhnlich große Rispen von *Rehmannia glutinosa,* die die Chinesen direkt »Blume der Kaiserpaläste« nennen und die eine nahe Verwandte des rosa blühenden Fingerhutes der deutschen Mittelgebirgswälder ist. Sie wächst fast auf allen Dächern des Palastgebietes.

Bald darauf passiert man das berühmte, aus zwei *Thuja orientalis*-Bäumen gewachsene Tor, dessen Bild in kaum einem Bericht über Peking fehlt.

Große bronzene Räuchergefäße zieren den Weg und bringen mich dazu, bewundernd innezuhalten.

Wenn man die Basalt- und Marmorpflasterung verläßt und in die Seitenwege kommt, nimmt die Kieselsteinpflasterung etwa 1,50 m breit die Mitte des heutigen Weges ein. Mannigfache Phantasiegestalten bevölkern, kunstvoll in Grau und Weiß gelegt, die Wege. Natürlich sind immer wieder die Bilder von Drache und Phönix, Winterkirsche und Begonienblüte zu sehen, aber ich fand auch Radfahrer und Oldtimer-Automobile. Im Garten des Prinzen Gong zog einst eine ganze kieselsteinerne Kamelkarawane ihres Weges — auf dem Weg der Menschen. Die Blumen sind auf hochgelegte Marmorbeete gepflanzt, die kunstgerecht aus dem Stein herausgeschlagen sind, oder umzäunt von niederen Eisengittern. Meist sind es Paeonien, mehr noch die verholzende Form *Paeonia suffruticosa* als die Staude *Paeonia lactiflora.* Der Kaiserpalast blieb von der Kulturrevolution unangetastet — so ist verwunderlich, daß die Strauchpaeonien nicht höher sind.

Der zierliche, oktagonale Qianqiu-Pavillon aus purpurrot gelacktem Holz liegt inmitten von Paeonienbeeten und wurde nur gebaut, damit der Kaiser und seine Konkubinen diese Blumen in der einen Woche ihres Blühens bequem bewundern konnten. Wenig weiter findet man eine Ecke zwischen Mauer und Palastgebäude zu einer etwa 18 qm großen, hochgelegten Marmorterrasse geformt, auf der zarter Bambus sein Licht- und Schattenspiel vor den roten Wänden treibt. Schlanke, pfeilförmig zum Himmel schießende Steine (Schwertsteine oder Bambussprossensteine) sind geschickt hineinkomponiert und an den Rändern, zum Betrachter hin, sitzen ruhig, rund und sehr weiblich, die Paeonien.

Wie in keinem kaiserlichen Garten fehlen die gelochten Felsen des Taihu-Sees, sie sind meist einzeln auf Marmorsockel montiert. Ein blauer Schwertstein aus Kunming wird als große Besonderheit in den anschließenden Höfen der Damen gezeigt. In diesem 12 000 qm großen Blumengarten der Kaiser gibt es sehr alte *Thuja orientalis* und *Pinus tabuliformis*-Bäume, aber auch nachgepflanzte *Magnolia, Paulownia* und *Sophora japonica,* sowohl in ihrer rasch wachsenden, aufrechten Form, die die Engländer »Pagodenbaum« nennen, wie auch, vor allem in der Nähe der Pavillons, in den Hängeform *Sophora japonica* Pendula, die sehr langsam wächst und zu den Lieblingspflanzen dieses Volkes gehört. Natürlich fehlt *Ginkgo biloba* nicht im kaiserlichen Blumengarten. Dagegen fand ich verhältnismäßig wenig Sträucher, im Sinne von *Forsythien, Jasmin* oder *Philadelphus.*

SUN-YATSEN-PARK MIT DEM ALTAR VON ACKERKRUME UND HIRSE

Verläßt man das innerste Palastgebiet in westlicher Richtung, kommt man zunächst zum Tempel und danach durch ein wolkenbekröntes Marmortor zu dem Altar von Ackerkrume und Hirse. In einem Baum- und Heckengeviert liegend, von Mauern umschlossen, ist dies ein zentraler Punkt des alten China. Aber auch die heutige Bevölkerung, ob jung oder alt, besucht und beachtet diesen Altar sehr, »Symbol unseres Landes«, wie meine Dolmetscherin mir sagte.

Die etwa 0,90 m über der Bodenfläche liegende, 81 qm große quadratische Altarfläche ist aus den vier verschiedenen Erdfarben Chinas zusammengesetzt. Schwarz im Norden, rot im Süden, gelb im Osten und lößlehmfarbig im Westen. Diese Farben stehen immer als Symbole für die Landesteile. Die vier Trennungslinien des Altars laufen auf den leicht erhöhten Zentralpunkt zu, dem Symbol kaiserlicher Macht über die vier Weltgegenden (und der »Mitte« als fünfter Weltrichtung). Stürzte früher eine Dynastie, so wurde ihr Altar von Ackerkrume und Hirse vermauert, vom Himmel und seinen guten Einflüssen getrennt. Wer Ackerkrume und Hirse besaß und dazu das Wohlwollen des Himmels, konnte das Land und das Volk beherrschen. Treue Lehensfürsten brachten Erde für diesen Altar zum Kaiser — und nahmen auch wieder Erde davon für ihre eigenen Altäre mit zurück.

Von diesem mich sehr beeindruckenden Platz ging ich durch eine Allee von *Paulownia fortunei* in den Sun-Yatsen-Park, dessen Haupteingang jedoch wesentlich weiter südlich liegt. Anfang Mai ist dies ein Spazieren unter einem rosa Blütenhimmel. Dieser Park scheint mir das Sammelbecken und das Demonstrationsobjekt der Pekinger Blumenfreunde zu sein. In der Blumenhalle, einem sehr anmutig gegliederten Pavillon, finden das ganze Jahr über Blumenausstellungen statt, in denen vorwiegend blühende Topfpflanzen, Penjings und nur wenige Schnittblumen gezeigt werden. Die Schnittblumen werden meist auf Blumenigel in flache Schalen oder Körbe gesteckt, in einer gestalterischen Art, die entfernt an das japanische Ikebana erinnert.

Diese Blumenausstellungshalle, 1914 gebaut und 1936 erneuert, ist kaum ursprünglich zu diesem Zweck geplant, sie widerspricht diametral allen europäischen Vorstellungen von Ausstellungshallen — und hatte vielleicht gerade deshalb einen so großen Reiz für mich. Sie ist klein, intim, in bewegten Linien gebaut und gibt mir die Illusion, in dem Gartenhaus einer vornehmen Chinesin der alten Zeit zu sein. Das Glas der Türen und Fenster ist fast bodentief gezogen und erinnert an Rokoko-Schlößchen, die ja in der Tat wesentliche Anregungen für ihre Gestaltung aus China empfangen hatten.

In der warmen Jahreszeit werden im Park selbst an zahlreichen Stellen, in Beziehung zu anderen Pavillons oder an Wegkreuzungen, aus blühenden Topfpflanzen Gruppierungen vorgenommen, die mir etwas fremd und sehr pflegeaufwendig erscheinen. Entweder stellt man auf Treppen oder auch auf ebenem Grund Töpfe aus, die durch ihre Blütenfarben die verschiedensten, meist geometrischen Muster bilden, oder man benutzt ansteigende Holzstellagen, um z. B. blühende Edelrosen in Töpfen zu zeigen, die seitlich von üppigen Strauchrosen flankiert werden, so die Treppenkonstruktion verdeckend. Da die Edelrosen meist nur ein bis zwei Blütenstiele haben, ist ein zumindest wöchentlicher Umbau zwingend notwendig bei mehrfachem täglichen Gießen.

Vor diesen Beeten läßt man sich gerne fotografieren, in gerader aufrechter Haltung, meist mit ernstem Gesicht. Die Maler dagegen sitzen auf kleinen mitgebrachten Bambusstühlchen dicht gedrängt vor den Paeonien, lange Zeit tief versunken in die Betrachtung der Blüten, die Form und Farbe in sich aufnehmend, um dann mit raschem Pinsel den Geist der Blume auf das Papier zu bannen. Alte *Sophora japonica*-Bäume spenden lichten Schatten; *Thuja orientalis*, vor über fünfhundert Jahren in der Ming-Zeit beim Bau des Palastes als kleine Bäumchen gepflanzt, stehen als greise Riesen in respektvoller Entfernung, zärtlich umschlungen von Ranken der *Wisteria sinensis*, der Glycinie, die ihre blauen Blütentrauben im leichten Wind die alten Herren kosen lassen.

Dieser verhältnismäßig große Park wirkte auf mich trotzdem sehr intim und menschlich. Die Park- und Gartenverwaltung Peking sagt, daß in dem Sun Yat-sen-Park sich einige *Thuja orientalis*-Bäume aus dem 11. Jahrhundert befinden. Die Lebensbäume waren ursprünglich achtreihig in einer Länge von 300 m angepflanzt. Der Abstand zwischen den Bäumen beträgt 3,50 m, der zwischen den Reihen 4,50 m. Die *Thuja* bieten im Winter einen besseren Erholungswert als Laubbäume.

Unter den Obstbäumen dieses Parkes, die von einer niederen Buchshecke umschlossen sind, wachsen Tulpen und Pfingstrosen, Heilkräuter und typische Stauden aus Nordwestchina. Etwas Weinbau wird betrieben, erstaunlich bei dem Pekinger Klima. Außerdem sah ich *Chaenomeles, Philadelphus* und die dreinadlige Kiefer, *Pinus bungeana*. Zahlreiche Gebäude in diesem Park dienen nationalen und internationalen Kongressen als Tagungsort. So trifft man hier nicht nur die Pekinger Bevölkerung, dazu zahlreiche auf Dienstreise in der Hauptstadt weilende Funktionäre, sondern auch viele Menschen ethnischer Minderheiten in bunten Trachten und natürlich Touristen aus aller Welt. Es heißt, daß im Tagesdurchschnitt etwa 20 000 Menschen den Park besuchen, ohne daß ich in ihm je das Gefühl der Überfüllung hatte.

KOHLEHÜGEL

Nördlich des inneren Palastgebietes, wenn man den umschließenden Kanal wie auch eine der breiten Ost-West-Achsen der Stadt überquert hat, erhebt sich der Kohlehügel. Er wurde einst tatsächlich aus der Schlacke der Palastöfen aufgerichtet. Luftige Pavillons begleiten den Aufstieg, wechselnde Ausblicke über die moderne Stadt und die goldgelben Dächer des Kaiserpalastes bietend.

Wenige der alten *Pinus bungeana*, jener so unendlich langsam wachsenden Kiefer mit der silberweißen Rinde und den kurzen dunkelgrünen dreizähligen Nadeln, sind aus der kaiserlichen Zeit geblieben.

Unter den Samenarten wird das Getreide
als der wertvollste Samen erachtet, und doch kann
sich unreifes Korn nicht einmal mit dem
Samen von Gras oder Unkraut messen.
Worauf es ankommt, ist also die Reife.
Mong Dse

Aber der von Besuchern der Zwanziger Jahre als »kahl« beschriebene Berg ist wieder grün und ganz vom Pflanzenleben überzogen. Viele Kiefern, Ahorn, *Sophora japonica, Gleditschia sinensis,* Robinien (Akazien), aber auch großblättrige *Aralien* sind neu gepflanzt. An der Sonnenseite ist das ganze Unterholz aus der im Mai in strahlendem Gelb blühenden *Rosa xanthina plena* gebildet, deren feinfiedriges Laub an den langen leicht rötlichen Trieben auch Ende September der Pflanze einen guten Habitus gab. Hier habe ich gelernt, daß unsere Monatsbezeichnung »Mai« auf chinesisch genauso ausgesprochen »schön« bedeutet.

Andere Stellen waren im Herbst von daumennagelkleinen wilden gelben Chrysanthemen, die in dichten Büscheln stehen, vollkommen überblüht. Sie müssen sehr hart sein, denn ich fand sie noch weit nördlich von Peking. Die chinesischen Gärtner bezeichneten sie mir als *Dendranthema boreale*. Die weiß-rosa oder rot blühenden Winden, die die Sträucher überziehen, werden im Osten sehr geliebt. Ihr Blühen nur einen Vormittag lang ist das Symbol der schnellen Vergänglichkeit alles Schönen, und zugleich die Aufforderung, es zu genießen.

Von dem größten, den Kohlehügel krönenden Pavillon, dessen dreifaches, weitschwingendes Dach von einer doppelten Säulenreihe getragen wird, hat man einen vortrefflichen Rundblick, der zeigt, wie »grün« diese Großstadt Peking ist. Im Westen grüßt die weiße tibetische Stupa aus dem Beihai-Park mit seinem großen »Nördlichen Meer«, von einem breiten Grüngürtel umzogen; südlich davon hüllen sich Zhong Hai und Nan Hai, das mittlere und das südliche Meer, in sanften Dunst. In diesen beiden alten Palastgebieten, die unter den letzten Qing-Herrschern laufend ausgebaut und modernisiert wurden, wohnen heute die höchsten Regierungsbeamten, hier befindet sich auch die Zentrale der Kommunistischen Partei Chinas. Dieser Stadtteil ist für ausländische Besucher streng geschlossen.

Meist wird man den gleichen Weg, den man aufgestiegen ist, auch wieder für den Rückweg wählen und, den Hügel zur Linken, weiterwandern.

Im Bereich eines der Haupteingänge, der an der breiten Ost-West-Achse liegt, haben die Pekinger Gärtner das alte geliebte Motiv des vollen Blumenkorbes auf eine überdimensionale Weise verwirklicht. Ein korbförmiges Bambusgestell, ca. 5 m hoch, ist mit Erde gefüllt und an der Außenseite ganz regelmäßig bewachsen mit grün- und rotlaubigen *Alternanthera bettzickiana,* var. Aurea und var. Tricolor, die in feinem Muster, wie sie ein geschickter Korbflechter zustande bringt, gepflanzt sind. Dieses Zwerggehölz mit myrthenähnlichen Blättern muß regelmäßig gestutzt werden, damit die Koroberfläche schön glatt bleibt. Als Füllung trägt der Riesenkorb von Mai bis in den November hinein in Töpfe gepflanzte Blumen der Jahreszeit, die regelmäßig gewechselt werden. Diese für europäische Begriffe ungeheuer pflegeaufwendige Anlage sieht so originell und hübsch aus in ihrer Fremdartigkeit, daß man einfach verweilen muß, ihr Bild gründlich in sich aufzunehmen.

Von einem langen, köstlichen Gastmahl kommend, fuhr ich in einer hellen Mondnacht erneut daran vorüber. Zur Steigerung der Wirkung war das ganze üppige Prachtstück noch indirekt beleuchtet durch Lampen, die man geschickt in dem überhängenden Korbrand versteckt hatte.

Europäische Gärtner vollbringen technisch vergleichbare Werke mit den blühenden Torfwänden — aber wie ungleich phantasievoller ist doch diese Gestaltung, wenn aus dem grünbraunen Korb in üppiger Blüte die Rankrosen hervorquellen.

KAISERLICHE GÄRTEN IN EINER VOLKSREPUBLIK

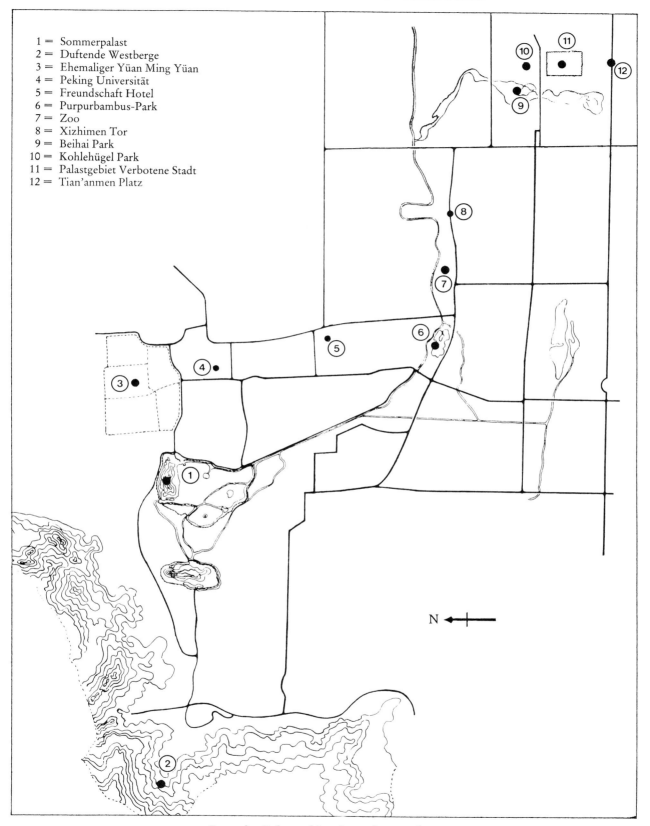

1 = Sommerpalast
2 = Duftende Westberge
3 = Ehemaliger Yüan Ming Yüan
4 = Peking Universität
5 = Freundschaft Hotel
6 = Purpurbambus-Park
7 = Zoo
8 = Xizhimen Tor
9 = Beihai Park
10 = Kohlehügel Park
11 = Palastgebiet Verbotene Stadt
12 = Tian'anmen Platz

Lage der Palastgebiete in und um Peking

In dieser Gartenanlage stand der Baum, an dem der letzte Ming-Kaiser Chongzhen am 24. April 1644, von allen seinen Getreuen verlassen, sich mit einer seidenen Schnur erhängte. Bis vor wenigen Jahren war dieser Baum, eine *Sophora japonica,* noch zu sehen. Die Chinesen hatten ihn zunächst in Ketten gebunden, um an das Ende des letzten Kaisers chinesischen Geblütes zu erinnern. Die Mandschu-Eroberer ließen ihn in Ruhe weiterwachsen, die Roten Garden legten in der Kulturrevolution die Axt an ihn.

BEIHAI-PARK

Mit dem Beihai-Park betritt der Besucher einen der großen, berühmten Landschaftsgärten Chinas, dessen Tradition fast bis zur Jahrtausendwende zurückreicht.

Zunächst nur genutzt als ein Erholungszentrum für die Mitglieder der Kaiserlichen Familie der nördlichen Song-Dynastie (die Jin-Herrscher 1115—1234), wurde hier ab 1179 durch ein Dekret der Bau eines Landschaftsgartens begonnen. Das Gebiet, das zahlreiche Quellen und einen hohen Grundwasserstand hatte, war sehr geeignet, das aufzunehmen, was seit frühesten Zeiten unverzichtbarer Bestandteil eines Kaisergartens zu sein hatte: das Bild des Meeres mit den »Inseln der Unsterblichen«. Die meditative Betrachtung dieser »Weltlandschaft« — in der Literatur als taoistisches Paradies bezeichnet — gab auf magische Weise einen Kräftezuwachs, ließ den Kaiser teilhaben an der Substanz dieser und jener Welt. Aber sie war zugleich Herrschafts- und Machtsymbol. Meist wurden auf Portraitbildern die Herrscher oder hochgestellte Beamte vor dem Bild einer solchen »Weltlandschaft« dargestellt.

Kaiser Qin Shi Huang (221—207 v.Chr.), der Reichseiniger, hatte noch eine Expedition von 3000 Kindern in das nördliche Meer gesandt, welche die Inseln der Unsterblichen ausfindig machen und den Nektar, die Droge der Unsterblichkeit, für ihn bringen sollten. Der Kaiser starb in Erwartung der Rückkehr dieser Expedition, die freilich ausblieb.

Jahrhunderte später genügten dem wahrhaft bedeutenden Han-Kaiser Wudi die Nachbildung des Kunming-Sees mit den drei Inseln der Unsterblichen in seinem Palastgebiet, um dann auf der Terrasse stehend den Besuch der Genien zu erwarten. Die Legende läßt ihm (aber nach ihm keinem anderen Herrscher mehr) das Glück zukommen, daß ihn die Göttin des Westlichen Himmels Xi Wangmu besucht, ihm vier Pfirsiche der Unsterblichkeit und andere Köstlichkeiten aus ihrer himmlischen Speisekammer zu bringen.

Diese Kraftübertragung durch Wasser (Meer) und Stein (Insel) hofften auch die Jin-Herrscher zu nutzen, als Dschingis Khan vor ihren Toren stand und die Orakelpriester ihnen nicht etwa den Bau von Waffenschmieden, sondern den eines »nördlichen Meeres« in einem Garten empfahlen, den Feind abzuwehren.

Die Eroberung Pekings, die erst Dschingis Khans Nachfolger Kublei Khan gelang, der es zur Metropole eines nun wieder einmal geeinten Chinas machte, brachte dem Beihai-Park seine erste große Glanzzeit und durch Marco Polo den Europäern die ersten Berichte über dieses Wunderwerk: eine damals in der westlichen Welt vollkommen unbekannte Form der Gartenkunst. Der Beihai-Park ist das Palastgebiet, in dem Kublai Khan Marco Polo empfing.

Das ohne Zweifel bescheidene Werk, das seine Vorgänger begonnen hatten, stachelte Kublai Khan zu phantastischen Plänen an, die umzusetzen ihm weder Geld noch Tatkraft fehlten. Unter seiner Regierung wurde das Beihai — nördliches Meer —

ausgegraben und von dem Aushub der »Berg der Jadeinsel« aufgehäuft, der zunächst die ausgedehnte Anlage des Guanghan-Palastes trug, in dem der Kaiser seine Feste feierte und Staatsbesuche empfing. Die Ausdehnung der Halle soll 40 m in Ost-West-Richtung und 20 m in Nord-Süd-Richtung betragen und 16 m über der Meeresfläche gestanden haben. Der See selbst muß damals bedeutend größer gewesen sein als heute, denn zwei der drei Inseln sind mittlerweile wieder fest mit dem Land verbunden. Nur die Jadeinsel, deren Palast durch ein Erdbeben im 16. Jahrhundert zerstört wurde und die an seiner Stelle 1651 eine tibetische Stupa erhielt, blieb als reine Insel erhalten. Auch die prächtige weiße Marmorbrücke, die den bequemen Zugang zu ihr ermöglicht, stammt noch aus der Zeit der Dynastie des Kublai Khan. Mehrfach wurde die 35,9 m hohe Stupa, die aus Ziegeln und Natursteinen erbaut ist, durch Erdbeben beschädigt, 1976 bei dem großen Beben, das die 250 km entfernte Stadt Anshang fast völlig zerstörte, verlor sie ihren Kupferhut. Die Form, die heute zu sehen ist, erhielt dieser massive Turm 1741 unter der Regierung Chenglungs (Qianlongs). Dieser kunstliebende Kaiser fühlte sich streng der Tradition verpflichtet. Immer wieder gelang es ihm in seinem Leben, das Neue mit dem Alten auf glückliche Weise zu verbinden. In seiner Dynastie war der tibetische Lamaismus der Gelugpa (Gelbhutsekte) Staatsreligion. So birgt diese Stupa in ihrem versiegelten Hohlraum buddhistische Sutren, lamaistische Gewänder und andere Kultgeräte.

Trotzdem hatte diese Stelle keineswegs ausschließlich friedlichen Charakter. In Zeiten der Gefahr wurden von hier aus mit Flaggen Signale gegeben; brennende Laternen rund um die weiße Stupa riefen die kaiserlichen Soldaten in die Schlacht.

Von dem Fuß der Pagode aus, wo einst das Lustschloß des Kublai Khan stand, hat man einen ähnlich schönen Rundblick über die Stadt wie von dem benachbarten Kohlehügelberg. Direkt im Süden, am zentralen und südlichen Meer, kann ich verschwommen die Regierungsgebäude der kommunistischen Partei sehen. Wende ich mich nach Osten, so strahlen die goldgelben Dächer der Verbotenen Stadt über den roten Palastmauern, die südlich begrenzt werden von modernen Wohnhochhäusern, die sich tief gestaffelt im Dunst des Morgens verlieren. Die grünen Yanshan-Berge, die das Wasser der Seen liefern, grüßen aus dem Norden.

Dieser Hügel, der heute dem Besucher fast mehr von Hallen und Pavillons übersät scheint als von Bäumen und Sträuchern, ist jener Berg, auf den Kublai Khan alle die Bäume schaffen ließ, die ihn auf Reisen und Feldzügen beeindruckt hatten: man nannte ihn deshalb zu seiner Zeit den »grünen Hügel«. Auf raffinierte Weise war auch die große Halle auf dem Gipfel, im Unterschied zu dem sonst üblichen kaiserlichen Vermillonrot, ausschließlich in verschiedenen grünen Tönen ausgeführt.

Fast alle auswärtigen Gäste betreten den eigentlichen Park über die fein behauene Marmorbrücke, die auf die Jadeinsel führt. Will man den reisemüden Beinen das Besteigen der Anhöhe ersparen und auf den Rundblick verzichten, ist auch Gelegenheit, zur Linken am Seeufer weiterzuwandern und nach dem Passieren eines Wachtturms die große, 300 m dem Nordufer folgende »schwimmende« Galerie zu betreten, die, schwebend über dem See gebaut, den Genuß des Parks bei jeder Witterung gestattet. Pfeiler und Deckenbalken sind in leuchtend restaurierten Farben mit Symbolen und mythologischen Geschichten ausgemalt. Sie kontrastieren zu dem strengen Weiß der Marmorterrasse und dem je nach der Beleuchtung blauen, grauen oder grünen Seehintergrund.

Nach einer Weile bietet sich rechter Hand die Möglichkeit, ein zierliches, fächerförmig geschnittenes zweistöckiges Gebäude zu betreten, das einen schmalen ovalen Hof umschließt. Es ist das »Haus die Klassiker zu lesen«. 495 steinerne Stelen sind hier von den berühmtesten Kalligraphen des Landes seit dem 3. Jahrhundert beschriftet. Auch für den der chinesischen Schrift Unkundigen ist dies ein außergewöhnlich beeindruckender Platz. Er sieht sich konfrontiert mit dem künstlerisch gestalteten Denkprozeß vieler Jahrhunderte, komprimiert auf kleinstem Raum. Da man in China selten darauf verzichten kann, beim Verweilen an einer wichtigen Stelle eine hübsche und noch dazu lehrreiche Geschichte zu hören, sei hier die von Wang Xizhi, einem berühmten Maler, Gartenkünstler und Kalligraphen, erzählt:
»Einer seiner Schüler gab sich große Mühe, den Meister möglichst vollkommen zu kopieren. Er schrieb ein Gedicht und bat Wang Xizhi, den Punkt an den Schluß zu setzen. Als er die Kalligraphie einem Kunsthändler zum Kauf anbot, meinte dieser: ›Du hast drei Töpfe Wasser (für die Tusche) verbraucht, aber die Meisterschaft sitzt in diesem einen Punkt.‹«
Die Sammlung in dem »Haus die Klassiker zu lesen« wurde in der letzten Dynastie zusammengetragen und in dem eigens dafür gebauten Museum aufgestellt.

Im Weiterwandern wird der Besucher das Fangshan-Restaurant passieren, in dem er Gerichte kosten kann, die auf die gleiche Weise zubereitet sind wie für die letzte Regentin Cixi. Da überall zu lesen ist, wie ungeheuer teuer diese kaiserliche Frau gespeist hat, haben die tüchtigen Chinesen nicht nur die Speisekarte, sondern auch die Preise diesem Standard angeglichen.

Einen reizvollen kleinen »Garten im Garten« fand ich in der Nähe, vom See durch einen 6—8 m hohen Erdwall getrennt, den man auf einer romantischen Natursteintreppe übersteigt. Ein intimer Gartenraum mit einem luftigen Pavillon, sehr vielen Steinsetzungen und einem winzigen Teich, der von einer marmornen Zickzack-Brücke überspannt wird. War es Zufall, daß gerade hier besonders viele Liebespaare ihre Erinnerungsfotos machten?

Nur wenige Bäume sind noch aus der Yuan-Dynastie, die meisten fielen im Laufe der Jahrhunderte Krankheiten, Erdbeben oder fleißigen Gartengestaltern zum Opfer. Denn fast alle Kaiser haben diesen Park geliebt und wollten Eigenes zu seiner Vollendung beitragen. Doch die Tradition, unterschiedlichste Pflanzen an dieser Stelle des Reiches zusammenzutragen, hat man offenbar über die Zeiten hin beibehalten. In der Nähe des über dem Wasser schwebenden Fünfdrachen-Palastes, der aus fünf zierlichen durch Brücken miteinander verbundenen Pavillons besteht, wurde ein kleiner botanischer Garten neu angelegt, in dem sich eine vorwiegend südliche Flora der Pekinger Bevölkerung darbietet. Im ganzen Park trifft man immer wieder auf ungewöhnliche Pflanzengestalten, so einen im Mai mit fast 20 cm langen grünen Trauben vollblühenden Baum, der als *Zelkova sinica* identifiziert wurde, dessen Früchte ich als süße Delikatessen verarbeitet in den winzigen Dampfnudeln auf dem Frühstückstisch wiederfand. Seine Rinde läßt den Weihrauch noch geheimnisvoller duften.

Tief beeindruckt hat mich eine Anfang Mai voll blühende blaue *Catalpa*, die ich zuvor nur ein einziges Mal in Hangzhou gesehen hatte, und die in keiner europäischen Literatur zu finden ist. Die chinesischen Gärtner bezeichneten sie als *Catalpa pendia ovata*. Dieser Baum steht in der Nähe der Zierfischzüchterei. Knorrige alte *Ailanthus altissima*, die Götterbäume, stehen entlang des Sees. Viele Formen des chinesischen Flieders verströmen noch ihren betörenden Duft, wenn *Rosa xanthina* bereits die ersten Blüten öffnet und auch die der leuchtend roten Pfirsiche der Form *Prunus persica* magnifica duplex die Höhe des Frühlings verkünden. Die von den Chinesen so geliebten weiß-rot geflammten Blütenformen fehlen bei den Pfirsichen so wenig wie bei den Baumpaeonien und lächelnd sagt man »Die zwei Töchter eines alten Mannes«.

Fast alle Besucher werden diesen Platz, mit einem bequemen kleinen Boot über den See kommend, erreicht haben. Zuvor haben sie wahrscheinlich die kreisrunde Miniaturstadt besucht, die ursprünglich auf einer Insel im See lag gleich der des Sommerpalastes, die aber im Beihai-Park heute an das Land angebunden ist. Die Puppenhäuser, die das Rund füllen, werden überschattet von 800 Jahre alten Kiefern und Lebensbäumen.

Niemand, der Peking besucht sollte es versäumen, diesen Bäumen seine Reverenz zu erweisen. Die weißstämmige *Pinus bungeana* ist für mich das größte, verhältnismäßig leicht zugängliche Exemplar dieser seltenen Art. Etwa 30 m hinter ihr steht eine ähnlich kostbare *Pinus tabuliformis*, die jedoch in dem schneereichen Winter 1959 ihre beiden Hauptäste und somit ihre charakteristische Wuchsform verlor. Einst hatte Kaiser Chenglung (Qianlong) nach einem fulminanten Picknick unter dem Baum diesem den Titel eines Herzogs verliehen.

Hat man das Glück eines kundigen und freundlichen Führers, so lassen sich auch die Gebiete in dem Park besuchen, die noch nicht restauriert sind. Ich fand den Charme dieser kleinen Hofgärten nicht geringer, auch wenn ihre Teiche das Wasser verloren hatten und die Steine vom Efeu überwuchert waren. In den Häusern, die früher den Hofbeamten als Wohnung dienten, wohnen die beamteten Kader dieser Zeit.

Wo früher einmal Seidenkleider rauschten, flattert bunte Wäsche an der Leine, aber die Vögel singen ihr Lied in den blühenden Pfirsichzweigen wie eh und je. Nicht sehr weit von hier steht die im 18. Jahrhundert gebaute »Neundrachenmauer«, Pflichtübung aller Peking-Besucher. Die 27 m lange, 5 m hohe und 1,20 m dicke Mauer ist ganz mit in 7 Farben glasierten, plastisch geschnittenen Ziegeln, die 9 Drachen darstellen, belegt. Mir schien sie wie eine späte Wiederholung der Mauern von Babylon.

Der Beihai-Park ist vielleicht der Freiraum, den die Pekinger Bevölkerung am meisten liebt. Der große See, der über die Hälfte der gesamten heutigen Parkfläche einnimmt, ist im Winter ein Tummelplatz der Schlittschuhläufer. Das Ende Januar, Anfang Februar nach dem Mondkalender gefeierte Neujahrsfest wird am See mit bunten Drachen und Kostümen begrüßt; die Feiern dauern in China 14 Tage und enden mit dem Laternenfest. In den geschlossenen Pavillons sind dazu die ersten Blumenausstellungen des Jahres. Zum ersten Mai wird der Park mit riesigen bunten Seidenfahnen und großen Lampions geschmückt, genau wie zum 1. Oktober, dem Staatsfeiertag.

Doch zum Fest des Herbstvollmondes, am 15. Tag des 8. Monats (Mitte September bis Anfang Oktober), trifft sich fast die ganze Stadt hier, und in der warmen Herbstnacht kann es im Park zu einem fast gefährlichen Gedränge kommen. Doch alle Menschen sind rücksichtsvoll zueinander und fröhlich. Man umwandert den See, verzehrt ein mitgebrachtes Picknick, zumindest Nüsse und Sonnenblumenkerne. Überall am Ufer haben Fotografen ihre Stative aufgebaut, die Maler reiben die Tusche, bis dann der volle Mond endlich hinter dem Stupa aufsteigt. Besonders Glückliche erleben diesen Moment auf dem Wasser mit Freunden in einem kleinen Boot.

Vollkommenheit erlangt nur der Baum, der allein steht.
Toyotama Tsuno

Beim Herbstmondfest 1980 sah ich staunend, wie allenthalben in diesem Park die Bürger auch auf andere Weise unterhalten werden. Auf improvisierten Bühnen spielt man Peking-Oper, mal mit Kostümen, an anderer Stelle in moderner westlicher Kleidung. Rezitatoren, Sänger und Spaßmacher treten auf, mehrere Open-Air-Kinos bringen politische Filme, aber auch Kungfu. Überall ertönt Musik. Meine Gastgeber machten mich aufmerksam auf besonders hübsche »moderne chinesische Musik, von einer Hongkong-Sängerin gesungen« — doch meine Ohren hörten den »Oh du lieber Augustin«.

HIMMELSTEMPEL

Der baufreudige Ming-Herrscher Yongle ließ am südlichen Ende der großen Nord-Süd-Achse des Palastgebietes der Verbotenen Stadt zu Beginn des 16. Jahrhunderts die 273 ha große Anlage der Himmelstempel errichten. In strenger Achsialrichtung stehen die drei bedeutenden Kultstätten in dem heiligen Hain der Lebensbäume, der *Thuja orientalis,* von dem Polarstern wegstrebend dem südlichen Meere zu. Der 30 m breite Weg, 4 m über der Grundfläche des Parks geführt, verbindet die drei Hauptgebäude — zunächst die Gebetsstätte für eine gute Ernte (Qiniandian), die ein dreifach übereinander erhobenes Dach krönt, dann den Tempel des Kaiserlichen Erntedanks (Huangchiongyin) und schließlich den frei unter dem Himmel liegenden, runden Erdaltar (Huanqiutan), der von einem quadratischen Marmorgeviert umschlossen ist und mir der wichtigste Teil der Gesamtanlage war.

Alle Gebäude mußten wegen verschiedener Erdbebenschäden und Brände im 18. Jahrhundert neu erbaut werden. Sie waren ohne Ausnahme zum Zeitpunkt meiner Besuche 1979 und 1980 in vorzüglichem baulichen Zustand, alle Bemalungen frisch erneuert und von intensiver Farbkraft. Der einstmals heilige Hain, der in einer enormen Ausdehnung die Kultstätte umschloß, ist die einzige kaiserliche Gartenanlage, die ihre frühere Schönheit nur noch ahnen läßt. Von den mehr als viereinhalb Jahrhunderte alten Bäumen sind leider nur noch wenige erhalten. Einst müssen es viele Tausende gewesen sein. Richard Wilhelm berichtet aus der Zeit zwischen 1911 und 1922, daß Schüler am »Tag des Baumes« junge *Thuja orientalis* im Gebiet des Himmelstempels zum Ersatz für die sterbenden Bäume pflanzen. Tatsächlich sah ich eine große Anzahl Lebensbäume, die etwa ein Alter von 60—80 Jahren hatten. Auch jetzt pflanzt man in den noch einigermaßen geschlossenen Baumgebieten die so langsam wachsenden Lebensbäume nach — aber das völlig einmalige Licht, das die alten Anlagen durchleuchtet, ist doch nur noch an wenigen Stellen des Parks zu finden. Dieser gleichmäßig sanfte Schatten, der nicht schwer und tief sich auf die graue Lehmerde legt, sondern an jeder Stelle Sonne und Himmel ahnen läßt, ist auf wenige kleine, geschlossene Gebiete reduziert. Mindestens seit der Gründung der Volksrepublik hat die Regierung Chinas ein gebrochenes Verhältnis zur Religion, das man in der Behandlung dieser Außenanlage durchaus verspürt. Rücken die Hochhäuser viel zu nahe an den Erdaltar heran, so ist dies aus der großen Wohnungsnot in Peking und von seinen Verkehrsproblemen her zu verstehen. Nicht akzeptieren möchte ich die bunten Kinderturngeräte auf den Spielplätzen, die Antiquitätenbuden (sie sollen wieder verschwinden) und den ca. 30 m hohen künstlichen Berg, den man hier aus dem Aushub des U-Bahn-Baues aufgetürmt hat. Doch der schwerste Schock für mich war die musikalische Begrüßung durch eine brasilianische Rumba. Es sind dies Zeichen einer veränderten Zeit, von der man hoffen darf, daß sie, wie bisher immer in China,

KAISERLICHE GÄRTEN IN EINER VOLKSREPUBLIK

Anlage der Himmelstempel in Peking

sich wieder der großen Tradition des Landes erinnert. Doch einmal abgesehen von solch negativen Eindrücken ist allein die Tatsache einer 273 ha großen Grünfläche mitten in einer Großstadt, die geplagt ist von Luftverschmutzung, Überbevölkerung und Stürmen, ein Schatz, wie ihn kaum eine andere Weltstadt aufweist.

Die Obstplantage im Gebiet des Himmelstempels ist sicher nützlich für die Ernährung zumindest eines Teils der neun Millionen Einwohner, sie sieht zur Blütezeit auch besonders hübsch aus, aber im Herbst darf man sie nicht betreten, denn »unter einem reifen Pflaumenbaum richtet man nicht seinen Hut«.

Das Pekinger Gartenbüro kennt diesen Widerspruch zwischen Produktion und Schönheit und versucht, in Zukunft Parkanlagen ausschließlich zur Umwelt- und Klimaverbesserung einerseits, zur Entspannung und Erholung der Bevölkerung andererseits zur Verfügung zu halten. Doch mehr als $3/4$ des Etats dieses Amtes sind Staatszuschüsse und sie werden nur im Verhältnis zu den Einnahmen gegeben.

Ein Teil dieses Parkgebietes wird von der Stadtgärtnerei als Anzuchtstätte genutzt, auch einige Gewächshäuser sind vorhanden. Der überzeugendste Anblick ist im Herbst, wenn große goldgelb und weiß blühende Chrysanthemenfelder vor den blauen Dächern der Tempel leuchten. Alle Treppen im unmittelbaren Tempelbereich sind dann von Gruppen blühender Topfchrysanthemen flankiert, die zu geometrischen Mustern geordnet sind. Auf der Mitte des achsialen Weges, die aus 1×2 m großen Basaltplatten gebildet ist, die leicht gerundet sich nochmals über das Wegniveau erheben, durfte früher nur der Kaiser gehen. Heute betreten gerade diesen Weg die Besucher besonders gern. Und wo einst in farbige Seide gekleidete Höflinge zu tausenden den Weg des opfernden Herrschers säumten, stehen heute tausende bunte Blumen aufgereiht, zum Geleit ausländischer Touristen, die zu Rumba-Klängen Opfer neuester Art bringen.

SOMMERPALAST

Auf die Geschichte dieser umfangreichen Gartenanlage wurde bereits eingegangen. Mit dem Bus erreicht man das etwa 10 km entfernte Gebiet vom Stadtkern aus in einer reichlichen halben Stunde. Für die Bevölkerung der Hauptstadt ist der Sommerpalast das begehrteste Ausflugsziel. Im Winter wird die große Seefläche des Kunming-Sees, die $3/4$ der heute geöffneten Anlage einnimmt, zum Eislaufen genutzt, Wettbewerbe finden hier statt, wer den schönsten Flugdrachen baut, und wenn man Glück hat, ist auch noch im Frühling in einem der kleinen Andenkenläden eines dieser rührenden Zeugnisse geschickter Volkskunst erhältlich. Nichts setzt der Phantasie Grenzen, und die Wettbewerbe der großen bunten Flugobjekte über dem weißen Eis sind eine der Glanzzeiten des Parks. Den Touristen ist es im Januar meist zu kalt und stürmisch in der Hauptstadt und so bleiben die Pekinger unter sich.

290 ha ist das jetzt restaurierte Areal groß. In einem Tag wird der Besucher kaum alles sehen können, was dieser Park an Hallen, Pavillons, Theatern, Tempeln und bemalten Wandelgängen zu bieten hat. Doch wird es weniger das einzelne Palastgebäude sein, das den Betrachter fasziniert, als die Gesamtkonzeption von Berg, Seen, Brücken und malerischer Fernsicht. Fast immer werden die Begleiter sich darauf beschränken, dem Fremden die klassischen Blickpunkte zu zeigen: den Langlebensberg, der sich am schönsten von der Seeseite aus darbietet, die kraftvoll schwingenden und doch zierlichen Brücken, von denen einige Pavillons tragen, dann die Inseln im See, den Bronzeochsen. So wird der erste Rundgang, der

entweder am Seeufer durch den 720 m langen Wandelgang begonnen hat oder mit der Besteigung des Langlebensberges, fast immer bei der Bootsanlegestelle neben dem berühmten aber potthäßlichen Marmorschiff enden. Mein wandermüder Körper war glücklich, sich bei einer gemächlichen Fahrt mit einer der Motorbarken entspannen und ausruhen zu können. Meine Gastgeber hatten dafür gesorgt, daß ein kleines Picknick, Getränke, Obst, Nüsse und Süßigkeiten bereits auf dem Boot verstaut waren, denn der Begriff »genießen« ist für den Chinesen ebenso heilig wie dem Deutschen die »Gemütlichkeit«.

Die ruhige Barke glitt entlang dem Westdamm, der von schlanken Weiden (*Salix babilonica*) und Pfirsichbäumen bestanden ist und dem man das Vorbild »Westsee bei Hangzhou« deutlich ansieht. Der Damm verläuft in Nord-Süd-Richtung. Sechs weiße Marmorbrücken spiegeln sich in dem dunkelgrünen Seegrund und geben dem die Passagen frei, der die weiter westlich und nördlich gelegenen Seeteile besuchen möchte.

Es war mir nicht möglich, eine der Brücken als »die eindrucksvollste« zu bezeichnen. Jede für sich ist ein vollkommenes Kunstwerk, eingebunden in die umgebende Gartenlandschaft. Sei es die »Kamelhöckerbrücke«, die 150 m lange »Siebzehn-Bogen-Brücke«, deren fein gegliedertes Geländer von fünfhundert steinernen Löwen bewacht wird, oder jener kleine Pavillon, schwebend über dem Wasser, um von dort die Fische zu betrachten.

Die Seen haben drei Inseln, die früher mit kleinen Palästen bebaut waren, die aber 1860 verbrannt und fast alle nicht wieder aufgebaut wurden. Auch eine »kleine runde Stadt« nach dem Muster wie Kublai Khan sie für den Beihai-Park hatte bauen lassen, war dabei. Die Siebzehn-Bogen-Brücke führt auf eine Insel, auf der, beschattet von alten Bäumen, das Heiligtum des Drachengottes liegt, in dem früher um Regen gebetet wurde. Auf dem nahegelegenen »Kleinen Phoenix-Eiland« wurden bei entsprechenden Voraussetzungen weibliche Hofmitglieder interniert.

Doch von jedem Punkt des Sees aus wird der Besucher sich zurückwenden zu dem machtvollen »Berg des Langen Lebens« und seinem Widerschein im Wasser. Dies ist ohne Zweifel das charakteristischste Bild der gesamten Anlage. Der Berg ist jetzt wieder übergrünt von Bäumen, über den Weiden schiebt sich eine vielfältige Baum- und Strauchflora den Berghang hoch. Große Exemplare verschiedener chinesischer Ahorne haben sich ebenso fest in den Grund eingewachsen wie der Blauglockenbaum *Paulownia tomentosa*. Goldregen ist umschlungen von blau blühenden *Wisteria* (Glycinie). Forsythien sind hier ebenso heimisch wie weiße Spiraen und blühende Robinien (Akazien). Auf einer Terrasse kann man 30 Jahre alte *Pinus bungeana* sehen und sich ein Bild von dem langsamen Wachstum dieser Art machen. Prächtig stehen alte Maulbeerbäume in herbstlich goldgelbem Laub gegen schwarze Rinde. Die in Deutschland fast unbekannte Scheinlärche *Pseudolarix kaempferi* (syn. *amabilis*) hat hier einen Jahreszuwachs von fast 1 m, während ich sie bisher immer als äußerst langsam wachsenden Baum, ideal für kleine Gärten im mitteleuropäischen Klima, kennengelernt hatte. Zahlreiche Schneeballsträucher finden sich in dem Gelände in den verschiedensten Sorten, eine Sammlung der in China einheimischen Magnolienarten, viele Zieräpfel, Flieder und Rosensträucher. Waren 1949 nur noch 5000 Bäume in dem Park, so sind es jetzt wieder über 50 000.

Was der Besucher, wie fast überall in China, wenig findet, sind Stauden und Kleingehölze. Nur einige

Folgende Seiten:
Der Sommerpalast,
Blick vom Berg des
Langen Lebens über
den Kunming-See zu
den Westbergen

KAISERLICHE GÄRTEN IN EINER VOLKSREPUBLIK

KAISERLICHE GÄRTEN IN EINER VOLKSREPUBLIK

Wildstauden begleiten als »Unkraut« die Wege, ein in Europa unbekanntes Veilchen *Viola philippica*, das bei mir nur kleistogam blüht, d. h. mit geschlossener Blüte sich selbst bestäubt. *Rhemannia glutinosa* und kleine *Erigeron* blühen im Mai. Einzig Paeonien sind reichlich in den Höfen angepflanzt. Am östlichen Teil des Langlebensberges ist eine alte vielstufige Terrasse für Strauch-Paeonien, die von den Chinesen so geliebten Mudan. Leider ist hier für die Art der Boden offenbar verbraucht, denn viele Lücken bleiben auf den Terrassen ungeschlossen und die Gärtner werden auf die Dauer nicht herumkommen, an dieser Stelle einen kompletten Erdaustausch vorzunehmen. Bevor der Besucher wieder Land betritt, um alle blühende und grünende Herrlichkeit, die sogar die Dächer überwächst, zu bewundern, wird er vom Wasser aus den Bronzeochsen in der Nähe sehen. Kaiser Chenglung (Qianlong) ließ ihn gießen, die Kalligraphie stammt von seiner Hand. Er widerstand — wie auch die Brücken — dem Vernichtungstaumel der europäischen Soldaten. Chenglung, der als Nicht-Chinese so großen Wert auf die Erhaltung der chinesischen Traditionen legte, knüpfte mit dieser Plastik an den Brauch seiner frühen Vorgänger an, bei Beendigung der Wasserregulierungsarbeit einen Stier aus Bronze als Opfer dem Flußgott zu weihen. Er wandelte die Sitte nur in der Form ab, daß er das Bronzeopfertier nicht in den Fluß versenkte, sondern für alle sichtbar und mit seiner persönlichen Handschrift geziert auf einem Marmorsockel am Ufer aufstellen ließ.

Nach dem Verlassen der Barke, wenn man wie einst die Herrscher, die auf dem Wasser von Peking kamen, das alte prächtige Tor passiert hat, wird der Besucher Hof für Hof in langsamem Anstieg durchwandern. Zunächst gelangt er in die offiziellen Hallen, in denen vor einem Jahrhundert die Regentin Cixi Regierungsgeschäfte ausübte und ausländische Diplomaten empfing. Steigt der Besucher, der Nord-Süd-Achse folgend, weiter bergan über die Treppen in eine Mauern-Region, die das Motiv des Potala-Palastes in Lhasa aufnimmt, so kommt er zu der Pagode des »Buddha im Weihrauch«, die den ganzen Langlebensberg achtunggebietend beherrscht.

Vom steilen Aufsteigen war ich ganz außer Atem. Doch als ich mich ausruhend zurückwandte, um den Blick über die Palastgebäude, den See, zu den duftenden Westbergen, gesäumt von Jadequelle und Porzellanpagode, zu genießen, war alle Müdigkeit verflogen. Es schien mir, als sei auf meisterhafte Weise das Prinzip der chinesischen Gartengestaltung, »die Landschaft zu leihen«, hier verwirklicht. Landschaft und Park beleuchten gegenseitig ihr Bild, doch alles kulminiert in dem Punkt, den ich nun erreicht hatte. Der Weg in die Westberge, die voller Klöster und alter Gärten sind, wird dem Ausländer im Augenblick noch verwehrt. Die Berge sind die Begrenzung des Blickes nach Westen, der im Osten durch die Parkgehölze aufgehalten wird. Nur nach Südwesten über den See hin kann er frei schweifen, um sich im zarten Dunst der Ebene zu verlieren.

Meine Gastgeber sagten mir, daß man dieses Gartengebiet (genau wie das in Chengde) als Feriensitz des kaiserlichen Haushalts empfand, auch wenn offizielle Staatshandlungen an beiden Plätzen vorgenommen wurden. Die Herrscher wollten diesen Feriensitzen einen etwas ländlichen Charakter geben, auch um ihre Bescheidenheit zu betonen. Auf der Rückseite des Berges hat sich die Regentin Cixi nach ihrer zweiten Flucht sogar ein Bauernhaus mit Papierfenstern nachbauen lassen, um die Romantik des ländlichen Lebens zu genießen. Wenn im Mai die gelben Rosengebüsche von *Rosa xanthina* plena davor blühen, ist es wirklich zauberhaft anzusehen.

Offenbar hat die kaiserliche Familie in diesem Feriengebiet gerne ihrem Spieltrieb gefrönt. Steigt man auf der nördlichen Seite den Langlebensberg wieder hinab, um in die hinteren Gartenteile zu gelangen, so kommt man an einen schmalen Kanal, der zu beiden Seiten von ca. 1,80 m breiten Hausfundamenten begleitet wird. Dies war einst die Suzhou-Straße, erbaut zur Belustigung des Hofes. Attrappen der schönen südlichen Handwerkerhäuser säumten den Kanal, von denen nach der Plünderung 1860 der Brand nur noch die Fundamente ließ. Einst hatten, wenn der Besuch der kaiserlichen Damen angekündigt wurde, kostümierte Eunuchen die Rolle der Handwerker und Händler gespielt; das gab den Damen das Lusterlebnis des Einkaufens, das ihnen sonst versagt blieb. Von Hofeunuchen also »kauften« die Konkubinen und Kaiserinnen von vier Herrschergenerationen Seide, Damaste, Juwelen und Antiquitäten, erlebten die Qual der Wahl, erfreuten sich an einem Feilschen ohne jeden Sinn, denn die Dinge, die sie erwarben, waren sowieso ihren eigenen Schatzkammern entnommen.

Man sagte mir allerdings, daß Chenglung (Qianlong) diesen Kanal so gestalten ließ, um seine Frauen an seinen eigenen Freuden der Südreisen teilnehmen zu lassen.

Eine andere, nicht nur den Damen des Hofes sehr wichtige Lustbarkeit war das Theater, das vor allem unter der Regentschaft der Cixi in hohem Maße, auch technisch, perfektioniert wurde. Das Theater des Sommerpalastes ist mit seinen drei Stockwerken insgesamt 17 m hoch. Es war so konstruiert, daß Feen und Geister, die vom Himmel zu den Menschen kamen, durch alle drei Stockwerke ungehindert herunterschweben konnten — oder je nach Temperament auch in rasendem Tempo scheinbar herabstürzten. Unter dem Theater sind zwei Quellen, und man versicherte mir, die religiöse Kraft mancher Schauspieler sei so groß gewesen, daß die Quellen zu sprudeln begannen, sobald jene als Buddha auf der Bühne erschienen.

Heute finden dort keine Aufführungen der Pekingoper mehr statt — der Tourist hat nur die Chance, sich einige hundert Meter weiter westlich in dem Pavillon »Den Vögeln zu lauschen« in alten Schauspielergarderoben als Kaiser, Konkubine — oder eben auch Buddha, fotografieren zu lassen. Hier ist auch ein Restaurant, das Gäste bewirtet. Auf dem Weg dorthin wird man den kleinen Bronzepavillon passieren, ein erlesenes und höchst ungewöhnliches Stück chinesischer Bronzekunst, auch wenn sein Fensterzierat gestohlen ist. Der Altmessing-Farbton dieses Tempels, der von der Zerstörung 1860 weitgehend verschont blieb, steht wunderbar auf dem Weiß der ihn tragenden Marmorterrasse.

Was der unerfüllte Traum der Regentin Cixi blieb, die weitgehende Wiederherstellung der Tempel auf der Rückseite des Langlebensberges, ist Ende der siebziger Jahre geglückt. Eigentlich, so meinten die Gartenarchitekten, habe eine solche Ansammlung von Tempeln, Stupas und Klostergebäuden mit einem kaiserlichen Garten ebensowenig zu tun wie die Suzhou-Straße oder das große Theater; derartige Einbauten entfremdeten die Gartenanlage sich selbst. Trotzdem haben sie die Tempel, die im Stil des »Tempel des allgemeinen Friedens« in Chengde erbaut und reich mit glasierten Ziegeln in goldgelb und grün verblendet und gedeckt sind, mit als erstes wiederhergestellt. Welche Überlegungen dazu geführt haben, ist mir nicht bekannt; ich bewunderte nur die herrlichen Farben und eindrucksvollen Formen im späten Licht eines Septembernachmittags. Vom Fuß des Berges sind es nur wenige Schritte durch das Tal, dann ist der Angelgarten der Kaiserin erreicht.

O junge Anmut, wohnend unterm Dach von Gold!
Des Gartens Purpur rahmt sie zierlich ein.
Bergblumen ihr im Haar, das kostbar aufgerollt,
Das seidene Gewand mit Nelkenstickereien.
Verläßt sie einmal das Palastgelände,
Begleitet sie die kaiserliche Sänfte stets.
Doch einmal, ach, ist Lied und Tanz zu Ende,
Und in der bunten Wolken Glanz verweht.
Li Bai

Er wurde in ähnlicher Form bereits von Chenglung (Qianlong) gebaut nach dem Vorbild des Gartens der Ergötzung in Wuxi, als eines der Ergebnisse seiner Südreisen. Obwohl beide Gärten in der Zwischenzeit mehrfach restauriert und dabei verändert wurden, ist das Vorbild unmittelbar spürbar.

Als »Garten im Garten« ist der etwa 2000—3000 qm große intime Teil durch Pavillons, Wandelgänge und Erdwälle von dem übrigen Parkgebiet separiert. Die Wasserfläche beherrscht das Zentrum. Durch raffinierte Gestaltung hat der Betrachter den Eindruck, von den verschiedenen Punkten aus ganz unterschiedliche Gärten zu sehen, ohne daß der ruhige Gesamtausdruck der Anlage verloren geht, denn alle Gebäude kommunizieren durch die sie verbindenden Galerien; oder sie sind durch eine leichte Staffelung zwar bewegt, aber doch miteinander verbunden. Die Wege zwischen ihnen sind wieder einfallsreich mit Kieselsteinen gepflastert. Die geschlossenen Pavillons werden für Kunstausstellungen genutzt, und ich sah mir die Kalligraphie-Ausstellung einer Liebhaber-Vereinigung an. Stolz zeigten mir meine Begleiter eine eigenhändige Kalligraphie des Kaiserneffen, der nicht nur ein berühmter Kalligraph, sondern auch ein bedeutender Landschaftsmaler ist und an der Kunstakademie von Peking lehrt. Die Übersetzung seiner kraftvollen Kalligraphie lautetet: »Alte Bäume zählen ihre Jahre nicht.« Ein anderer Kalligraph hatte den Satz: »Erst wenn man 10 000 Bücher gelesen hat, kann man schreiben«, zur Kunst erhoben.

Viele Weiden hängen ihre zarten Zweige in den Teich, alte und auch nachgepflanzte Lebensbäume, *Thuja orientalis,* umrahmen die Seefläche, über die eine mächtige, sehr alte Kiefer *Pinus tabuliformis* herübergrüßt zum Pavillon der Frühlingsahnung. Im Teich schwimmen groß- und kleinblättrige Lotos, zum Hintergrund sich verdichtend. Immer wieder schieben sich Terrassen, von einem schwingenden Dach gedeckt oder frei zum Himmel, über den Seegrund vor. An einem milden Herbstabend saß ich hier in der friedlichen Stille auf einer der weit in den Teich vorgeschobenen Plätze. Plötzlich fühlte ich mich so allein, daß ich mich außerhalb des Dunstkreises der Erde wähnte, entrückt in ein Traumland der Feen und Geister.

CHENGDE IN DER FRÜHEREN PROVINZ JEHOL

Die kaiserliche Sommerresidenz bei Chengde, »Bishu Shanzhuang«, liegt ca. 250 km nördlich von Peking in einem Gebiet, das in alten Atlanten als »Tartarey« bezeichnet ist. Als Schulkind flößte mir allein dieser Name schon Angstschauer ein.

Doch welch friedliches Palastgebiet öffnete sich mir, als ich das berühmte dreiteilige Tor durchschritten hatte — und welch lieblicher Park erst erwartete mich.

Der Residenzname besagt: »Bergdörfchen, vor der Hitze zu flüchten« — doch scheint das Klima für die Bewohner einige Spannungen bereitzuhalten. Im Winter sind durchschnittlich −23°. Das Thermometer sinkt aber für unterschiedlich lange Zeit auf −40° ab. Der Boden friert bis 1,20 m Tiefe. Die Durchschnittstemperatur im Sommer ist 30°. Doch die Reaktion des Bodens ist, abgesehen von den ehemaligen Sumpfgebieten, neutral bis kalkhaltig und stark mineralisch und bietet einem großen Artenreichtum an Pflanzen trotz des schwierigen Klimas ein gutes Fortkommen, obwohl das Land wenig Regen hat und auch die Winter meist verhältnismäßig trocken sind.

Kaiser Kangxi soll das Tal bei einem Jagdausflug besichtigt und zur Residenz bestimmt haben. Er war ein Blumenfreund und Schöngeist, dabei sehr männ-

KAISERLICHE GÄRTEN IN EINER VOLKSREPUBLIK

Kamelhöckerbrücke im Sommerpalast

lich. Vielleicht hat ihn neben dem Pflanzenreichtum des Gebietes ein höchst ungewöhnlicher, phallisch geformter etwa 35 m hoher Felsen, der einen Nachbarberg krönt, als Kraftsymbol begeistert. Doch dürfte der Gedanke, an diesem Platz eine Sommerresidenz der Kaiser zu schaffen, in allererster Linie dynastischer Natur gewesen sein. Zwar stammten die Mandschu selbst von den nördlichen Steppenvölkern ab, doch diese bedrohten ihr Reich ständig. Das Vorschieben der Residenz in Richtung Feind sollte Festigkeit in den eigenen Machtansprüchen dokumentieren — und zugleich konnte dieser Gartenpalast ein günstigerer Verhandlungsplatz sein als die Hauptstadt Peking. Der Blick war ohne Zweifel auch zum zaristischen Rußland gerichtet, das 1686 und 1687 versucht hatte, dieses Gebiet zu erobern. Kaiser Kangxi begann 1703 mit dem Bau der Anlage, sein Enkel Chenglung (Qianlong) hat sie 67 Jahre später vollendet.

Mit der Zeit entwickelte sich Chengde zu einem zweiten Regierungssitz der Qing-Dynastie, bis es im 18. Jahrhundert wieder zu einem »Bergdörfchen« wurde und erst durch den Tod des Kaisers Xianfeng, 1861 auf der Flucht vor den europäischen Truppen, in aller Munde kam. Manches in der Gesamtgestaltung berücksichtigt die politischen Aufgaben. Das dreiteilige Haupttor ist geformt wie das Tor einer großen Stadt (die viele aufnimmt), nicht wie das eines Kaiserpalastes. Der Wahlspruch der Residenz steht darüber: »Sonne und Mond stehen gemeinsam am Himmel« — als Zeichen vollkommener Harmonie der Gegensätze, von der Chinesen allerdings sagen, daß sie nur auf Zeit zu erreichen ist und immer wieder neu angestrebt werden muß.

Im Norden beginnt die geräumige Palastanlage, die nicht nur Wohngebiet war; in ihren Haupthallen wurden auch wichtige Staatsangelegenheiten abgewickelt. Daran schließt sich im südlichen Tal der ausgedehnte Park an, der auf den umschließenden Berghöhen von einer verkleinerten Kopie der Großen Mauer beschützt wird. Außerhalb der Mauer, im anschließenden Tal, baute Kaiser Chenglung (Qianlong) acht Tempel.

Stärker noch als der Sommerpalast gab mir das Palast-, Park- und Tempelgebiet von Chengde eine Vorstellung der Verzauberung, die die chinesischen Gärten den wenigen europäischen Reisenden des 17. und 18. Jahrhunderts schenkten, die sie erleben durften.

Der Dreier-Rhythmus der Gliederung, die Einbettung des Parks in die umgebende Landschaft und deren Einbeziehung, die Strenge der Mauer wie der grandiose Blick von ihr in die Tempelanlagen, sind von einmaliger Schönheit. All das, was französische Jesuiten vor 250 Jahren über den Sommerpalast schrieben, über die ineinander verschlungenen, durch Kanäle verbundenen Seen, abgetrennt durch Inseln und Halbinseln, auf denen Pavillons frei stehen oder versteckt hinter hohen Bäumen zu finden sind, all das wird der Besucher auch heute bestätigt sehen.

Das Gesamtbild ist das einer ruhigen, in sich geschlossenen Anlage. Von der Stadt kommend, betritt man durch das Li Zheng-Tor die zur Repräsentation und Wohnstatt der Kaiser bestimmten Paläste, die in einem strengen Rechteck, wie alle klassischen chinesischen Wohnhöfe, angeordnet sind. Die südliche, deutlich erhöht liegende Haupt-Gebäudegruppe bot früher zumindest von einigen Pavillons aus einen Blick über die weit sich ausdehnende Seenlandschaft, auf deren Inseln wiederum zahlreiche Pavillons und Pagoden eingestreut liegen. Ich fand die Bäume so stattlich geworden, daß sie mir jetzt keinen weiten Ausblick ermöglichten.

KAISERLICHE GÄRTEN IN EINER VOLKSREPUBLIK

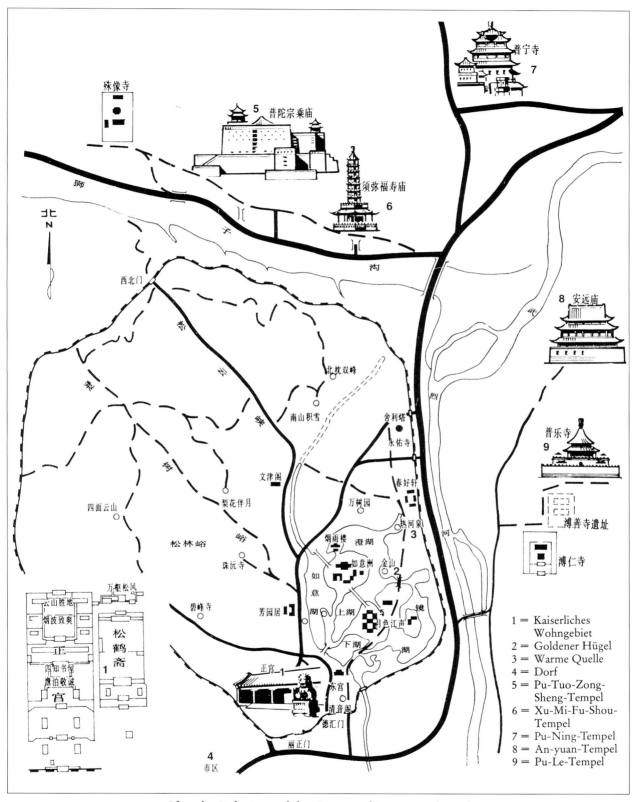

Plan des Palastes und der Gartengebiete von Chengde, in der Provinz Jehol, mit den Tempeln im Außenbereich

KAISERLICHE GÄRTEN IN EINER VOLKSREPUBLIK

KAISERLICHE GÄRTEN IN EINER VOLKSREPUBLIK

Die Palastgebäude sind betont schlicht gebaut und mit unglasierten, anthrazitfarbenen Ziegeln gedeckt; sie betonen die Bescheidenheit und Intimität eines Feriensitzes, ganz im Unterschied zu den Tempeln im Tal jenseits der 10 km langen Mauer. Mitglieder der britischen Delegation, die im September 1793 hier in Chengde empfangen wurden, schildern die Paläste als üppig mit Gold dekoriert und bunt ausgemalt. Das war im Herbst 1980 nicht der Fall, aber da die Gebäude vorzügliche Proportionen haben, können sie auf den Zierat ohne Schaden verzichten.

In zwei kleinen Pavillons unmittelbar hinter dem Eingangstor saßen früher Musikanten, an deren Musik die außerhalb der Palastmauern Weilenden immer erkennen konnten, was der Kaiser gerade tat: ob er ausländische Gäste empfing, Diskussionen über Staatsangelegenheiten leitete — oder auf der stillen Insel im See bei seinen Konkubinen weilte.

Symbolisch-spiegelbildlich nimmt die Gartenplanung das Motiv des Kaiserreiches auf. Im südlichen Parkgebiet orientierte man sich an den Gärten aus dem Raum von Suzhou, Hangzhou und Wuxi als Sinnbild der südlichen Reichsteile. Im Nordwesten war ein großes Grasland, wo Reiterspiele und Wettkämpfe stattfanden als Kopie der mongolischen Steppengebiete. Hier standen auch die Jurten, die Nomadenbesucher aufnahmen. Der Nordosten des Parks ahmt die Gebirge des Reiches nach und die außerhalb der Umfassungsmauer liegenden Tempelgebiete symbolisieren die nationalen Minderheiten. Nach den klassischen Gesetzen der chinesischen Gartenbaukunst wurden die Gegebenheiten des Geländes geschickt genutzt und verstärkt, die Berge durch Pavillons erhöht, die Sumpflandschaft zu einem großen Seengebiet ausgegraben und sanfte Hügel zu beiden Seiten des Wassers und auf die Inseln aufgehäuft.

*Vorhergehende Seiten:
Übersicht über Palastgebiet und Tempel in Chengde*

Die Umgebung mit ihren schroffen, teilweise höchst skurril geformten Felsen ist voll in das Bild des Parks integriert. Der wichtigste Punkt, der Hammerstein, ist fast von allen Plätzen sichtbar, seine Spiegelung in der Seefläche genau berechnet. Dieser absolut phallisch geformte ca. 35 m hohe natürliche Felsen krönt den Gipfel eines der nordöstlichen Berge und hat mich nicht weniger beeindruckt als vermutlich die Schöpfer der Anlage und alle bisherigen Besucher. Die Verstärkung durch Spiegelung wiederholt sich mehrfach. Die im nördlichsten, stillsten Teil des Palastgebietes gelegene Bibliothek, die von Chenglung (Qianlong) gebaut wurde, hat einen »Garten im Garten«, in dessen reicher Steinanlage wiederum die den Park umgebenden Berge nachgestaltet wurden. Wenn man bei schönem Wetter auf der Terrasse der Bibliothek sitzt, so »stehen Sonne und Mond gemeinsam am Himmel«, denn neben der Spiegelung der Sonne in dem kleinen Teich des Gartens steht immer ein Halbmond. Durch eine raffiniert angelegte Öffnung in der Rückwand der gegenüberliegenden Grotte fällt das Licht wie eine schlanke Mondsichel auf die Wasserfläche. Es ist eine Illustration des Mottos der gesamten Residenz.

Acht gleiche kaiserliche Bibliotheken hatte Chenglung, jede besaß 79 337 handgeschriebene und in kostbare Seide eingebundene Bücher. Die Bände von Chengde blieben als einzige erhalten und sind jetzt in Peking in der Nationalbibliothek aufbewahrt.

Das Gebiet steckt voller origineller Symbolik in der Architektur. Am Westrand des Sees liegt ein Pavillon, dessen Dach, aus der Luft betrachtet, das Schriftzeichen für »Kalebasse« darstellt. Die Kalebasse ist ein unentbehrlicher Begleiter taoistischer Mönche. Sie ist Gefäß des Lebenswassers, wird aber von den taoistischen Unsterblichen gelegentlich dazu genutzt, den eigenen Geist darin aufzubewahren.

An sehr vielen Punkten dieses Parks glaubt man sich nicht in China, sondern in England, und kann sich nur schwer vorstellen, daß ohne die Begegnung mit solchen kaiserlichen chinesischen Parks der englische Landschaftsgarten diese Form erhalten hätte. Die ihn umschließenden Bergketten waren im 18. Jahrhundert voll bewaldet; jetzt wird mit der Aufforstung, die auch zur Verbesserung des Gesamtklimas der nördlichen Provinzen dringend erforderlich ist, wieder begonnen. Aber die geringe Niederschlagsmenge von ca. 500 ccm und der kiesige Untergrund erschweren das Unternehmen.

In der kleinen, innerhalb der Parkmauer gelegenen Baumschule werden ausschließlich für die Verwendung im Park Gehölze gezogen. Ganz deutlich war das Gebiet in den Jahren der inneren Wirren von 1911—1949 häufig umkämpft; da Soldaten immer Holz zum Feuern brauchen, vor allem in Wintern mit dieser Härte, sind in dieser Zeit offenbar viele Bäume gefällt worden. Uralte mächtige Kiefern und Lebensbäume findet man eigentlich nur noch in den Palasthöfen und an schwer zugänglichen Stellen. Nur wenige der Weiden, die den See umstehen, werden Chenglung (Qianlong) erblickt haben. Doch mehrere schnell wachsende Pappel-Arten sind hier heimisch, ebenso Ulmen und zahlreiche *Crataegus*formen (Verwandte unseres Weißdorns). Maulbeerbäume und Ahorn entwickeln hier eine sehr intensive Herbstfärbung. *Ziziphus jujuba,* die saure Datelpflaume Chinas, ist dort vollkommen hart und wird plantagemäßig zur Fruchtgewinnung angebaut. Sie verträgt in Chengde —40° bei trockener Kälte, obwohl Krüssmann sie als nur südlich der Alpen winterharte Pflanze bezeichnet. Die Zweige sind stark bewehrt.

Zu meiner Überraschung lernte ich in Chengde auch »politisch tätige« Pflanzen kennen. Sehr häufig fand ich dort eine Art in leuchtend gelber Herbstfärbung ihrer gefiederten Blätter, die ich zuvor noch nicht gesehen hatte. Sie wurde als *Xanthoceras sorbifolium* identifiziert. Aus den Früchten gewinnt man Schmieröl, das sie bis zu 43% enthalten. Doch das sei nicht der eigentliche Grund ihres Anbaues. Dieser sei eines der typischen chinesischen Wortspiele. Die Viererbande habe den Anbau in so reichem Maße gewünscht, denn der chinesische Name für *Xanthoceras* bedeutet auch: »Das Land muß von zivilen Beamten regiert werden«; Maos Frau habe immer das, wie sich später zeigte, richtige Gefühl gehabt, das Militär sei gegen sie eingestellt. Der deutsche Dendrologe Krüssmann nennt *Xanthoceras sorbifolium* »ganz hart und sehr schön, obwohl nur selten in Kultur«!

Seitwärts der Wege steht ein kleinblättriger *Rhododendron* vom Typ *hirsutum*, ohne daß ich ihn korrekt bestimmen konnte. *Amorpha fruticosa,* der Bastard-Indigo, ist offenbar aus Amerika kommend, hier fest eingebürgert und wird zur Korbflechterei genutzt. Auf der zentral im See gelegenen Halbinsel, die die Wohnhäuser der Konkubinen trägt und auch die »Lesehalle des Kaisers«, ist ein Pavillon eigens gebaut, um ein Feld der Trollblume, *Trollius chinensis,* zu betrachten. In dem einstmals sumpfigen Gebiet wuchsen sie wild und zählen zu der klassischen Flora dieses Gebietes. Kaiser Kangxi hat ein Gedicht über sie geschrieben. Ihre Blütezeit liegt vermutlich genau in dem Zeitpunkt, in dem der Hof damals seine Ferienresidenz bezog, so daß man sich von den gelben Trollblumen erwartet fühlte. Ein anderer Baukomplex in der Nähe heißt »die Halle von Nebel und Regen«. Der Schloßverwalter erklärte mir, daß der See von einer warmen Quelle in seiner Nordostecke gespeist wird und auch im kalten Winter nicht zufriert, dadurch aber immer ein leich-

Folgende Seiten:
Östlicher Teilbereich
der Residenz Chengde
mit Hammerstein

KAISERLICHE GÄRTEN IN EINER VOLKSREPUBLIK

ter Nebel über ihm liegt, sobald die Temperaturen absinken. Im Herbst fand ich im Gelände eine große Vielfalt von Staudenastern und wilden Chrysanthemen, die mich schon am Kohleberg in Peking erfreut hatten. *Belamcanda chinensis,* eine aparte Schönheit aus der Familie der Liliaceen, war voll ihrer dekorativen Früchte, die in der chinesischen Medizin eine so große Rolle spielen. Dazu eine unvorstellbare Menge sehr interessanter, z. T. sogar wintergrüner Gräser. Ein Bäumchen in der Nähe der Bibliothek war völlig überzogen von einer wilden kleinblumigen *Clematis,* die mit ihren weißen, in großen Dolden angeordneten Blüten im August die ganze Gegend mit würzigem Duft erfüllen soll.

Wenn die chinesischen Gartentheoretiker sagen, daß ein Park einen ganz bestimmten Geist ausstrahlen soll, so schien es mir in Chengde, an diesem vor wenigen Jahrzehnten so heiß umkämpften Ort, der Geist des Friedens zu sein.

Nachdem ich den reizvollen Park, in dessen Nordwestecke heute große Obstplantagen angelegt sind, durchwandert und mit einiger Anstrengung die Höhe der Mauer erklommen hatte, eröffnete sich mir ein atemberaubender Ausblick: die tibetischen Klosteranlagen tief unten im Tal in ihrer entrückten Schönheit, ihrer erhabenen Strenge.

DIE TEMPEL

Niemand, der Chengde besucht, wird versäumen, die fünf (von einstmals acht) Tempel zu betrachten, die im Halbkreis im Tal nordöstlich den Park umschließen. Alle sind unter Chenglung, jedoch aus den unterschiedlichsten Anlässen, entstanden.

Die politischen Voraussetzungen, unter denen diese Sommerresidenz gebaut und belebt wurde, werden bei dem Betrachten der Tempel noch deutlicher. In vollkommenem Gegensatz zu den eher bescheidenen Palastbauten stehen die prächtigen Tempel. Fast alle nehmen Motive fremder, meist tibetischer Architektur auf.

Ich kam etwa ein Jahr nach der Öffnung dieses Platzes zum ersten Mal nach Chengde und hatte in keinem der zuvor gelesenen Berichte etwas über diese religiösen Bauten gefunden. Meine Überraschung war kaum zu beschreiben, als man mich auf die nördliche Mauer führte, mein Interesse eigentlich ganz dem Pflanzenwuchs galt und ich mich plötzlich auf der Höhe der Mauerkrone über einer steil nach Norden abfallenden Felswand befand und das Gefühl hatte, tief im Tal läge der Potala von Lhasa zu meinen Füßen — als sei ich nicht in der Provinz Jehol, sondern Tausende von Kilometern entfernt auf dem tibetischen Hochland. Diesem Spannungsbogen zwischen einem süßen, melancholischherbstlichen Park und der äußersten Strenge tibetischer Architektur wird sich niemand entziehen können, der das Glück hat, einmal an diesem Platz zu stehen. Dort der Park, der bewußt versucht, die Atmosphäre der Heiterkeit und Leichtigkeit des Landes südlich des Yangtse zu schaffen, hier die vollständige, verinnerlichte Abschließung, eine Architektur, in der sogar die Fenster vermauert sind. Wie der Schloßverwalter mir sagte, sei ich der erste Ausländer in der Geschichte des Parks, keiner habe zuvor diesen Platz betreten.

Chenglung (Qianlong) hat alle diese Tempel gebaut als Reverenzen an politische Gegner, die er zu Freunden machen wollte, oder für Anhänger in den Minderheiten, die er noch fester an sich binden mußte. Am klarsten wird dieser Gedanke vielleicht aus dem An-Yuan-Tempel ersichtlich, der 1764 errichtet wurde. In zwei blutigen Aufständen hatte sich in Ostturkestan im Illi-Gebiet einer der vier Stämme gegen die chinesische Schutzmacht erhoben. Der dortige Tempel wurde absichtlich verbrannt und nach der Niederwerfung eine fast originalgetreue Kopie des Tempels in Chengde erbaut. Ein einziger gravierender Unterschied trennte ihn von dem Original — der An-yuan-Tempel in Chengde hat blaue Dachziegel — Blau ist die Farbe des Wassers, und Wasser löscht das Feuer. Nach der Fertigstellung des Tempels kamen die Fürsten aller vier Stämme, auch des aufständischen, zu einem großen Gastmahl nach Chengde und wurden ohne Unterschied von Chenglung (Qianlong) hoch geehrt.

Der größte der acht Tempel ist der Pu Tuo Zong Shen, die Nachbildung des Potala-Palastes von Lhasa. Er wurde 1766 gebaut für die Geburtstagsfeier des Kaisers, die bewußt in dieses Gebiet gelegt wurde, um den Minoritäten Gelegenheit zu geben, an dem Fest teilzunehmen und ihn zu ehren. Das von einer Mauer umschlossene Rechteck enthält aber nicht nur Gebäude im tibetischen Stil, es sind auch Reste typisch chinesischer Gartenanlagen und ein sehr prächtiges mit glasierten Ziegeln verkleidetes dreiteiliges Portal, das dem »Eingang zum kleinen Paradies« im Jingyi-Park in den Pekinger Duftenden Bergen nachgebildet ist. So sollten die lamaistischen Priester das Gefühl haben, durch ein kaiserliches Portal ihr Kloster zu betreten.

Im Tempelgebiet sind zwei riesige steinerne Stelen aufgestellt, auf denen in vier Schriften in Mandschurisch, Han, Mongolisch und Tibetisch die Geschichte einer eigenartigen Völkerwanderung aufgezeichnet ist. 1630 löste sich ein mongolischer Stamm unter seinem Führer Ubachi aus dem chinesischen Reich und wanderte an die Wolga aus. Da das Volk sich dort unterdrückt fühlte, nahmen 140 Jahre später die Stammesfürsten wieder Kontakt zu dem sehr aufgeschlossenen Chenglung auf und 277 000 Menschen marschierten in acht Monaten 10 000 km von der Wolga bis Jehol — bei dieser gewaltigen Leistung verloren viele ihr Leben.

Eine geschickte Verschmelzung zweier grundverschiedener Baustile ist auch an dem 1755 entstandenen Pu Ning-Tempel abzulesen. Die Hauptgebäude sind chinesisch, die nicht minder schönen Nebengebäude tibetischen Stils. Der große Tempel des stehenden Mahayana-Buddha ist flankiert von den Terrassen von Sonne und Mond. Die über 22 m hohe Buddhastatue zählen die Chinesen zu den kostbarsten Schätzen ihres Landes. Auch ohne das zu wissen, konnte ich mich der ungewöhnlich starken Ausstrahlung dieses Bildwerkes kaum entziehen. Der Samadhi-Tempel in Tibet diente ihm als Vorbild. Von den 10 000 kleinen goldenen Buddhas der Schreine haben nur wenige die Stürme der Zeiten überlebt.

Die dekorativste Anlage ist aber ganz ohne Zweifel der Xu Mi Fu Shon-Tempel, der erst 1780 zum Besuch des sechsten Pantschen Lama in Jehol gebaut wurde. Er war damals der politische wie der religiöse Führer Tibets und erhielt als Willkommensgruß eine Kopie seines eigenen Klosters. Die Angaben, wieviel Kilogramm für die Vergoldung der Dächer und drachenförmigen Dachreiter nötig waren, schwanken erheblich — der farbliche und architektonische Effekt, der damit erzielt wurde, ist jedoch gewaltig. Zeit und Luftverschmutzung haben den Glanz des Goldes gemildert, doch die Schönheit der Gesamtanlage eher gesteigert. Alle Farben, auch die des etwas morbiden Putzes, waren gerade in der herbstlichen Landschaft von höchster Harmonie. Es genügten ganz wenige flammend gelbe Maulbeerbüsche vor dunkelgrünen Kiefern, um raffinierte Farbakzente zu setzen.

18 Jahre lang haben in dieser Klosteranlage Lamas an der Übersetzung buddhistischer Texte in die Mandschu-Sprache gearbeitet und als Lehrer gewirkt.

Der Reisende, der von Peking kommend mit der Eisenbahn nach Chengde fährt, sollte für diesen Ausflug mindestens drei Tage einplanen. Die sehr gemächliche Zugfahrt führt durch reizvolle Berglandschaften und das Auge des Pflanzenliebhabers hat bereits von dem Abteilfenster aus genug zu rätseln und zu genießen. Die Eisenbahnzüge in China sind ungewöhnlich sauber, bequem und mit Spitzengardinen Topfpflanzen und weichen Kissen ausgestattet. Auch ohne diese Zugabe würde ich dieser Form zu reisen gegenüber dem Flug nach Chengde, selbst wenn er nur 30 Minuten dauert, den Vorzug geben.

THEORIE DER CHINESISCHEN GARTENKUNST

In China sagt man, daß alle Lebewesen dem Gesetz von Ursache und Wirkung, von Werden und Vergehen unterliegen, dem Tao. Der Garten steht genauso unter diesem Gesetz. Ein gut geplanter und angelegter Garten muß nach chinesischer Meinung das Gesetz des Yin und Yang interpretieren und die Bereitschaft zur Annahme in der rechten Weise bei seinen Betrachtern in Gang setzen. Wenn man sagt, daß der einzige Maßstab einer Landschaft die Gefühle seien, die sie dem Menschen vermittle, so trifft dies in vollem Maß auch für die Beurteilung eines chinesischen Gartens zu.

Die Begriffe, die in allen Gartentheorien Chinas immer wiederkehren, sind: »Qi — der Lebensatem oder Geist«, »das Gleichgewicht der Kontraste und Kräfte«, »Rhythmus und Harmonie«, »Trennung des Wichtigen vom Unwichtigen«. Der Theoretiker der neuen Gartenkunst, Li Jiale, sagt: »Ein Garten muß realistisch und romantisch sein« — Yin und Yang.

Die gegenseitige Durchdringung der Künste, der Malerei, Poesie und Gartenkunst, sollte nach chinesischer Meinung vollkommen sein. Li Liweng sagt am Ende des 17. Jahrhunderts: »Erst schaun wir nach den Hügeln auf den Bildern, dann schaun wir nach dem Bildnis in dem Hügel.« Malerei und Poesie sind die Eltern der Gartenkunst spätestens seit der Tang-Dynastie, wobei man von der Malerei die logischen Elemente der Gestaltung entlehnt, von der Poesie die Romantik. Man bezeichnet Gärten als dreidimensionale Bilder. Alle Künste setzen für den Chinesen eine intensive Naturbetrachtung voraus, aber die Gärten sollen keine reinen Landschaftskopien sein, sondern eine verfeinerte, gewissermaßen raffinierte Wiedergabe.

Chinesen sind nicht zufrieden, wenn ein Garten technisch richtig geplant und logisch angelegt ist, sie verlangen von ihm, daß er eine bestimmte, ganz persönliche geistige Ausstrahlung hat. Diese Ausstrahlung wird zwar durch die überall versteckte Symbolik gefördert, diese allein vermag sie aber auch nicht zu geben, da der Begriff »Geist« zugleich mit »Lebensatem«, aber auch mit »Romantik« interpretiert wird. Den Chinesen erscheint die Möglichkeit, eine ganz bestimmte Stimmung beim Betrachter zu erzeugen, das Hauptcharakteristikum ihrer alten Gärten.

Man betont in China, daß es völlig unwesentlich ist, ob das Lineament eines Gartens auf Plan oder Skizze, die ihn aus der Vogelschau zeigen, gelungen ist. Entscheidend für die Qualität sind die Eindrücke, die der Betrachter hat, wenn er den Garten durchwandert. Konstruktion auf dem Papier ist immer einfacher als Umsetzung in die Wirklichkeit eines freien Raumes. Der chinesische Gartenplaner versucht nicht nur, die Materialien, Steine, Wasser, Erde, Pflanzen und Gebäude zu bedenken, sondern auch den Luftraum, das Licht eines Gartens einzubeziehen und wenn irgend möglich die umgebende Landschaft.

Als die wichtigsten Teile eines Gartens bezeichnet man Gebirge, Wasser, Bauten und Pflanzen. Für einen Europäer ist es überraschend, daß die Pflanzen an letzter Stelle stehen. Die Logik eines Gartens beginnt für einen Chinesen mit der Topographie. Ihre Planung steht am Anfang. Die natürlichen Geländeformen sollen wenn irgend möglich genutzt und verstärkt werden. Li Jiale sagt: »Erst wenn man das Wasser versteht, kann man die Berge formen. Die Kraftlinien der Gipfel erheben sich zum Himmel, aber sie sind bis zur Taille mit Bäumen und Sträuchern bedeckt. Immer haben Berge Kontakt zu anderen Bergen.«

Erst wenn die Berge und Wasser, »Shan-Shui«, festgelegt sind, wird mit der Planung der Gebäude

THEORIE DER CHINESISCHEN GARTENKUNST

begonnen. Die chinesische Holzarchitektur ist außerordentlich einfallsreich, sowohl in der Gestaltung wie in der Plazierung. Das Buch der Gartenkunst Yuan Ye aus der Ming-Zeit sagt: »Wenn die Gartengestaltung nicht regelmäßig ist, müssen auch die Bauten darin nicht gleichförmig sein. Die Pavillons müssen nicht immer drei oder fünf Zimmer haben, je nach Größe des Gartens kann es mehr oder weniger sein. Auch ein halbes Zimmer kann Harmonie verbreiten.«

Höher als zweigeschossig fand ich Gartenhäuser nie. Die Bibliothek in Chengde hat drei Stockwerke, von außen sind durch raffinierte Gestaltung aber nur zwei Geschosse erkennbar.

Immer stehen die Holzbauten auf einer gemauerten Terrasse. Die Hallen, Wandelgänge, Mauern, kleine gedeckte Sitzplätze oder über dem Wasser oder Schluchten schwebende Pavillons werden vollkommen in das Bild integriert. Sie haben nicht mehr zu sein als eine der zahlreichen Inhalte eines Gartens. Ihre Funktion ist für den chinesischen Architekten stets eine dienende. Sie haben der Bequemlichkeit der Benutzer und dem Bild des Gartens in gleicher Weise zu dienen. Da man spezifische Stimmungen, auch die des »schlechten« Wetters, besonders liebt, müssen die Gebäude so plaziert werden, daß sie die Betrachtung des Gartens praktisch bei jeder Tages-, Nacht- und Jahreszeit ermöglichen. Nur so kommt man zu einem tiefen Eindruck der Natur.

Eine der wichtigsten Gestaltungsregeln der Gartenarchitekten und Maler ist das Öffnen und Schließen der Landschaft, das dem Yin-Yang-Prinzip entspricht. Nur das richtige und geschickte Einsetzen gibt dem Geist Flügel. Es muß sein wie Einatmen und Ausatmen, wie Auffliegen und Niederkommen, sagen die chinesischen Maltheoretiker. Doch jedes Öffnen und Schließen kann ein weiteres Öffnen und Schließen beinhalten. Man glaubt, durch diese Bewegung zur Konzentration zu kommen, die starke Empfindungen wie unendliche Freude erzeugen kann. In der Wirklichkeit eines Gartens braucht es das stille, aufmerksame Durchwandern, das die Voraussetzung dafür ist, den Gartenrhythmus zu erfassen. Man muß Nähe und Weite erfühlen, Anfang und Folge.

Um den komplizierten Gedanken, daß jedes Öffnen *oder* Schließen ein oder mehreres Öffnen *und* Schließen beinhalten kann, darzustellen, wollte man in jedem größeren Landschaftsgebiet viele weitere kleine Landschaftsgebiete schaffen. Das Auf und Ab, Hin und Her, das ständig neue Eindrücke dem Besucher anbietet, verlängert nach der chinesischen Theorie den Gartenraum und das Interesse des Besuchers. In dem Mallehrbuch »Hua Quan« heißt es: »Der Berg ist ursprünglich still, wegen des fließenden Wassers bewegt er sich. Felsen ist starr, aber wegen der Lebendigkeit des Raumes wirkt auch er bewegt.«

In diese Gesamthaltung paßt es, daß die Theoretiker es für gut heißen, Kontraste im Garten zu erzeugen. So wird häufig mit weißen Wänden hinter anthrazitgrauen Steinen gearbeitet und mit tiefdunkelgrünen Pflanzen — von den Linien her durch starke Betonung der Senkrechten und Waagerechten.

Die Perspektive, im europäischen Sinn chinesischen Malern nicht bekannt, wird im Garten ganz eigentümlich gehandhabt: Wege und Kanäle werden meist so geführt, daß ihr Ende unsichtbar bleibt, der Garten sich also endlos fortzusetzen scheint. Geschickt wird so im Gartenraum eine Flächenperspektive erzeugt, die sich — von erhöhtem Blickwinkel aus — nach allen Richtungen hin ausdehnt. Trotzdem ist dieser Blickpunkt nicht vergleichbar mit der »Vogelschau« der Maler, er muß immer tiefer liegen.

Folgende Seiten: Der Garten mit dem Pavillion der weiten Sicht in Kunming, der die umgebende Landschaft voll in das Gartenbild intregriert

THEORIE DER CHINESISCHEN GARTENKUNST

THEORIE DER CHINESISCHEN GARTENKUNST

THEORIE DER CHINESISCHEN GARTENKUNST

Der Gelehrte Shen Fu nimmt zu Ende des 18. Jahrhunderts in seinem Buch Fousheng Liuji auch zur Gartentheorie Stellung:

»Bei all solchen Anlagen — Gartenhäuschen und Türmen, gewundenen Gängen und Anbauten, Felsengärten und Baumgruppen — muß man immer versuchen, das Kleine im Großen und das Große im Kleinen zu zeigen, und im Unwirklichen das Wirkliche anzudeuten und umgekehrt. Abwechselnd enthüllt und verbirgt man, verrät seine Absichten und verschleiert sie. Ich möchte das noch nicht ›rhythmische Unregelmäßigkeit‹ nennen, und es verlangt auch keineswegs, daß man besonders viel Raum zur Verfügung hat und große Ausgaben für Arbeit und Material macht. Ein Erdwall läßt sich leicht anlegen, wenn man die vorher ausgehobene Scholle verwendet und mit Felsen und Blumen schmückt. Für die Hecke empfehlen sich Pflaumenbäumchen, und die Mauern bepflanzt man mit Kletterpflanzen. So hat man gleich einen kleinen Hügel in einer sonst flachen Landschaft. Auf freien Flächen pflanzt man Bambus, der schnell wächst, und setzt zum Schutz dickästige Pflaumenbäume dazwischen. Mit alldem zeigt man das Kleine im Großen.

Ist der Hofraum nur klein, so muß man zusehen, daß die Mauer abwechselnd konkav und konvex wirkt; sie muß mit Grün überzogen, mit Efeu bewachsen sein, und dazwischen legt man große Steinplatten, auf denen Inschriften stehen. Wenn du dann das Fenster öffnest, sieht es aus, als ob du in eine Felsen- und Gebirgsgegend hinausblicktest, wo alles wunderbar wild wächst. So zeigt man das Große im Kleinen. Dann muß man es so einrichten, daß eine vermeintliche Sackgasse sich plötzlich ins Freie öffnet, und daß man von der Küche durch eine Hintertür in einen ganz unerwarteten Hof gelangt. Damit hat man das Wirkliche im Unwirklichen. Eine Tür muß in einen Hof ohne Ausgang führen, und da und dort sollen Bambus und Felsgruppen die Aussicht versperren. Auf der Höhe einer Mauer errichtet man mit Vorteil ein niederes Geländer, so daß es aussieht, als befände sich da oben ein Dachgarten. Auf solche Weise deutet man das Unwirkliche im Wirklichen an . . .«

Immer wieder wird betont, daß ein guter Gartenentwurf keine verkleinerte Landschaft darstellen darf, sondern immer eine Umschöpfung des Landschaftsbildes beinhalten sollte. Stimmen die Linienführungen inhaltlich auch oft überein, so kann man schon an den Entwurfszeichnungen der Gartenarchitekten die Einstellung zum Raum ablesen, die von der ihrer europäischen Kollegen abweicht. Werden hier nur Aufrisse der Grundlinien gegeben, so entsteht ein chinesischer Garten nach Zeichnungen, die ihn aus den verschiedensten Vogelperspektiven und in Schnitten zeigen. Man sagt in China, daß »der Geist vor dem Pinsel« sei — in abgewandelter Form ist beim Garten der Pinsel vor dem Spaten.

Die für den Europäer am schwersten verständlichen Partien des chinesischen Gartens sind die Steinsetzungen. Die Erklärung als »Wohnung der Unsterblichen« fällt heute weg, aber die häufige und intensive Verwendung bizarrer Felsen ist ein fortdauerndes Lieblingsmotiv der Gartenarchitekten. Man interpretiert es heute ganz allgemein als »Naturdarstellung«, als »Sichtbegrenzung«.

Dem zuvor erklärten Stil, perspektivische Vorstellungen beim Betrachter auf andere Weise als in Europa zu erzeugen, entspricht die Technik, besonders große Steine in den Vordergrund des Gartens zu bringen und sie in der Tiefe kleiner werden zu lassen. Über die Gestalt der Steine sagt Li Jiale, daß sie »weder zu grob noch zu fein sein dürfen. Zu fein sind sie nicht mächtig, während ein zu grober Stein seine Ausstrahlung verliert. Würfelförmig ist zu steif, riesige Kugeln sind ebenfalls schlecht. Die Steine sollen in sich nicht regelmäßig sein, sondern möglichst stark gegliedert, ohne daß man denken muß, sie seien von Menschenhand bearbeitet. So wenig wie ein Berg ohne Stein sein kann, so darf er auch nicht ganz von Steinen bedeckt sein. Wie in der Wirklichkeit der Natur muß es ein lebendiges und ästhetisches Bild ergeben.«

Kein Stein steht allein. Entweder werden zwei oder meist drei unterschiedlicher Größe und Form zusammengesetzt oder ein übergroßer, einzeln gestellter Felsen erhält in geziemender Entfernung seinen Partner. Für meine Augen war es sehr verblüffend, daß diese großen Felsen oft so verarbeitet werden, daß die schweren Teile zum Himmel streben und die Felsen keineswegs im optischen Gleichgewicht des Stein-Individuums sind. Erst in der gemeinsamen Betrachtung mit dem Partner ist die Balance herzustellen. Die Chinesen halten das optische Gleichgewicht einer Einzelgestalt für nicht lebendig und ohne Bewegung. Sie sagen: »Die Natur erzeugt nur bewegte Gestalten. Der schräge Stand der Bäume wird von der Wurzel unter der Erde getragen und selbst der scheinbar gefährlich auf dem Gipfel überhängende Felsen wird nicht abstürzen, denn er hat den Berg unter sich. So ist in der Natur tatsächlich immer ein Gleichgewicht da, nur kein Eintöniges.«

Li Jiale führt dies praktisch aus: »Mischt man große und kleine Felsen, so müssen sie einen Zusammenhang und eine Richtung haben, nur das entspricht der Natur. In der Landschaft hat ein Gebiet immer eine bestimmte Erdschichtung, die mit kleinen Abweichungen durchgängig ist. Die Steine haben durch Erosion Oberflächenrisse, die um der Wahrhaftigkeit im Garten willen im parallelen Rhythmus laufen sollten. Es ist gut, trotz unregelmäßiger Größe Ecken und Linien fast immer parallel zu halten, obwohl die Lage nicht ordentlich und steif aussehen soll. Mit zu vielen kleinen Steinen, die man aufstaut, erreicht man keinen lebendigen Berg. Erst wenn klar das Bild des Umrisses, das ich erzielen möchte, vor mir steht, darf ich mit dem Schichten beginnen. Die Hauptgestalt muß sicher erfaßt sein, dann können ruhig viele Details kommen.«

Dieser letzte Satz könnte fast als Motto über der ganzen chinesischen Gartengestaltung stehen.

Im Mallehrbuch »Der Senfkorngarten« steht über die »Gruppierung von Steinen«: »Da gibt es nicht viele geheime Methoden, Steine zu malen. Man kann sie zusammenfassen in dem Satz: Steine müssen leben. »Gruppierungen von Steinen unterschiedlicher Form sind scharf zu beobachten und zu erforschen, aber die größte Wichtigkeit ist die Vermittlung der Lebenskraft, des ›Qi‹ in ihnen. Die technischen und ästhetischen Aspekte sind gegeben, doch eine besondere Dimension ist die Bedeutung der Symbolik der drei Gesichter eines Steins. Der Stein (oder das Gebirge) ist das EINE, das Tao. Bei einfühlsamen Menschen ist die Qualität ihrer Lebenskraft (Qi) die Basis auf dem Weg ihrer Gestaltungsmöglichkeiten. Genauso ist es mit Steinen. Sie sind das Rahmenwerk von Himmel und Erde und haben in dem gleichen Maße Lebenskraft. Daher werden die Felsen manchmal auch ›Wurzeln der Wolken‹ (Yun Gen) genannt. Felsen ohne ›Qi‹ sind tote Steine, gerade wie Knochen ohne den lebensspendenden Geist trocken sind, nichts als Gebein.«

Die Steine sind ein Teil des Zusammenspiels, das die verschiedenen Gartenmaterialien miteinander haben müssen. Zwei in Entfernung stehende Felsen sind niemals isoliert zu betrachten. Sie leben von ihrem Zwischenraum, der ihr Mittelpunkt ist. In diesem Mittelpunkt kann ein schräger Baum stehen, so daß

Chinesische Gartenkünstler
sind nicht nur Botaniker sondern zugleich
Maler und Philosophen mit einer gründlichen Kenntnis
des menschlichen Gemütes
und all jener Künste, die es
am stärksten bewegen können.
Chambers

die drei Objekte auch für einen ungeübten Betrachter deutlich aufeinander bezogen sind.

Bei der Auswahl der Pflanzen verfolgt man das Prinzip der gegenseitigen Ergänzung durch Konkurrenz. Man nimmt sich widersprechende Einzelheiten in die Komposition, indem man einen aufrecht wachsenden und einen sich beugenden Baum zu einer Gruppe fügt. Leere Räume sollen durch stark und schwach wachsende Typen gefüllt werden. In eine große flache Gartentiefe soll man viele Schichten von Bäumen bringen, »als ob Dörfer darin versteckt wären«. Sie sollen möglichst stark in Höhe, Blattfarbe und Wuchshabitus variieren.

Manchmal setzt man drei bis fünf große Bäume, die eine besonders auffallende Gestalt haben, zusammen, um einen Wald darzustellen, die übrigen muß man in der Intensität stark variieren. Der dem Betrachter nächste Baum ist der wichtigste, die ferner stehenden nehmen die Chinesen »als seine Gäste«. Aber dieser Baum im Vordergrund darf niemals dicht sein, sondern muß stets locker und dünn gehalten werden, notfalls durch Schnitt. Erst die entfernteren Bäume sollen an Dichte zunehmen, um dem Gartenbild die Weite zu erhalten.

Weiden gehören unbedingt ans Wasser, ihre Partner haben Pfirsiche zu sein. Auf Berghöhen kann man nichts anderes als Kiefern pflanzen. Doch »Weide und Pfirsich ohne Kiefer ist wie eine Schar Frauen und Kinder ohne einen ernsten, weisen Mann«. Wovon man nicht abgehen möchte in der Gartengestaltung, ist, Pflanzen mit menschlichen Charakteren zu vergleichen und sie dem jeweiligen zeitlichen Idealbild entsprechend in den Gärten zu verwenden.

Dem Chinesen ist der regelmäßige Wuchs eines Baumes weniger lieb als eine bizarre Form, da sie seiner Meinung nach dem menschlichen Charakter mehr entspricht und »eleganter« sei. Das kommt z. B. in der besonderen Vorliebe für die graziöse Form der *Sophora japonica* Pendula zum Ausdruck. Aber ein ebenso entscheidendes Kriterium für die Pflanzenauswahl bleibt immer der Duft.

Großen Wert legt die Gartentheorie auf die Darstellung von Bewegungen durch Pflanzen, Steine oder Wege. Li Jiale sagt: »Wenn man die Bewegung nach links betonen will, muß man der rechten Seite erhöhte Aufmerksamkeit schenken. Der Blick gleitet am besten nach oben durch etwas, das herunter hängt.« Das Gegensätzliche gilt als die geeignetste Darstellungsform. Es gilt die zahlreichen Bewegungen in der Natur wie Äste im Sturm, Boot auf dem Wasser oder eine im Wind flatternde Fahne im Garten spürbar werden zu lassen, denn sie vermitteln ein ästhetisches und elastisches Gefühl. Ruhig und rhythmisch-bewegt, klar und verschwommen, dicht und licht, intensive und zarte Blattfarben gelten als Mittel dafür.

Das Yuan Ye von 1634 gibt auch für die Technik des Pflasterns der Wege genaue Anweisung: »Die Kiesel zum Pflastern der Gartenwege sollten nicht größer sein als Granatapfelsamen. So werden sie schön und hart. . . . Manche benutzen Steine in der Größe von Gänseeiern, die Muster erzeugen, aber das hält nicht lange und der Effekt ist sehr gewöhnlich.«

Das Wasser ist für jeden Asiaten die Seele des Gartens, wie das Blut im menschlichen Körper. Li Jiale sagt: »Der Berg erzeugt das Wasser« und so hat, zumindest im klassischen chinesischen Garten, das Wasser immer eine Beziehung zum Felsen. In Gärten mit sehr kleinen Flächen muß ein Goldfischglas, dem man Steine zugesellt, das Bild geben.

Insgesamt betrachtet man die Kombination der Pflanzen eines Gartens wie die Gestaltung einer Malerei. Es soll sehr variabel wirken, aber kein Pflanzencharakter darf durch eine andere Pflanze gestört werden.

»Gedichte sind Gemälde ohne Formen,
Gemälde sind Gedichte formenhaft.«
»Erhabene Reize von Wald und Quell«
über den Dichter, Maler und Gartengestalter Wang Wei.

Der Pekinger Gartenarchitekt Li Jiale, von dem schon wiederholt die Rede war, hat 1962 eine in ihrer Schlüssigkeit sehr überzeugende Gartentheorie aufgestellt. Sie zeigt die Prinzipien der »neuen Gärten« in China auf und eröffnet der Gartenkunst Wege, die auch für uns von Bedeutung sind. Deswegen sollen an dieser Stelle Li Jiales Grundgedanken ausführlich wiedergegeben werden:

»In den letzten 100 Jahren haben sich die gesamten Verhältnisse in China grundlegend verändert. Auch das Niveau von Wissenschaft und Technik hat sich ungewöhnlich gesteigert. Es wird sich nicht vermeiden lassen, daß die neuen Gärten von ganz verschiedenen Fakten beeinflußt werden:

1. Der Garten der sozialistischen Gesellschaft muß die Bedürfnisse des Volkes befriedigen. Vielfalt und Ausdehnung werden nicht zu vergleichen sein mit den Gärten der Kaiserzeit. Ausstellungsräume, Mehrzweckhallen, Kinderspielplätze und Sportstadien sind neu in den Parks erschienen. Ein veränderter Typ eines Baustils, der für diese Zwecke entwickelt wurde, integriert sich völlig in die Gärten.

2. Gleichzeitig sind breite Wege und große Flächen für die Erholung erforderlich. Die Proportionen der alten Gärten sind schwierig zu erhalten. Die Wirkung des Gartenbildes auf den Menschen muß sich verändern. Es ist die Forderung an uns Gartenarchitekten, neue harmonische Verhältnisse zu finden. Wir können nicht wie die reiche Oberschicht von früher ein großes Kapital einsetzen, um eine große Anzahl von Felsen zu beschaffen. Wir können nicht mehr so kleine Gartenräume mit einer intensiven Bebauung planen.

3. Die moderne Wissenschaft erkennt immer deutlicher die Bedeutung der Pflanzen für die Reinerhaltung der Luft und die Hygiene der Städte. Der Sinn der Anlage von Gärten hat schon längst die Grenze überschritten, wo sie nur der Ästhetik und der momentanen Erholung dient. Gärten und Parkanlagen gehören zu den wichtigsten Maßnahmen der Verbesserung der Wohnqualität der Städte. Die Grünanlagen müssen reich verteilt und möglichst unterschiedlich gestaltet werden. Die Wichtigkeit der Pflanzen für den chinesischen Garten hat sich sehr gesteigert. Bei der Auswahl der Pflanzen soll nicht nur deren ästhetische Wirkung bedacht werden, sondern auch die Eigenschaften, die sie zum Lärmschutz und zur Reinerhaltung der Luft entwickeln.

4. Unser Wissen über die Pflanzen hat sich in den letzten hundert Jahren sehr ausgeweitet. Klassifizierung, Pflege, Neueinführung bisher unbekannter Arten und Züchtung haben sich schnell fortentwickelt. Die Sorten der Gartenpflanzen haben sich vervielfacht, ihre wirtschaftliche Nutzbarkeit ist ein neues Thema, das neue Probleme für die Anlage der Gärten mit sich bringt.

5. Die Gesellschaft hat sich verändert. Die Beziehungen der Menschen untereinander und die Art, die Welt zu betrachten, haben sich gewandelt. Das brachte eine neue Ästhetik. Die immergrüne alte Kiefer, die Winterkirsche im Schnee sind zwar immer noch geliebt, aber es ist zu bezweifeln, ob z. B. eine Massierung von Felsen noch die gleiche Bedeutung und Wirkung hat wie in früheren Zeiten.

Schön gefärbte und prächtig geformte Pflanzen werden immer mehr in dem Mittelpunkt der Gärten stehen. Mit dem Fortschritt der Verkehrstechnik hat das Reisen seine Strapazen verloren und ist zum Genuß geworden. Freunde der Berge können diese nun in den Ferien besuchen, man muß nicht mehr den Felsen als Symbol des Gebirges im Garten haben. Die Ausstrahlung der neuen Gärten wird eine völlig gewandelte sein.

6. Theorie und Technik der Stadtentwicklung haben sich gewandelt. Die Parkanlagen in den Städten bilden nun ein eigenes System, sie haben sich gleichzeitig mit der Architektur der Straßen und Plätze verbunden und sind nicht mehr ein isoliertes Gebiet hinter hohen Mauern. Der neue Gartenentwurf muß die Beziehung zwischen verschiedenen Gärten bedenken und in die Harmonie des gesamten Stadtbildes einbinden. Stimmung, Gestaltung, Stil, Linien und Proportionen müssen mit der Umgebung harmonieren. Wenn das Bild der Umgebung sich verändert, hat sich die Form des Gartens auch zu ändern.

7. Die Bautechnik ist fortgeschritten. Zahlreiche künstliche Seen ganz unterschiedlicher Größe werden im ganzen Land angelegt. Landschaftsgebiete, die früher innerhalb von einigen tausend Jahren langsam durch die Hand des Menschen verändert wurden, können nun in kürzester Frist ihr Gesicht wandeln . . . Das Gebiet der Landschaftsplanung hat sich fast unermeßlich ausgeweitet.

8. Genau wie bei der Architektur, bei Kleidung, Bildung und Kunst, können auch die Gärten sich nicht ganz dem Einfluß des Auslandes entziehen. Es muß auch das Positive der Kultur anderer Völker integriert werden in unseren Stil . . .

Die Anpassung an die natürlichen Gegebenheiten des Geländes wird zunehmen. Künstliche Berge und Felsen werden in der Gestaltung stark zurücktreten. Die Gebäude werden nicht mehr so massiert, Bäume und Blumen werden wichtiger. Die Kenntnisse der Pflanzenarten und ihre Kombinationsmöglichkeiten werden eine große Entwicklung haben. Die Gestaltung wird zwar den Formen der Natur folgen, aber in bestimmten Grünanlagen, mit kleinen Flächen, die in einer engen Beziehung zu den Gebäuden und Straßen ihrer Umgebung stehen, wird die regelmäßige Form vorherrschen. Springbrunnen und Denkmäler werden ihren Platz erhalten. In einigen großen Parks und bevorzugten Landschaften werden Gartenkonzentrationen entstehen, ›Gärten im Garten‹; echte Landschaft und Kunstlandschaft werden sich durchdringen. Das werden die wesentlichen Erscheinungsformen der Zukunft sein.«

Li Jiale hat den »traditionellen Charakteristika und ihrer Verwendung« ein eigenes Kapitel gewidmet: »Wenn man davon spricht, daß Inhalt und Form der Gärten eine große Veränderung erfahren werden, so ist damit nicht gemeint, daß die traditionellen Charakteristika der Gartenbaukunst nicht mehr in den neuen Gärten verwendet werden.

Jede Nation hat ihren eigenen Stil. Gesellschaftliche Bedingungen, geologische und klimatische Verhältnisse haben in jahrtausendelanger Entwicklung das Bild der Kunst geformt . . . Verschiedene Gesellschaftssysteme fordern verschiedene Gartenformen. Aber auch das gleiche System — das sozialistische — setzt sich aus vielen Nationalitäten zusammen. Diese verschiedenen Nationalitäten bedingen in gleichem Maße wie die unterschiedlichen klimatisch-geologischen Verhältnisse Chinas eine große Vielfalt der Garteninhalte. So fächern sich die Formen durch die verschiedenen Inhalte noch weiter auf. Sogar der gleiche Inhalt kann verschiedene Formen produzieren durch andere Landschaften, Literaten, Künste und ästhetische Gewohnheiten usw.

Die Veränderung der ökonomischen Basis bringt Veränderungen des Überbaues hervor. Aber die Tradition von Geschichte und Kultur kann man nicht plötzlich abschneiden. Neuer Inhalt und neue Formen müssen aus der alten Basis heraus erwachsen. Was geändert werden muß, sind nur die Dinge, die sich mit der zukünftigen politischen und ökonomischen Entwicklung nicht vertragen, die nicht den Bedürfnissen des Volkes entsprechen.

Das kostbare Erbe der klassischen Gartenbaukunst, das der proletarischen Revolution nicht schadet, die traditionellen Formen, die die Massen lieben, sollten alle in der Zukunft maßvoll angewandt werden. Viele wichtige Stilelemente sollten sogar viel besser entwickelt werden.

Die entscheidenden Punkte der positiven Seite der Tradition sind folgende:

1. Wir müssen die gewachsene Landschaft unseres Landes pflegen und verfeinern und sie als Vorbild nehmen für die Gestaltung der Parks. Als Thema sollte die poetische und malerische Stimmung gelten, als Ziel die Erzeugung dieser Stimmung, und nicht regelmäßige geometrische Muster. Aber die Verfeinerung der Natur sollte sich nicht nur auf die Verfeinerung der Gebirge, Seen und Felsen beschränken, sondern auch Wälder, Steppen, blühende Wiesen und ländliche Bohnen- und Kürbislauben einschließen. Es reicht nicht aus, die Themen in ein paar berühmten Gebirgen zu suchen, sie sollten auch in den wunderschönen Landschaften der entfernten Minoritäten gefunden werden ...

2. Die Häuser und Grünanlagen müssen zu einer Einheit verschmelzen. Die Gartengebäude sollten sich den Geländeverhältnissen anpassen. Der Gartenplan soll sich aus den natürlichen Geländebewegungen entfalten und nicht große Bodenbewegungen zu seiner Verwirklichung erforderlich machen. Es ist weder gut, die Grünanlagen als Beiwerk der Gebäude zu behandeln, noch sie von diesen abzuspalten.

3. Die Kenntnis und Verwendung der Parkpflanzen muß sehr gefördert werden. Aber die Pflanzen, die das Volk gut kennt und liebt, diese Sorten sollten ein besonderes Gewicht bekommen. Der Schwerpunkt der Anlage muß aus ihnen gebildet werden.

4. Die typischen Elemente des chinesischen Gartens ... sollte man so viel wie möglich in die neuen Parks integrieren, soweit sie sich mit den neuen Inhalten vereinbaren lassen.

In große Parks könnten intimere Gartenpartien, die sehr viel traditionelle Elemente enthalten, eingebaut werden. Sie sollten aber keinesfalls nur Kopien sein. Die eigenständige Schöpfung müßte auf der festen Basis der Tradition aufgebaut werden, wobei man ihr einen neuen Inhalt schenkt, damit der Besucher zu einem innigen Kontakt mit dem Garten kommt. Der Überraschungseffekt der veränderten Gartensituation führt zu einer Regeneration des Interesses.

5. Wir müssen viele unterschiedliche Gartentypen schaffen. Es werden nicht nur öffentliche Parks, sondern auch Hausgärten, kleine Grünanlagen in Wohnsiedlungen, begrünte Plätze mit Ruhemöglichkeiten inmitten der Stadt, regelmäßige Straßenbepflanzungen mit Bäumen, Windschutzpflanzungen usw. gebraucht. Wir brauchen nicht nur die landschaftliche Gestaltung der Gärten, es wird auch Punkte geben, an denen man der geometrischen Bepflanzung den Vorzug geben muß. Wir brauchen nicht nur große Romane, sondern auch kleine Gedichte.«

Viele dieser theoretischen Ideen Li Jiales, die er vor zwanzig Jahren aufgestellt hatte, fand ich trotz Kulturrevolution bei meinen drei Besuchen 1978 bis 1980 auf das schönste verwirklicht.

Am letzten Dezembertag des Jahres 1699 feierte der französische Hof die Ankunft des neuen Jahrhunderts mit einem großen chinesischen Fest. Rückblickend erscheint dies wie eine Vision dessen, was die nächsten 120 Jahre Europa bringen sollten. Wohl niemand auf diesem Fest hat geahnt, wie sehr die kommenden, in sich so verschiedenen Ausdrucksformen des Zeitgeistes, Rokoko, Aufklärung und neue Empfindsamkeit, durch die Begegnung mit der chinesischen Welt geformt werden sollten.

Immer müssen viele verschiedene Strömungen an einem Punkt zusammenkommen, damit eine so grundlegende Wandlung des Lebensgefühls entstehen kann, wie die vom Barock zum Rokoko. (Ein Vorgang, der sich bei der Wandlung des geometrischen Gartens zum Landschaftsgarten wiederholen sollte.) Im Barock war es auf der einen Seite die Einengung der prunkhaften höfischen Welt, das Pathos des Zeremoniells, das die ständige Darstellung von Macht und Kraft in lauten Farben und üppigen Formen liebte, auf der anderen Seite die gerade durch diese Kraftkonzentration erreichte Öffnung zur Außenwelt. Es öffneten sich die Handelswege mehr als je zuvor, sie brachten die Begegnung mit unbekannten Kontinenten. Vergnügungs- und Bildungsreisen wurden aktuell. Interessant und modisch war plötzlich alles Exotische. Es konnte gar nicht fremd genug sein. Bilder und Imaginationen Amerikas, Ägyptens, der Türkei, des Vorderen Orients, Indiens stürmten auf Europa ein, doch nur das chinesische Bild war stark genug, sich zu einem eigenen Stil, zur Chinoiserie zu entwickeln. Auf westlichen Kupferstichen sehen Chinesen wie verkleidete Europäer aus. Es sind Bilder, die die Chinesen noch heute zum staunenden Lachen reizen. Es ist, als seien die Kostümierten jenes phantastischen Neujahrsballes in Versailles durch mehr als ein Jahrhundert getanzt.

Die Zeit war reif gewesen für eine Wende, und Europa hatte die Änderung der Blickrichtung zu China hin vollzogen. Innerhalb der ersten zwei Jahrzehnte des 18. Jahrhunderts war die Hinwendung der verschiedensten Künste und der Philosophie so intensiv, daß es über die Beschäftigung der gebildeten Schicht weit hinausging und die Chinoiserie wie ein Sog weite Kreise der Bevölkerung erfaßte. Watteau und andere Maler entdeckten für Europa die Schönheit der zarten Pastelltöne, der ruhigen, sublimen Abstufungen von Landschaftsfarben, die hauchdünnen Nebelschleier. Die Mode der Damen und Herren griff die neuen Farben, die am allerschönsten auf chinesischer Seide zur Geltung kamen, enthusiastisch auf. Raffiniert paßten Innenarchitekten die Töne der Räume den Kleidern der Menschen an. Für die Ornamentik war ein chinesisches Wort Trumpf: »Er ordnet nichts und doch ist nichts verwirrt.« Diese Gestaltungsweise setzte Genialität und ästhetisches Einfühlungsvermögen voraus. Man wollte sich nach all der Geometrie plötzlich nur noch dem scheinbar Unberechenbaren widmen. Es war eine Welt voller Träume und Phantasien, die Verlockung »China« und nicht seine reale Wirklichkeit. Auf den Malereien der Porzellane, auf Seidentapeten, Brokaten erschien das Leben dort wie ein ständig heiteres Spiel wohlgesitteter Menschen in fremdartigen Gärten. Man wollte sich anstecken lassen von dieser Heiterkeit, und die Welle der Veränderung umfaßte das ganze Lebensgefühl, drückte sich aus in Singspiel, Sprechtheater, Architektur und Innendekoration. Hier entfaltete sich das Exotische, das Phantastische der nie gesehenen Welt wurde in bestimmter Weise sogar Wirklichkeit.

Deutschlands großer Architekt Fischer von Erlach,

DIE BEEINFLUSSUNG EUROPAS

der die erste Kunstgeschichte schrieb und unter dem Titel »Entwurf einer historischen Architektur« 1721 veröffentlichte, konnte es sich leisten, die Gotik in seiner Einleitung mit ein paar Worten als »Schnörkelwerk« abzutun, der chinesischen Baukunst aber einen großen Abschnitt zu widmen.

Das geistige Zentrum Europas, in das durch die Jesuitenbriefe die erstaunlichsten Nachrichten aus China kamen, war zu dieser Zeit Paris. Hier bildete sich das Rokoko mit all seinen Chinoiserien, obwohl es in Deutschland seine besten Ausprägungen erfuhr. England war das Land Europas, das zunächst am wenigsten vom »China-Fieber« erfaßt wurde.

Es war eine geistig offene, eine unruhige, eine erregte Zeit. Leibniz, Voltaire, später Hegel waren die großen Männer des Westens, die die Bedeutung der östlichen Philosophie der »natürlichen Vernunft« begriffen. Voltaire sah es als eine Rückkehr des menschlichen Geistes von seinem Sternenflug zu den Geheimnissen der eigenen Natur. Die chinesische Staatskunst schien in ihrer Weisheit dem Ideal eines befriedeten und glücklichen Volkes nahegekommen zu sein.

Ganz überraschenderweise entzog sich der Gartenraum in den ersten beiden Jahrzehnten noch dieser Chinamode. Lediglich als Staffage, als Kuriositäten zogen in dieser ersten Phase chinesische Pavillons, Brücken und Lattendekorationen in die geometrischen Gärten ein. Hier und da stand etwas verloren zwischen griechischen Göttinnen und Nymphen ein kleiner Chinese mit langem Zopf als Werk eines Bildhauers herum, vielleicht begleitet von einigen Afrikanern und Indianern. Es waren Dokumente der Weite des Blicks, den man sich geschaffen hatte.

Doch man war noch so befangen in den jahrhundertelang geübten geometrischen Gartenlinien, daß eine Aufweichung dieser Grundtendenz schwieriger war als die anderer Kunstformen, die geübter waren im Wechsel ihres Stils. Die Antithese war zuvor nie geprobt worden! Doch auch China hatte 25 Jahrhunderte hindurch einen mehr oder minder konservativen Gartengeschmack.

Sir William Temple, der China nie gesehen hatte, erregte 1685 bereits mit seiner Beschreibung chinesischer Gärten weit über England hinaus Aufsehen. Er hatte sich an holländischen oder jesuitischen Quellen (oder an beiden) orientiert. Vergleichbar der chinesischen Tradition waren es auch in England die Literaten und Maler, die den Anstoß gaben zu den für Europa so völlig neuen Landschaftsgärten. Die Briten entdeckten neben einigen Regeln der Demokratie um diese Zeit den Tourismus. Bildung durch Reisen war Trumpf, der Kontinent, vor allem Paris und Italien, die begehrtesten Ziele. Einer dieser reisenden Engländer war Thomas Addison (1672—1719), Essayist, Politiker und Herausgeber einiger vielgelesener Wochenzeitungen. So hatte er die Möglichkeit, seine revolutionären Gedanken vorzutragen. Er war der erste, der es wagte, Le Nôtres so viel gerühmte Gärten von Versailles zu attackieren und nach einer Italienreise 1701—1703 schrieb er, daß alle geometrischen Gärten zusammen ein Nichts seien gegen den rauchenden Vesuv. Die Gärten erschienen ihm nur ein Ausdruck des Reichtums ihrer Besitzer, nicht deren guten Geschmacks, während die Schönheit der unberührten Landschaft, der Wildnis ihm das Reizvollste schien, das menschliche Augen schauen könnten. 1712 veröffentlichte er einen Artikel »An Humorist in Gardening«. Darin beschreibt er das Durcheinander in seinem Garten, das fremden Besuchern wie eine natürliche Wildnis, wie eines der unkultiviertesten Teile des Landes erscheinen müsse. Doch Addison war Schriftsteller, kein Gärtner. Noch 100 Jahre nach seinem Tode wurde sein Garten in Bilton als ein Museum beschrieben, das alle formale Gestaltung des alten Geschmacks treu bewahre. Auch sein jüngerer Zeitgenosse Alexander Pope (1688—1744) war Poet, ein satirischer Poet. Die Wochenschriften seines Freundes Addison waren ihm das Sprachrohr, in dem er die ursprüngliche Wildnis preisen und die formale Gartengestaltung mit beißendem Spott attackieren konnte. Den beiden Feuerköpfen war ihre Wildnis wohl kaum etwas anderes als die Verkörperung ursprünglicher Freiheit. Alle mit der Schere in Form gezwungenen Pflanzen, die allein damals die Gärten beherrschten, waren Pope Ziel seiner Witze und Angriffe. Seinen »Katalog eines Gärtners« kann man auch noch nach fast 300 Jahren mit Vergnügen lesen:

»Adam und Eva in Taxus, Adam, ein wenig beschädigt durch den Fall des Baumes der Erkenntnis im letzten großen Sturme; Eva und die Schlange kraftvoll wachsend, St. Georg in Buchs, sein Arm noch kaum lang genug, doch wird er im nächsten April in der Verfassung sein, den Drachen zu töten; ein grüner Drache aus gleichem Material, einstweilen mit einem Schwanz aus kriechendem Efeu (NB. diese beiden können nur zusammen verkauft werden); verschiedene hervorragende Dichter in Lorbeer, etwas ausgeblichen, können für einen Heller losgeschlagen werden. Eine Sau von frischem Grün, die aber zu einem Stachelschwein aufgeschossen ist, da sie letzte Woche in regnerischem Wetter vergessen war, u.a.m.«

Doch Pope war mehr als nur ein witziger Spötter, er war ein hochgebildeter Humanist, der zumindest versuchte, seinen Idealen nachzuleben. Das Geld für den Erwerb seines Hauses in Twickenham hatte er als Übersetzer der Ilias und Odyssee verdient. Doch den bleibenden Ruhm erwarb er sich als mutiger Gartengestalter. In Twickenham begann er 1720 ohne jedes optische Vorbild und als »Dilettant« mit der Gestaltung eines Gartens nach neuen Prinzipien. Er hatte keine Berater und keine entsprechend vorgebildeten Hilfskräfte, er konnte allein seiner Liebe zum »Natürlichen« und seiner Kraft vertrauen. Er schrieb: »Ich glaube, es ist keine falsche Beobachtung, daß Menschen von Genie, die in der Kunst begabtesten, am meisten die Natur lieben; denn diese empfinden besonders stark, daß alle Kunst Nachahmung und Studium der Natur ist.«

Pope ließ es nicht damit bewenden, die Wildnis zu verherrlichen, mit beißendem Spott den alten Gartenstil zu attackieren und selbst den Weg zu einem neuen Gartenstil als Ausdruck eines neuen Freiheitsgefühls zu gehen, er versuchte, seine Tätigkeit auch theoretisch zu untermauern.

Er sagt: »Alle Regeln der Gartenkunst lassen sich auf drei Punkte zurückführen: Kontrast (wozu er auch die malerischen Effekte von Licht und Schatten rechnete), Überraschung und Umzäunung.« All das war schon Jahrhunderte zuvor in China für die Gartengestaltung formuliert worden.

Trotzdem wirkt seine mutige Tat, der Versuch einen neuen Gartenstil zu schaffen, aus heutiger Sicht recht schüchtern. Kleine Unregelmäßigkeiten, kleine verwilderte Haine wurden bereits regelmäßig eingeplant. Aus der Erkenntnis lernend, daß die Natur praktisch keine geraden Linien produziere, entstanden geschnittene Hecken in gleichmäßiger Wellenlinie, vergleichbar den ondulierten Köpfen der Damen der dreißiger Jahre des 20. Jahrhunderts.

Erst als zu den literarischen Heißspornen ein Ästhet, der Maler und Architekt William Kent (1685—1748), beschützt von seinem Mäzen Lord Burlington, stieß, konnten sich die latenten Strömungen so verdichten, daß ein wirklich Neues, der englische Landschaftsgarten, den der Kontinent über ein Jahrhundert »Le Jardin Anglo-sinois« nannte, entstand.

Neun Jahre hatte Kent in Italien gelebt, gezeichnet und als Kunstexperte der britischen High Society gewirkt. Obwohl er selbst nur ein mäßiger Maler war, galt er gewissermaßen als ein Genie des guten Geschmacks.

Wenige Jahre nach der Rückkehr Kents in die Heimat erwarb Lord Burlington von dem italienischen Jesuitenpater Matteo Ripa bei dessen Rückkehr aus China mit Sicherheit ein Kupferstichalbum, möglicherweise auch zwei Exemplare, von 36 Ansichten des kaiserlichen Parks von Jehol (heute Chengde). Das im Britischen Museum (Dep. of Oriental Antiquities) aufbewahrte Exemplar ist in rotes Marocain-Leder gebunden und trägt das Exlibris von Chiswick House, dem Sitz Lord Burlingtons. M. Ripa hielt sich nicht einmal einen Monat in England auf, trotzdem hat er offenbar Kontakt mit Lord Burlington und seinem Kreis von Enthusiasten eines neuen Gartenstils geknüpft. Es ist nirgends belegt, aber scheint mir über allen Zweifel erhaben, daß Kent diese Kupferstiche sah, wenn nicht sogar das zweite Exemplar besaß, und zündende Funken auf ihn übersprangen. Chengde wirkte im ersten Augenblick auf mich wie ein englischer Landschaftsgarten, obwohl mir damals die Tatsache, daß William Kent vermutlich die Bilder gesehen hat, nicht bekannt war.

Kaiser Kangxi hatte den Park 1703 begonnen und 1711—1712 36 Gedichte zu seiner Verherrlichung geschrieben. Diese Gedichte hatte er von dem Maler Shen Yu illustrieren lassen, nach diesen Bildern (und eventuell dazwischen geschalteten chinesischen Holzschnitten) hat Matteo Ripa seine Kupferstiche mit großer Genauigkeit ausgeführt.

Man muß es heute als einen Glücksfall ansehen, daß William Kent nur diese 36 Ansichten eines einzigen Gartens sah. So konnte es nicht zu einer schablonenhaften Übernahme des chinesischen Gartenstils kommen, aber es reichte aus, Kent zu verdeutlichen, daß durch sorgfältige Betrachtung einer Landschaft die Umsetzung (Nachgestaltung) in einen Garten möglich war, wenn diese Nachschöpfung nach malerischen Gesichtspunkten erfolgte. Das Zeitalter des englischen, besser noch des europäischen Landschaftsgartens hatte begonnen.

Ab 1727 entstanden in rascher Folge Landschaftsgärten oder wurden landschaftliche Partien vorhandenen Gärten angefügt. Hatten Pope und Addison nach der »wilden Natur« gerufen, so haben William Kent und seine Nachfolger sie gezähmt geliefert. Alle konnten nicht auf Verbeugungen vor dem Zeitgeschmack, Pagoden, Pavillons und Grotten, verzichten. Noch lange blieb die optische Information aus China schwach, so daß man gezwungen war, selbst stilbildend zu wirken. Da die architektonischen Gartenteile einfacher durch Zeichnungen zu übermitteln waren und W. Chambers in Kanton als junger Mann chinesische Baukunst exakt vermessen und darüber publiziert hatte, waren die Einbauten gelegentlich von überraschender Genauigkeit, das Landschaftsbild jedoch wurde den englischen Vorbildern entnommen. Der Nachfolger William Kents wurde sein Obergärtner Lancelot Brown (1716—1783), von vielen als »Capability Brown« bezeichnet, der erste wirklich ausgebildete Landschaftsgärtner. Er war ebenso tätig wie tüchtig, wie eitel und rücksichtslos. Über 150 große Gartenanlagen soll er gestaltet oder umgestaltet haben. Denn schlagartig wurden die geometrischen Gärten völlig unmodern und wer etwas auf sich hielt und es irgend bezahlen konnte, ließ von Brown oder einem seiner schnell sich heranbildenden Kollegen einen Landschaftsgarten anlegen. Die ohne Zweifel erforderlichen umfangreichen Bodenarbeiten müssen wie eine Arbeitsbeschaffungswelle in England gewirkt haben. Trotzdem wird das Ergebnis dieses gewaltigen Aufwandes manchen Betrachter bitter enttäuscht haben. Die großen Jahrhunderte alten Bäume und Hecken hatten fallen müssen, um in Gruppen und gelegentlich einzeln gepflanzten jungen Bäumen Platz zu machen. Brown arbeitete — aus welchen Gründen auch immer — nur mit einer sehr geringen Artenzahl. Sein Sortiment umfaßte etwa sieben Bäume, darunter Ulme, Eiche, Platane, Schottische Kiefer und Lärche. Selten einmal Zedern. Blütensträucher waren ihm offenbar fremd (die große Einführungswelle hatte noch nicht begonnen) und Blumen verbannte er in den Küchengarten. Es mutet sehr »chinesisch« an, wenn man liest, daß es das wichtigste Anliegen Browns war, vorhandene Geländebewegungen in idealisierender Weise zu verstärken. Die bewegte Form war ihm wichtiger als die farblichen Valeurs, die er sich vom Himmel und den weidenden Kühen erhoffte. W. Chambers und L. Brown rivalisierten heftig, obwohl beide im Grunde nur zwei verschiedene chinesische Gartenstile vertraten — »Capability« Brown den der idealisierten Landschaft, wie Chengde sie darstellt, und W. Chambers den mehr artifiziellen Stil, wie er seine stärksten Ausprägungen in Suzhou erfuhr. Das bedeutendste noch erhaltene Werk von Chambers ist Kew-Garden, dessen chinesische Pagode für viele andere, z. B. für den chinesischen Turm im Englischen Garten von München zum Vorbild wurde. Der Schöpfer des Englischen Gartens Sckell empfand sich nach einem Studium in England ebenso von Brown wie von W. Chambers beeinflußt. Über Paris erreichte der neue Gartenstil Deutschland. Das Sanspareil der Markgräfin Wilhelmine bei Bayreuth, das 1745—46 entstand, gilt als sein frühestes Beispiel. Es hat zunächst wenig Nachahmer gefunden. Man hatte in einem lichten Waldgebiet eine gewaltige künstliche Steinlandschaft geschaffen. Die Idee hierzu soll aus England importiert worden sein, das Ergebnis läßt nach China schauen.

Man war in Sachen »Garten« auf jeden Fall in Deutschland konservativer als in England. Zögernd versuchte man zunächst die Öffnung der Mauern, damit ein »Leihen« der umgebenden Landschaft möglich wurde. Die Wandlung war auch hier von langer Hand in der Literatur vorbereitet, doch die Gartenpläne zeichneten die etablierten Architekten, denen die gerade Linie auf dem Reißbrett allzeit vertrauter war als die natürlich um ein künstlich geschaffenes Hindernis gewundene. Es fehlten um diese Zeit in Deutschland — wie auch in Frankreich und Italien — die einsatzfreudigen Laien, die in England stilbildend gewirkt hatten. Das Jahrhundert des Fürsten Pückler-Muskau war noch nicht gekommen. So blieb nur die langsame Übernahme des »Jardin anglo-sinois«, der je nach Besitzer, Lage und Zeitströmung mal etwas mehr »anglo«, mal etwas mehr »sinois« geriet. Man kann den Durchbruch des Stils etwa mit der Rückkehr Sckells aus England 1777 und dem Aufkommen der »Empfindsamkeit« gleichsetzen. Trotzdem gab es auch dann noch erhebliche Schwierigkeiten und Mißverständnisse. Die Aneinanderreihung unterschiedlicher Gartenszenen, die die Chinesen so meisterhaft beherrschen, und die als Idee im europäischen Barockgarten bereits vorhanden war, brachte im unregelmäßigen Garten oft nichts wie ein gewaltiges Durcheinander, ohne daß der Wunsch nach einer »Wildnis« wie bei Addison und Pope hinter der Planung stand.

In rascher Folge entstanden die Parks von Wörlitz, Hohenheim, Kassel-Wilhelmshöhe (das damals noch Weißenstein hieß), München und viele andere. In Kassel versuchte man, ein ganzes chinesisches Dorf, das Mulan, samt Pagode und Buddha in den

Garten zu integrieren. Es steht noch und sich davor fotografieren zu lassen, gehört zu den größten Vergnügungen, die man heute einem Chinesen in Deutschland bieten kann.

Bereits Mitte der achtziger Jahre des 18. Jahrhunderts war der neue Stil dann so allgemein und akzeptiert, daß selbst kleine Landesfürsten, wie die Markgrafen von Baden bei ihren Jagdschlößchen, die Gärten umgestalten ließen, wenn sich diese Umgestaltungen infolge knapper Mittel auch oft verzögerten oder die Pläne nur zum Teil verwirklicht wurden. Denn mittlerweile hatte in Frankreich die Revolution begonnen und ihre Auswirkungen brachten dem Kontinent zunächst andere Sorgen.

Still, behutsam und von Architekten und Gartenbau-Spezialisten zunächst kaum bemerkt, bereitete sich eine andere Veränderung der Gärten vor, deren Hauptkräfte ebenfalls aus China, auch auf Umwegen über andere Länder, kamen: es waren die Pflanzen. Immer schon waren durch blumenliebende Soldaten oder Händler Samen, Zwiebeln oder Wurzeln von Land zu Land gewandert, aber es waren meist doch Nutzpflanzen gewesen. In der alten Welt galten die Menschen, die um die Kraft der Kräuter als Medizin oder Gift wußten, fast als Heilige. Oft waren Kräuteranbau und Heilkunst den Klöstern zugeordnet und so steht es nur in einer jahrtausendealten Tradition, daß auch die ersten Nachrichten über das Pflanzenleben Chinas über die Jesuitischen Missionen kamen. Der Jesuiten-Pater Michael Boym S.J. (Pu Ni-Ko) veröffentlichte 1656 eine »Flora Sinensis«, aber das war ein kümmerlicher tastender Versuch. Die Botanik war in China zu diesem Zeitpunkt eine wesentlich höher entwickelte Wissenschaft als in Europa. Joseph Needham sagt in seinem Buch »Wissenschaftlicher Universalismus«, daß erst etwa das Jahr 1780 als der Wendepunkt zu bezeichnen ist, in dem die westliche Botanik verglichen mit der chinesischen entschieden in Führung ging, also erst über 40 Jahre nach Linnés bahnbrechenden Arbeiten.

Durch die heute überhaupt nicht mehr vorstellbaren Transport- und Verpackungsschwierigkeiten kam die Kunde über die großen Pflanzenschätze des Reiches der Mitte zunächst über die Studierstuben der Botaniker nicht hinaus. Hier häuften sich getrocknete Pflanzen allerdings in so unbeschreiblichem Maße, daß z. B. der botanische Garten in Paris Mitte des 18. Jahrhunderts über mehr als 200 000 Herbarbogen verfügt haben soll, die nur vier Jesuiten aus China gesandt hätten. Ich bezweifle diese gewaltige Zahl sehr, denn von einem dieser vier Jesuiten, Pater D'Incarville, nach dem die Gattung *Incarvillea* ihren Namen hat und dessen Geschichte man genauer kennt, weiß man, daß er etwa 4000 Bögen sandte. D'Incarville hatte in Paris bei Bernhard de Jussieu, dem Leiter des Königlichen Botanischen Gartens studiert, ehe er nach China ging. Mit seinem Professor verband ihn eine lebenslange Freundschaft und Arbeitsgemeinschaft. 17 Jahre lebte er in Peking und starb dort 1757. Von einem kürzeren Aufenthalt in Kanton und Macao stammt von ihm auch eine Beschreibung der dortigen Flora. D'Incarville war Botaniker, aber er war noch nicht der Typ des zähen, speziell dazu ausgebildeten Sammlers, der systematisch Gebiet für Gebiet durchforscht. In diesen ersten Phasen hat eine gewisse Zufälligkeit eine bedeutende Rolle gespielt. Eine Zufälligkeit des Findens, aber auch des Vergessenwerdens. Der Attaché der Russischen Botschaft, der deutschstämmige, hochgeachtete Botaniker Dr. Alexander von Bunge, hatte 80 Jahre später keine Ahnung von der Arbeit D'Incarvilles und glaubte, viele Pflanzen in der Umgebung Pekings zum ersten Mal zu beschreiben und als Herbarmaterial nach Europa zu bringen. Bunge war —

genau wie D'Incarville — ein echter Pflanzenenthusiast. Beider Listen enthalten vom kleinen Veilchen über Stauden, Blütensträucher (bei D'Incarville bereits den heute noch viel zu wenig bekannten Duftschneeball *Vibirum fragans*) alles bis zu Großgehölzen. Bunge standen wesentlich bessere Transportmöglichkeiten zur Verfügung — man reiste zwar immer noch per Karawane, aber er konnte die Ergebnisse seiner halbjährigen, sehr intensiven und fleißigen Tätigkeit persönlich wenigstens bis zur Grenze begleiten. D'Incarville hatte viel kompliziertere Bedingungen. Der Samen und die getrockneten Pflanzen, die er sammelte, gingen mit Karawanen durch die Mongolei über Kiakhta bis Moskau und von da weiter nach Paris. Nur alle drei Jahre durfte eine solche Karawane nach Peking kommen. Der Lehrer D'Incarvilles, Bernhard de Jussieu, sandte auf dem gleichen Weg Samen europäischer Pflanzen zu der Missionsstation. Der Pariser Botanische Garten war im 18. Jahrhundert der erste Platz, in dem bis dahin so unbekannte Bäume wie *Ailantus glandulosa*, *Thuja orientalis*, *Sophora japonica*, *Koelreuteria paniculata*, *Gleditschia sinensis*, *Sterculia lanceolata* und viele andere ausgesät wurden und zum großen Teil sich auch entwickelten. D'Incarville hatte auch die ersten Astern gesandt — er schickte überhaupt so große Mengen Samen, daß dieser gar nicht alle ausgesät, sondern zum Teil den Beständen des Naturkunde-Museums einverleibt wurde, wo er noch 150 Jahre später zu sehen war. Daß Bunge all dies nicht wußte, kann man nur als einen Beweis dafür sehen, wie abgeschlossen die Studierstuben letztlich blieben und mit welcher Arroganz man auch den chinesischen Botanikern und ihrem Wissen gegenübertrat. D'Incarville erscheint mir deshalb in der großen Zahl der Pflanzenjäger eine so herausragende Gestalt, weil er sich nicht ausschließlich um Nutzpflanzen mühte, sondern mir der erste scheint, der reinen Parkgehölzen, Ziersträuchern und Stauden einen größeren Raum gab. Die meisten Pflanzenimporte dieser Zeit kamen aus dem Süden des Landes und so überwog automatisch das tropische Element, das den ganz Reichen, den Fürsten und Herrschenden, die allein über Gewächshäuser verfügten, vorbehalten war. Doch mit dem Sieg des Landschaftsgartens und nachdem man die zurückhaltenden Gärten eines Lancelot Brown als zu eintönig empfand, erwachte der Wunsch nach neuen Gartenpflanzen. Aus Amerika strömten sie bereits herein — doch China verhieß einen noch viel größeren Reichtum nach dem Herbarmaterial, in das gelegentlich die Botaniker einige wenige auserwählte Gärtner sehen ließen. Die unbekannten, lebenden Pflanzen, nicht die getrockneten Herbarbögen, gehörten auch ganz natürlich zu der Freude am Exotischen, Fremden, die das Zeitalter beherrschte.

Der Transport war eines der am schwierigsten zu lösenden Probleme. Ganze Bände kann man füllen mit den Klagen der Pflanzensammler über die schlechte Behandlung ihrer Arbeitsergebnisse durch Kapitäne, Matrosen und Salzwasser. Eigenartigerweise galt Samen als besonders kompliziert über See zu transportieren. Erst 1840, als ein eigenbrötlerischer Londoner Arzt ein Kleingewächshaus für die gute Stube erfand, da das schlechte Londoner Smog-Klima die Aufzucht von Zimmerfarnen nicht mehr gestattete und man seine »Ward'sche Kiste« zum Pflanzentransport auf Schiffen einsetzte, kam die große Wende. Noch gut 20 Jahre zuvor hat John Livingstone, der Arzt der Briten in Kanton und Förderer und Betreuer der Pflanzensammler, geschrieben:

»Nach meinen Kenntnissen und Beobachtungen ... vertrete ich die Meinung, daß auf eine Pflanze, die die

Reise nach England überlebt hat, tausend verlorene Gewächse kommen. Die Kosten für eine Pflanze, die in Kanton erworben wurde, belaufen sich mitsamt Verpackung und anderen notwendigen Auslagen auf sechs Schilling und acht Pence. Folglich muß jede Pflanze, die sich jetzt in England befindet, für die ungeheuren Unkosten von mindestens dreihundert Pfund eingeführt worden sein.«

Offenbar beschafften sich über lange Zeit, bis in die Mitte des 19. Jahrhunderts hinein, in Kanton und Macao, die Sammler ihre Pflanzen in erster Linie aus Gärtnereien und aus Mandarin-Gärten.

Doch es waren auch auf der anderen Erdseite, im Westen, allzeit bereite Freunde, Mäzene, Institutionen notwendig, die das ankommende Pflanzgut aufnahmen, versorgten, weiter kultivierten, sichteten — und in einer späteren Phase kreuzten; von der Finanzierung solch aufwendiger Projekte ganz zu schweigen.

Was waren das für Menschen, die sich als Forscher berufen fühlten, die auszogen auf große naturwissenschaftliche Expeditionen? Jeder Name, den man vergißt zu nennen, ist eine Ungerechtigkeit und verstellt den Blick auf ein hochinteressantes Einzelschicksal. So verdankt zum Beispiel die so bewunderte chinesische Kamelie ihren Namen einem Mann, der weder diese Blume in China jemals gesehen hat und diesem Land bestimmt nicht die freundlichsten Gefühle entgegenbrachte. Georg Joseph Kamel wurde 1683 in Brünn geboren, als Jesuiten-Pater latinisierte er seinen Namen in Camellus. Bevor er zu dem Marianen-Archipel und später zu den Philippinen reiste, erhielt er eine Ausbildung als Apotheker und Botaniker. Vor allem auf den Philippinen fand er bei den dortigen chinesischen Auswanderern viele Pflanzen, die diese aus ihrer Heimat mitgebracht hatten. Soweit ihm seine Tätigkeit als Leiter einer Armen-Apotheke Zeit ließ, botanisierte er und brachte eine sehr umfangreiche Sammlung der dort heimischen und eingebürgerten Pflanzen zusammen, einige Teile davon erreichten England, kamen zu Ray, Samuel Brown und Petiver. Doch die Hauptergebnisse seiner zehnjährigen Arbeit über die Flora der Philippinen gingen mit einem Schiff unter, das von chinesischen Piraten gekapert und versenkt wurde. Aber er erhielt eine Form der von Chinesen so begehrten Unsterblichkeit, indem Linné ihn ehrte und die nicht nur schöne, sondern auch nützliche Pflanzengruppe, zu der auch der Tee zählt, nach ihm benannte.

Doch welche Voraussetzungen mußten die Pflanzensammler erfüllen, von denen 1898 der deutschrussische Arzt E. Bretschneider in seiner »History of European Botanical Discoveries in China« bereits 600 Namen mit 6000 Einführungen nennt. Als Wichtigstes scheint mir eine große körperliche Zähigkeit und Ausdauer vonnöten. Dann Begeisterung und Liebe für die Vielfältigkeit des Pflanzenreiches, überhaupt ein leidenschaftliches Gemüt, aber auch Leidensfähigkeit. Dazu ein geschultes Auge und einen sicheren Instinkt für das, was »gartentüchtig« sei, aber auch Sorgfalt und peinlichste Exaktheit bei der Pflanzenbehandlung. Organisationsvermögen und eine Portion Glück sind natürlich auch erforderlich — also insgesamt recht unterschiedliche Eigenschaften und nicht alle 600 und der ihnen im 20. Jahrhundert folgenden Menschen werden alles in sich vereint haben. Einige wenige von ihnen sind berühmt geworden, einige »unsterblich«, indem sie Pflanzen ihren Namen gaben. Doch all ihre Arbeit wäre in den trockenen Herbarien der Botaniker hängengeblieben, hätten sich nicht begeisterte Gärtner gefunden, die den Schritt zur Praxis taten, den oft ungeheuer schwierigen Versuch unternahmen, die durch die langen Transportwege und widernatürlichen Bedingungen geschwächten oder sogar erkrankten Pflanzen zu pflegen und aufzuziehen. Zuerst kamen zu wenige Pflanzen, dann zeitweise zu viele. Die Sichtung allein beanspruchte den Einsatz von Generationen. Zum Teil wurde die Arbeit in den großen Botanischen Gärten von Kew, Paris und St. Petersburg getan, aber auch deren Aufnahmefähigkeit war beschränkt und ihre Auswahlkriterien andere als die der praktischen Gärtner. Im 19. Jahrhundert, nach dem Opiumkrieg, als botanische Enthusiasten »das Land südlich der Wolke«, Yunnan und Sichuan durchforschten, fanden sich auch Gärtnereien bereit, das Wagnis eigener Pflanzensammlung einzugehen. Veitch in England vor allem war an China interessiert. Diese Gärtnerei hatte bereits seit etwa 50 Jahren in tropischen Ländern sammeln lassen, um die Gewächshäuser der Fürsten zu füllen; nun, im letzten Viertel des 19. Jahrhunderts, wurden seltene Gartenpflanzen so hoch bezahlt, daß es möglich und interessant wurde, auch diese von eigens ausgebildeten Sammlern nach Europa zu holen. Dazu kam, daß man die Möglichkeit entdeckt hatte, die eingeführten Pflanzen mit einheimischen zu kreuzen, deren Kinder sich z. T. als gesündere, starkwüchsigere Hybriden erwiesen. England war damals nicht nur in gärtnerischer Hinsicht Weltmacht und nutzte so viele Chancen wie möglich, diese Vormachtstellung in jeder Weise zu betonen. Das wurde gefördert durch die starke Beziehung zu Blumen und jeder Art von Pflanzen, die dieses Inselvolk in breiterem Maße entwickelt und gepflegt hat als andere europäische Nationen, obwohl die Natur im 18. und 19. Jahrhundert allgemein stärker im Blickpunkt stand als zumindest in den ersten 75 Jahren des 20. Jahrhunderts. Alle Mühen um die Botanik wären umsonst gewesen, hätten sich nicht Gartengestalter bereitgefunden, das Neue aufzunehmen, zu prüfen und so zu ordnen, daß etwas entstehen konnte, was es nie zuvor gegeben hatte — einen Garten, der das ganze Jahr nicht aufhört zu blühen. Eine Wegbereiterin dieses neuen, auch auf kleinster Fläche möglichen Gartenstils wurde die Engländerin Gertrude Jekyll (1843—1932). Sie war als Malerin und Innenarchitektin ausgebildet, erblindete aber mit 50 Jahren fast völlig. Malen war ihr nicht mehr möglich. So widmete sie sich ganz dem zuvor nur als Liebhaberei gepflegten Gebiet der Gartengestaltung, gemeinsam mit William Robinson. Ihr Farb- und Formgefühl und ihre instinktive Beziehung zu Pflanzen ließen all dem Neuen an Blütensträuchern, Gehölzen und Stauden in ihren Gärten Raum. Sie ordnete die Farben (auch die der Blätter), daß alles malerischen Gesetzen entsprach und auch im kleinsten Hausgarten nachvollziehbar war. Die Gärten wirkten so »englisch«, daß fast niemand erkannte, daß mehr als 50% der Pflanzen aus China und Japan stammten. Nun war, nach der Idee des landschaftlich gestalteten Gartens und der Einfuhr der chinesischen Pflanzen, ein Drittes gekommen: die Verwendung dieser Pflanzen in regelmäßig und unregelmäßig geformten Gärten in einer solchen Farbenpracht, Üppigkeit und Harmonie, wie sie nie zuvor in ihrer Heimat gepflanzt wurden. Ganz nach dem Wort von Lao Tse: »Der Sinn erzeugt die Eins. Die Eins erzeugt die Zwei. Die Zwei erzeugt die Drei. Die Drei erzeugt alle Dinge. Alle Dinge haben im Rücken das Dunkle und streben nach dem Licht, und die strömende Kraft gibt ihnen Harmonie.«

LITERATURVERZEICHNIS

ALLGEMEIN

Werner Blaser, Hofhaus in China. Basel o. J.

Helmut Brinker und Roger Goepper, Kunstschätze aus China. Ausstellungskatalog Zürich 1980

Werner Formann und Cottie A. Burland, Marco Polo. Wien 1970

Herbert Franke, Nordchina am Vorabend der mongolischen Eroberungen. Opladen 1978

Jaques Gernet, Die Chinesische Welt. Frankfurt a.M. 1979

Marie Luise Gothein, Geschichte der Gartenkunst. 2 Bde. Jena 1913/14

Dorothy Graham, Chinese Gardens. New York 1938

Marcel Granet, Das chinesische Denken. München 1963

Marcel Granet, Die chinesische Zivilisation. München 1976

Maggie Keswick, The Chinese Garden. London 1978

Olof Lagercrantz, China Report. Frankfurt a.M. 1971

Li Yü (Hrsg.), The Mustard Seed Garden. Princeton 1977

Lin Yutang, Mein Land und mein Volk. Stuttgart, Berlin 1936

Lyrik des Ostens. Hrsg. Wilhelm Gundert, Annemarie Schimmel und Walter Schubring. München 1952

Heinrich Mootz, Die chinesische Weltanschauung. Straßburg 1912

Joseph Needham, Wissenschaftlicher Universalismus. Frankfurt a.M. 1977

Michele Pirazzoli-T'serstevens, Architektur der Welt: China. Fribourg 1970

Roland Rainer, Die Welt als Garten — China. Graz 1976

Osvald Sirèn, Gardens of China. New York 1949.

Werner Speiser, China. Baden-Baden 1974

Thomas Thilo, Klassische Chinesische Baukunst. Wien 1977

Der Traum der Roten Kammer. Aus dem Chinesischen übertragen von Franz Kuhn. Leipzig 1932. Nachdruck Frankfurt a.M. 1977

Marina Warner, Die Frau auf dem Drachenthron. Würzburg 1974

Richard Wilhelm, Die Seele Chinas. Berlin 1926. Nachdruck Frankfurt a.M. 1980

Rev. G. N. Wright and Th. Allom, China the Scenery, Architecture and Social Habits. 4 vols. London 1843

NEUE GÄRTEN

China Travel: Shanghai, Hangzhou, Nanjing, Wuxi, Suzhou. Peking 1975

Technische Universität Berlin: Landschaftsplanung in der Volksrepublik China. Berlin 1979.

Jan and Yvonne Walls, West Lake, a collection of folktales. Hongkong 1980

SYMBOLIK

Juliet Bredow und Igor Mitrophanow, Das Mondjahr. Wien 1937

Günther Debon, Grundbegriffe der chinesischen Schrifttheorie. Wiesbaden 1978

Wolfram Eberhard, Lexikon chinesischer Symbole. Köln 1983

A. Koehn, China Flower Symbolism. In: Monumenta Nipponica (Tokio), 8. Jahrg. 1952, S. 121 ff.

Hermann Köster, Symbolik des Chinesischen Universums. Stuttgart 1958

T. C. Lai, The Eight Immortales. Hongkong 1972

Ferdinand D. Lessing, Ritual and Symbol. Taipeh 1976

H. L. Li, The Garden Flowers of China. New York 1959

Arthur de Carle Sowerby, Nature in Chinese Art. New York 1940

C. A. S. Williams, Outlines of Chinese Symbolism and Art Motives. Shanghai 1932

W. P. Yetts, Notes on Chinese Flower Symbolism. In: Journal of the Royal Asiatic Society, Januar 1941

TAO

Chang Chung-Yuan, Tao, Zen und schöpferische Kraft. Düsseldorf, Köln 1975

Anthony Christie, Chinesische Mythologie. Wiesbaden 1968

J. C. Cooper, Der Weg des Tao. Bern 1977

John A. Goodhall, Heaven and Earth. London 1979

Wolfgang Münke, Die klassische chinesische Mythologie. Stuttgart 1976

M. G. Pernitzsch, Die Religionen Chinas. Berlin 1940

Ph. Rawson und Laszlo Legeza, Tao, die Philosophie von Sein und Werden. München o. J.

Hubert Schleicher, Klassische chinesische Philosophie. Frankfurt a. M. 1980

Alan Watts, Der Lauf des Wassers. Bern 1976

GESCHICHTE

Aeneas Andersons, Geschichte der Brittischen Gesandtschaft nach China. Hamburg 1796

Wolfram Eberhard, A History of China. London 1960

Klara Maria Faßbinder, Paul Claudel und das alte China. München 1966

Kurt Franke und Rolf Trauzettel, Das chinesische Kaiserreich. Fischer Weltgeschichte Bd. 19, Frankfurt 1968

Alexander Schulz, Hsi Yang Lou. Untersuchungen zu den »Europäischen Bauten« des Kaisers Ch'ien-lung. Dissertation. Würzburg 1966

Kaiser Wilhelm II., Reden. München 1976

Richard Wilhelm, Frühling und Herbst des Lü Bu We. Jena 1930. Nachdruck Düsseldorf, Köln 1979

Richard Wilhelm, Geschichte der chinesischen Kultur. München 1928

ALTE GÄRTEN

Robert Fortune, Three Years Wanderings in the Northern Provinces of China, London 1847

Alfred Murck and Wen Fong, A Chinese Garden Court. New York 1980

KAISERGÄRTEN IN EINER VOLKSREPUBLIK

Der Sommerpalast. Peking 1981

Die Sommerresidenz Chengde. Führer der örtlichen Behörde 1979

THEORIE DER GARTENKUNST

Günther Debon, Lob der Naturtreue. Wiesbaden 1969

Li Jiale, Einige Aspekte zur Fortsetzung der Tradition der klassischen Gartenkunst in China. In: Akademische Zeitschrift der Gartenkunst (Peking), Nr. 3/4 Nov. 1962.

Lin Yutang, Chinesische Malerei — Eine Schule der Lebenskunst. Stuttgart 1967

BEEINFLUSSUNG EUROPAS

E. Bretschneider, History of European Botanical Discoveries in China (1898). 2 Bde. Nachdruck Leipzig 1962

China und Europa. Chinaverständnis und Chinamode im 18. und 19. Jahrhundert. Ausstellungskatalog Berlin 1973

Patrick Conner, Oriental Architecture in the West. London 1977

E. H. M. Cox, Plant Hunting in China. London 1945

E. von Erdberg, Chinese Influence on European Garden Structures. Cambridge (Mass.) 1936

Daniel J. Foley, The Flowering World of »Chinese« Wilson. London 1969

F. B. Forbes and W. B. Hemsley, An Enumeration of all the Plants known from China, Formosa, Hauran, Corea... London 1903—1905. 3 Bde. Nachdruck 1980

M. Hadfield, R. Harling and Leonie Highton, British Gardeners. London 1980

Oliver Impey, Chinoiserie. London 1977

Hubert Knauber, Sibylla Augusta und ihr chinesisches Fest. Ettlingen 1975

Adolf Reichwein, China und Europa. Berlin 1923

Ripa Matteo, Views of the Chinese Imperial Palaces and Gardens at Jelol in Manchurica. 1713. (Beschreibung Auktionskatalog 37/1978 der B. Weinreb Architectural Books Ltd., London)

Tyler Whittle, The Plant Hunters. London 1970

Ernest H. Wilson, China — Mother of Gardens. Nachdruck New York 1971

NAMEN- UND SACHREGISTER

Acer 20, 22, 169
»acht kostbare Dinge« 44
Addison, Thomas 239
Adern der Erde 26, 37
Ahorn 175, 200, 209, 221
Ailanthus 52, 204, 244
Allegorien 32
Altar von Ackerkrume und Hirse 198
Alternanthera bezickiana 200
Amberbaum 166
Amorpha fruticosa 221
Anderson, Aeneas 113
Aprikose 45
Aralien 200
Artemisia 32, 44, 60
Astern 244
Aufklärung 238
Augensymbol 32
Azaleen 56, 162, 166, 169, 188—189

Bai Juyi 70, 91, 97, 168
Bambus 28, 45—46, 48, 56, 166, 175, 188, 197
»Bambussprossenspitzen« 38
Baumgeister 48
Bauten 228
Begonie 32, 53
Beihai-Park 45, 60, 65, 96, 102, 107, 121, 155, 200, 202, 209
Benoist, Pater 117
»Berg des langen Lebens« 112
Berge und Wasser 27, 36
Berge, heilige 36, 65, 89
Berghöhle 38
Bildalben, Kaiser Chenglung 110
Bilderrätsel 32
Blumengarten der Kaiser 130, 196
Blumenhafen-Fischeschau 17, 18
Bo-Djü-I 70, 91, 97, 168
Bonsai 9, 14, 16, 45, 53, 60, 163
s. a. Penjing
Botanischer Garten 14, 17, 21, 54, 56, 62, 83, 147, 204
Boxeraufstand 119
Bretschneider, E., 245

Brown, Lancelot 241
Brücken 33
»Buch der Lieder« 47, 62, 65, 69
Buch vom Südlichen Blütenland 34
Buddha 43, 74
»Buddhas Hand« 51
Buddhas Thron 67
Buddhismus 33, 44, 51 66, 80, 89, 97, 120, 173
Bunge, Dr. Alexander von 244
Burlington, Lord 240

Camellia 54, 245
Cassia 48
Castiglione, Guiseppe, S.J. 116, 117
Catalpa 49—50, 204
Cedrella sinensis 65, 72
Cedrus deodara 20
Chaenomeles 199
Chambers, W. 241
Chang'an 42, 71, 85, 86, 87, 92, 126, 140, 141
Chang Chun Yuan 110
Chengde 35, 38, 84, 110, 120, 124, 134, 135, 136, 137, 138, 139, 241
Chenglung 35, 86, 96, 108, 110, 166, 180, 203, 205, 212—213, 216
Ch'ien 48
Chinoiserie 238
Chiswick House 241
Chrysantheme 59, 60, 67, 200
Chuang Tse 34, 189
Chun 121
Chung Hai 200
Chinamomum 180
Cixi 66, 119
Crategus 221
Croton 41
Cymbidium 62

Dämonen 44, 48
Daoguang 120
Dattelpflaume 106, 221
De (tê) 81
Dendranthema boreale 200

Deng Xiaoping 9, 10
Dimai 26, 37, 80
D'Incarville 243
Diospyros kaki 196
Drache und Phönix 17
Drei Reiche, Zeit der 89
Dschingis Khan 99, 202
Dschurdschen 108
Du Le Yuan 99
Durchdringung 17, 18, 25

Eiche 242
Einhorn 182
Eis, berstendes 28, 32
Elemente, fünf 26, 35
Elster 48
Empfindsamkeit 238
E-Pang 85, 86, 128
Erdadern 26, 37
Erdquadrat 28, 30, 32, 82, 182
Erigeron 212
Erotik 44
Eschen 172, 175
Euonymus 35, 175

Fächer 32
Felsen 27, 34, 36, 38, 157, 165, 198, 232
Feng-shui 26
Fenster 27, 30, 32, 169
Ficus pumila 180
Firmiana simplex 50
Fische 32
Fledermäuse 28
Flieder 46, 196, 212
»Flora Chinas« 45, 50, 62
Floristen 68
Fo-Hunde 32
Forstwirtschaft 22, 106—107
Forsythien 209
Fortune, Robert 61, 189
Freundschaft 25
Frühlingsfest 47, 83
Fu 87
Fushan 9

Gardenie 189
Garten der dunkelgrünen Welle 103, 148

Ergötzung 27, 34, 143, 166, 214
Gärten 111
Gelehrten 84
Garten des
　fröhlichen Frühlings 110
　Meisters der Netze 190
　Törichten Politikers 30, 35, 182
Garten, japanischer 8, 25
Garten, taoistischer 9, 26
Gartenarchitekten 24, 37, 107, 164, 228, 232, 235
Gartenbrücken 68, 70—71
Gartenbücher 88, 107, 110, 112, 228, 232
Gartengutshöfe 92
Gartenkunst 228
Gebirge 36, 176, 182, 228
Geister 33, 45, 47, 48
Geistermauer 33
Geldstücke 28, 32
Gen Yu 96
Geomantie 25
geometrischer Garten 238
»Gesellschaft der weißen Lotosblüte« 89
Gingko biloba 13, 20, 49, 166, 172, 180, 198
Ginseng 64, 108
Gleditschia 200, 244
Glücksknoten 33
Glyzinie 53, 163, 189, 193—194, 199, 209
Goethe 49
Goldfische 20, 21
Goldregen 209
Gong, Prinz 121, 124, 197
Gothein, Marie Luise 8
Gott der Langlebigkeit 47
Götter, Wohnung der 36
Götterbaum 52
Granatäpfel 32, 47, 188
Granitadern 37
Grotten 27
Guangxu 121
Guifei Yang 92

Hai Yan Tang 117

Hammerstein 220
Han-Dynastie 69, 86
Hangzhou 17, 32, 35, 63, 70, 103, 110, 162, 168
Harmonie 24, 26, 79, 216, 246
Hegel 108
Heilige der Blumen 40
Hemerocallis 65
Herbstvollmond 83, 170, 205
Himmelskreis 28, 30, 32, 82
Himmelsrichtungen, fünf 42
Himmelstempel 82, 107, 206
Hirschkuh 32
Hochzeitsgeschenke 47
Hofgarten 90
Hohenheim 243
Hongkong 54
Hongwu 106
Hsiang-fei 117
Hsi Ma Kuang 98
Hsingchin Yüan 126
Hsi-wang-mu 18, 41, 42, 47, 202
Hua Shan 65
Huagang Guanyu-Park 17
Huizong 96

»Inseln der Unsterblichen« 202
Iris 21, 174

Jagdpark 89
Japan 92
japanischer Garten 8, 25
»jardin Anglo-sinois« 241
Jasmin 68, 180, 193
Jasminum 67, 180, 193
Jehol 35, 38, 84, 110, 120, 241
Jekyll, Gertrude 246
jesuitische Missionare 107—108, 112, 116, 216, 239, 243
Jichang Yuan 34, 166
Jin 99
Jui-Zepter 48
Juniperus 164

Kaifeng 71
Kaiser Wilhelm 119
Kaisergärten 103
kaiserlicher Blumengarten 107
kaiserlicher Jagdpark 83

kaiserlicher Park 84
Kalkknollen 38, 165
Kamelie 54, 245
Kampferbaum 169, 180, 190
Kangxi 38, 108, 166, 216, 241
Kaninchengarten 88
Kanton 33, 60, 68, 126, 154
Kassel-Wilhelmshöhe 243
Kent, William 240
Kiefer 13, 16, 20, 32, 45—46, 126, 173, 200, 221, 242
Kirsche 45
Kirschhügelgarten 162
klassische Gartenkonzentration 163
Kleine Paradiesinsel 144, 145, 168
Klimakarte 161
Knochenlose Malerei 20
Koelreuteria paniculata 244
Kohlehügel 199
Konfuzius 61, 79, 170
Konglomerat 38
Korruption 43
Kraftlinien der Gesteine 26, 37, 80
Kranich 32, 66
Kreis 32
Krugbergsee 110
Kublai Khan 89, 99, 101, 202, 209
Kuhhirt und Weberin 87
»Kulturpark des werktätigen Volkes« 196
Kulturrevolution 16, 59, 62, 74—75, 93, 127, 172, 197, 202, 237
Kunlun 41
Kunming 10, 16, 54, 56, 87, 157
Kunming-See 54, 56, 59, 86, 110, 112, 119, 122, 208
Kunsthandwerk 40
Kürbis 64

Lack 52
Lackbäume 106
Lagerstroemia indica 55
Lan Caihe 40—41
Lan Ts'ai-ho 40—41

Landschaft leihen 18, 212
Landschaftsbilder 20, 25, 84, 188, 228
Landschaftsgarten 8, 238
Landschaftsmalerei 20, 25, 36, 84, 188, 228
Langlebensberg 123, 209
Langlebenselixier 61
Langlebenszauber 63
Langlebigkeit 29, 32, 45, 53
Langlebigkeit, Gott der 42, 47
Lao Tse 30, 65, 78
Lärche 242
Lattich 56
Le Nôtre 239
Leben, langes 29, 32, 45, 53
Lebensbaum 13, 221
Lehre der fünf Elemente, s. Elemente, Lehre der
Leibniz 108
Lessing, Ferinand D. 48
Li Bai 91
Li Deyu 93
Li Jiale 17, 228, 235
Li Tai-pe 87, 91
Li Taibai 87, 91
Li Tieguai 64
Li Yuan-Garten 142, 164
Liang Xiaowang 88
Lilien 65
Lilium 65
Lin Yutang 24
Lingzhi 32, 63
Lingzhi-Pilz 32
Liuhua Yuan Garten 9
Livingstone, John 245
Lotos 28, 65, 169
»Löwenwäldchen« 23, 150, 178
Lü Buwei 25, 26, 82, 107
Luoyang 70—71, 88, 91, 99, 160
Lushan 84, 89
Lüshi Chunqiu 25, 26, 82, 107

Magie 33, 44, 64, 78, 82, 202
Magnolie 50, 180, 198, 212
Malerei 228
Malus 52, 188, 196, 212
Mandarinenten 32, 180

Mandschu 108
Mandschurei 10, 46, 55, 64, 71, 108
Mao 13, 14, 21, 34, 40, 62, 74, 89, 107, 124, 126—127, 170
Marco Polo 102, 103, 112, 202
Matteo Ricci 108
Mauern 27, 30
Maulbeer 209, 221
Maulbeerbäume 49, 106
McCartney, Lord 113
Meditation 25, 36, 79, 102
Medizinpflanzen 99
Mei Hua 46
Meihua Yuan 162
Ming-Dynastie 106
Mittelalter 88
Mittsommernacht 44
Mond 27, 30, 48
Mondhase 48
Mondtor 30
Mongolen 103
mongolischer Herrscher 106
Mukden 71, 108, 127
Mutter des westlichen Himmels 41

Nan Hai 121, 200
Nandina domestica 166, 193
Nanking 106—107
Narzissen 67
Naturverehrung 97
Naturwissenschaft 81
Neujahrsfest 205
Neuzüchtungen 71, 74

Öffnen und Schließen 229
Oleander 51, 194
Ophiopogon japonicus 16, 193
Opium 119
Opiumkrieg 117
Orakelbaum 52
Orakelknochen 44, 49
Orchideen 61—63
Osmanthus 30, 48, 163, 169, 173, 188, 193
östliche Philosophie 239
Ouyang Xiu 71

Paeonia 20, 21, 32, 67, 69, 91, 194, 197, 212
Palmen 106, 175, 197
Panax quinquifolia 64
pao ping 32
Pappeln 221
»Park der klaren Wellen« 112
Paulownia 13, 50—51, 198, 209
Peking 12, 46, 49, 52, 60, 66, 74, 102, 107—108, 127, 155, 196
Penjing 9, 14, 16, 21, 45, 53, 60, 163, 188, 198
Persimonen 48
Pfirsich 32, 43, 45—47, 153, 209
Pflanzen 27, 40, 228, 234, 243
 Einführung von 40, 243
Pflanzenmonograhien 107
Pflastern 234
Pflaume 45, 47
Philadelphus 199
Photinia serrulata 163, 188
Phyllostachys 56
»Pilgerfahrt nach dem Westen« 42
ping 9, 29, 32, 53
Pinus 16, 45, 46, 126, 164, 188, 198, 199, 205, 209, 214
Platane 13, 242
Po-Chü-Jü 70, 91, 97, 168
Podacarpus macrophyllus 188, 193
Poesie 228
Polyporus lusidus 63
Pope, Alexander 240
Populus tomentosa 13
Platanen 13
Prunus 21, 43, 46, 51, 153, 162, 188, 194, 205
Pseudolarix kaemperi 209
Pu-I 124
Pückler-Muskau, Fürst 242

Qi 37, 44, 228, 233
Qianlong 35, 86, 96, 166, 180, 203, 205, 212—213, 216
Qin 84
Qin Shi Huang 84, 86, 89, 202
Qing Hua Yuan 110
Qiu Haitang 53

NAMEN- UND SACHREGISTER

Quadrat 28, 30, 32, 186
Quecke 59
Quelle des laufenden Tigers 174

Regenzauber 63
Rehmannia glutinosa 197, 212
Reichtumssymbole 32
Religion 30
Religionsphilosophie, taoistische 36
Rhododendron 221
Rhus verniciflua 52
Ripa, Matteo 241
Robinien 200, 209
Rokoko 238
Rosen 55, 174, 188—189, 200, 205, 212—213
Ru Yi (Yu) 63

Salix 43, 180, 196, 209, 221
Sasa 59
schamanistische Kulte 80
Schildkrötenkopf-Eiland 163
Schneeballsträucher 20, 172, 212
Schnurbaum 13
Schriftzeichen 44, 49, 50, 52, 58, 63, 64, 220
Sckell 242
Seidenraupenzucht 49
Seidenstraße 65, 67, 86
Senfkorngarten 46, 233
Shan Shui 36, 228
Shanghai 14, 53, 151, 152
Shao Yuan 110
Shen Fu 232
Shenyang 64, 71, 108, 109, 124, 127
Shih Tsu Lin 178
Shou En Lai 126
Shou Xing 64
Shujing 34
Sichuan 51
Siebold, Franz von 50
Sima Guang 98
Siren, Osvald 24, 123—124
Sitzbänke 27
Sommerpalast 35, 96, 110—111, 120—121, 124, 127, 133, 166, 208

Song-Dynastie 20, 87, 93
Sophora japonica 13, 51, 163, 172, 196, 198, 200, 202, 244
Spiegel 33, 34, 35, 56, 189
Spiel von Wolken und Regen 33
Spiraea 209
Steine 14, 36, 93, 165, 232
Sterculia lanceolata 106, 244
Sternenmärchen 87
Stimmung 24
Strauch-Paeonien 21, 46
Strauchpfingstrose 21, 46
»Streitende Reiche« 86
Su Dongpo 165
Sui-Dynastie 90
Sumeru 41
Sun Xiaoxiang 30, 99
Sun-Yatsen-Park 124, 196, 198
Suzhou 30, 32, 35, 84, 110, 148, 150, 162, 175—194
Symbole 24, 28—29, 30, 32, 35, 38, 44, 45, 46, 59, 61, 63, 74, 78, 83, 93, 97, 173, 180, 198, 220, 228, 233
Syringa sinensis 196

Taglilie 65
Tai Shan 36
Taihu-See 38, 53, 142, 164
Taihu-See-Steine 14, 132, 169
Taiping-Aufstand 121, 172, 186, 190
»Tal der verborgenen Seele« 146, 170
Tang-Dynastie 90
Tao 24, 34, 35, 37, 45, 78, 120, 173, 228, 233
Tao Qian 61, 66, 90, 186
Tao Yuanming 61, 66, 90, 186
Taoismus 33, 36, 41, 45, 47, 61, 63, 67, 87, 89, 97
taoistischer Naturkult 174
taoistisches Rezept 48
Tchou Enlai 62
Tempel 224
Temple, Sir William 239
Thuja 13, 107, 163, 164, 169, 172, 173, 196, 197, 198, 206, 244

Tian'anmen 9
Tongzhi 120
Tore 30, 32
Toxicodendron verniciflua 52
»Traum der roten Kammer« 24, 27, 30
Trollius chinensis 221
Tung-Ölbaum 50
Twickenham 240

Ulme 166, 221, 242
Unsterbliche 18, 36, 40, 42, 64, 67, 80—81, 85
Unsterblichkeit 18, 35, 48
Uruschin-Säure 52

Vase 29, 32,
Veilchen 212
Veitch 246
Verbotene Stadt 12, 107, 120, 131, 196
Veredlung 72
Viburnum 20, 163, 173, 212
Viola philippica 212

Wanddurchbrüche 30
Wandelgang 27, 156
Wandlung 24, 78, 81
Wang Chong 88
Wang Shih Yuan 190
Wang Wei 90
Wang Xianchen 182
Wang Xizhi 204
Wanli 107
»Ward'sche Kiste« 244
Wasser 34, 35, 228, 234
Wasserfläche 27, 34
Wege 33
Weiden 43, 180, 196, 209, 221
Weltanschauung 24
Weltenlandschaft 176, 202
Weltenschöpfung 37, 78
Westgarten 9, 70, 91
Westsee 17, 35, 104—105, 110, 122, 144—145, 168, 209
wilder Wein 35
»Wind und Wasser« 26
Winden 200
Windgeschwindigkeiten 55

253

NAMEN- UND SACHREGISTER

Winterkirsche 28, 33, 45—46
Wisteria 53, 163, 188—189, 199, 209
Wörlitz 242
Wu (Zetian) 75
Wu Cheng'en 42
Wu Wei 61, 80
Wu-tung 50
Wudi 42, 84, 86, 98, 202
Wuxi 27, 34, 110, 142, 143, 162

Xanthoceras sorbifolium 221
Xi Wangmu 18, 41, 42, 47, 202
Xian 86, 126, 140, 141, 158
Xianfeng 120, 216
Xiao Yingzhou 169
Xuanzong 92, 126, 140, 141

Yang Di 70, 91

Yangtse 54, 66
Yi He Yuan 111—112
Yian 127
Yin-Yang 26, 35—37, 41, 78, 108, 228
Yong Li 196, 206
Yongzheng 108, 111
Yuan Guanghan 88
Yuan Ming Yuan 111
Yuan Ye 34, 84, 107, 229
Yuan-Zeit 99
Yue Ye 24
Yuexiu-Park in Kanton 84
Yunnan 54, 56
Yuyuan-Garten 53, 151, 152

Zedern 242
Zelkova 163, 204
Zentralchina 10

Zhao Yuan 87
Zhaoqing 19
Zhejiang 18, 49, 70, 97
Zhonghai 121
Zhou Dunyi 67
Zhou Enlai 62, 172
Zhou-Bronze 36
Zhou-Dynastie 84
Zhu Mian 96
Zhuangyuan 92
Zi 50
Zickzackbrücke 33—34
Zieräpfel 52, 188, 196, 212
Zimtstrauch 48
Zitrus medica 51
Ziwei 54
Ziziphus jujuba 221

Für Autorin und Verlag war es eine schwierige Entscheidung, welche Lautumschrift zu verwenden sei. Wir gaben der derzeit gültigen Pinyin-Schrift den Vorzug, da sie vor einigen Jahren auf Wunsch der UNESCO von der VR China eingeführt wurde. Nur bei allgemein bekannten Städte- und Personennamen behielten wir die im deutschsprachigen Raum übliche Schreibweise bei.

DANK

Wenn ein solches Buch beendet ist, so steht ungerechterweise nur der Name des Autors und der des Verlages auf dem Titel. Ich muß bekennen, daß ich dieses Buch niemals ohne die tätige Hilfe vieler Freunde hätte schreiben können. Vor allem gilt mein Dank der Gartenbauabteilung des Staatlichen Amtes für Städtebau in Peking mit ihren Leitern, Herrn Gan Weilin und Frau Mou, und der Inspekteurin der chinesischen Gärten Yang Xuetse, die meine Reisen ausarbeitete, organisierte und begleitete. Herr Li Jiale vom Gartenamt Peking versorgte mich mit wichtigen Informationen. Die Professoren Sun Xiaoxiang, Chen Junyu, Zhou Jiazi und Wang Juyuan von der Peking-Universität, beantworteten mir geduldig fast unlösbare Fragen.

Zhang Taihuang, der viele Übersetzungen für dieses Buch machte und die schwierige Lektoratsarbeit der neuen Lautumschrift auf sich nahm, Nelly Ma, die die Arbeiten von Li Jiale übersetzt, und meiner Dolmetscherin Guan Xiachuan, die das Buch mit ihren heiteren Geschichten anfüllte, gilt mein tiefer Dank. Professor D. Ingo Lauf beriet mich für das Kapitel über das Tao.

Die Tuschzeichnungen, die Professor He Zhengqiang, Peking, für dieses Buch malte, machen mir eine solche Freude, daß ich nur hoffen kann, daß sie dem Betrachter ein Gleiches bieten. Nicht zuletzt danke ich allen bei Blumen-Beuchert, die mit großer Geduld mein »gelbes Fieber« ertrugen.

In den letzten Minuten vor dem Frühlingsfest 1982
Marianne Beuchert

> Mich ängstigt das Verfängliche
> Im widrigen Geschwätz,
> Wo nichts verharret, alles flieht,
> Wo schon verschwunden, was man sieht;
> Und mich umfängt das bängliche,
> Das graugestrickte Netz. —
> Getrost! Das Unvergängliche,
> Es ist das ewige Gesetz,
> Wonach die Ros und Lilie blüht.
>
> Johann Wolfgang von Goethe
> Chinesisch-deutsche Jahres- und Tageszeiten XI.

**Marie Luise Gothein
Geschichte der Gartenkunst.**
Mit Vorwort von
Marianne Beuchert

Nachdruck der 2. Auflage, Jena 1926. Zwei Bände im Leinenschuber DM 168,–.
ISBN 3-424-00935-0
Erscheinungstermin: April

Erster Band: Von Ägypten bis zur Renaissance in Italien, Spanien und Portugal. Mit 311 Tafeln und Illustrationen. VIII, 452 Seiten.
Zweiter Band: Von der Renaissance in Frankreich bis zur Gegenwart. Mit 326 Tafeln und Illustrationen. 508 Seiten.